珍藏本
纪念版

汉译世界学术名著丛书

培根论说文集

水天同 译

2017年·北京

BACON'S ESSAYS

Edited by F. G. Selby

本书根据 F. G. Selby 编的 Macmillan 版
Bacon's Essays 并参考 Everyman's Library 英文本译出

汉译世界学术名著丛书
（120年纪念版·珍藏本）
出版说明

2017年2月11日，商务印书馆迎来120岁的生日。120年前，商务印书馆前贤怀揣文化救国的理想，抱持“昌明教育，开启民智”的使命，立足本土，放眼寰宇，以出版为津梁，沟通中西，为中国、为世界提供最富智慧的思想文化成果。无论世事白云苍狗，潮流左右激荡，甚至战火硝烟弥漫，始终践行学术报国之志，无改初心。

迻译世界各国学术名著，即其一端。早在20世纪初年便出版《原富》《天演论》等影响至今的代表性著作，1950年代后更致力于外国哲学和社会科学经典的译介，及至1980年代，辑为“汉译世界学术名著丛书”，汇涓为流，蔚为大观。丛书自1981年开始出版，历时三十余年，迄今已推出七百种，是我国现代出版史上规模最大、最为重要的学术翻译工程。

丛书所选之书，立场观点不囿于一派，学科领域不限于一门，皆为文明开启以来，各时代、各国家、各民族的思想与文化精粹，代表着人类已经到达过的精神境界。丛书系统译介世界学术经典，引领时代思想，为本土原创学术的发展提供丰富的文化滋养，为推动中国现代学术和现代化进程做出了突出的贡献。

为纪念商务印书馆成立120周年，我们整体推出“汉译世界学术名著丛书”120年纪念版的珍藏本，寄望既利于文化积累，又便于研读查考，同时向长期支持丛书出版的译者、编者和读者致以敬意。

两甲子后的今天，商务印书馆又站在了一个新的历史时间节点上。我们不仅要铭记先辈的身影和足迹，更须让我们的步伐充满新的时代精神。这是商务人代代相传的事业，更是与国家和民族的命运始终紧密相连的事业。我们责无旁贷，必须做好我们这代人的传承与创造，让我们的努力和成果不仅凝聚成民族文化的记忆，还能成为后来人可以接续的事业。唯此，才能不负前贤，无愧来者。

商务印书馆编辑部

2017年10月

重版弁言

英哲培根，略与莎士比亚同时。氏幼而颖悟，毕生好学深思，对近代唯物哲学及科学的思想方法曾有重大贡献。其论说文集，稿凡三易，乃精心结构之作。不但对英国文学曾起开辟新园地、创立新风格的作用，同时也很精彩地表现了作者对人生、对社会的种种现象、种种问题的独到的见解与鞭辟入里的议论。译稿成于1939年，至1950年始获刊行。现商务印书馆编辑部拟将此译本重版发行，因得将显著之误译、笨译及错排之处予以修改，以期无负于读者及出版者。唯译笔不佳或甚至误译之处仍所难免，至希通人毋吝指教。至于对培根之较详之评论与介绍，则有原绪论在。

又黑格尔尝论培根，谓其重视现实事物之效果而不重理智，不愧为英国人之典型云。自今日视之，培根固未尝轻视理智，而黑格尔之所讥，或正即培根之所长也欤。

水天同

志于北京外国语学院

1957年6月

译　例

一、本书系依据 Selby 编辑之 Macmillan 本，参考《万人丛书》(Everyman's Library)本而译成者。

二、译此书时或“亦步亦趋”而“直译”之。或颠倒其词序，拆裂其长句而“意译”之。但求无愧我心，不顾他人之臧否也。夫“直译”“意译”之争，盲人摸象之争也。以中西文字相差如斯之巨而必欲完全“直译”，此不待辩而知其不可能者也。亦有两方语句，不约而同，顺笔写来，自然巧合者，当是时也，虽欲不“直译”岂可得乎？此中取舍全视译者中英文之造诣如何，非一言可决也。局外之人，必欲强立规律，定为一尊，则胶柱鼓瑟，刻舟求剑，徒贻笑于大方，全无补于学术也。

三、译文以白话为主，然间亦用文言者，培根之文时而平易朴直，时而雍容典雅之故也。译者既抱定传达原作意思口吻之宗旨，自不必墨守一格，禁于一隅也。

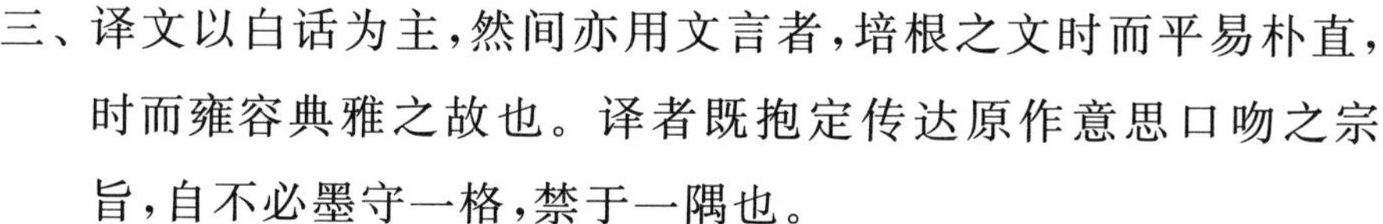

四、地名人名等专名词其已通行有年者概仍其旧，如伦敦，圣保罗是也。其尚未通行者则于译时力求其音近，力避其杂以汉义，如 Seneca 不译薛内佳是也。

五、官署职衔等名称最难译，字典辞书又鲜能为助者。只可就区区所知而试译之。甚望博学之士有以教我。

六、注释十九皆本 Selby，间亦采用他书，皆注明出处（普通参考书，如《韦氏字典》，则不尽注明）。若自承为己见者当然由本人负责。注释用浅近文言以省篇幅。

七、培根书中引用拉丁成语不少。此等成语或出于罗马之诗文史籍，或见于拉丁本之圣经，或采自中古之教会长老，来源既伙，命意有时亦甚难妥译。加以译者拉丁文程度幼稚，不敢自信，幸赖英译本中有表列对照者可供参考。兹仍将原文列于注释中以便专家指导。

八、本书着手翻译时适值敌寇侵凌，平津沦陷，学者星散，典籍荡然。译者不得已以萤火之光，探此窈冥，尚望海内明达，毋吝教我，绳愆纠缪，则幸甚矣。

水天同

志于昆明

1942年6月

目　　录

培根论说文集

绪　论[1]

Oliphant Sweaton 著

弗兰西斯·培根(Francis Bacon),外如阑男爵,圣奥本斯子爵(Baron Verulam and Viscount St. Albans),于1561年1月22日生于伦敦临河街(Strand)之约克府(York House)。他的父亲是掌玺大臣男爵尼古拉·培根(Sir Nicholas Bacon)。母亲是继室[2],共生二男,弗兰西斯是次子。

弗兰西斯从小体弱多病。后世传者多以为这就是他少年老成的原因。其实他自幼即喜研读较他的年龄应读的书更为高深的书籍,所以他的态度老成的缘故或在于此而不在于彼。

关于他的幼年我们所知甚少。只知道他的生活是在两个地方度过的:一处是伦敦的府邸(约在现在的临河街与泰晤士河之间),一处是哈弗州的高阑城(Gorhambury,Hertfordshire)的别墅,到了他十三岁的时候他同年长于他两岁的哥哥安东尼(Anthony)同

① 原文见《万人丛书》本培根《论说文集》。内容较全面,惜征引不免过繁,造句有时太长,译者略有删节,以便读者。

② 培根之母名安(Anne),男爵安东尼·科克(Sir Anthony Cook)之女。男爵曾为英王爱德华六世之太傅。安少时曾受良好教育,嫁后相夫教子,恪尽厥职,为当时著名之贤夫人。

入剑桥大学的三一学院(Trinity College),我们这才对他的生平知道得较为详细一点了。

他在剑桥住了三年。离开的时候,如麦考莱(Macaulay)所说:“他是带着这么一种心理走的。对剑桥的学科深为轻蔑;对英国的学校教育制度坚决地认为根本有害;对亚里士多德派的学者虚耗精力于其上的‘学问’有一种应有的渺视;对亚里士多德本人亦没有多大的尊崇。”[①]

这时他已经见过英国朝廷的生活了。他父亲的高位和他们家庭的显亲贵戚[②]使这件事易于发生。据历史所载,女王伊利萨白(Elizabeth)为了访问他的掌玺大臣,曾经巡幸到高阑城的别墅不止一次。在这座美丽堂皇的别墅里,在古老的橡树榆树丛中,这位喜欢奉承的女王也许接受过年轻的弗兰西斯的优美的颂词。女王在答复的时候也许因为看见他少年老成的态度,因而称他为“朕的小掌玺大臣”,[③]这也是记载上有的。至于培根从少年就熟悉宫廷的仪节习尚这件事,可从他的《论说文集》初稿中两篇文章的题目看出。一篇是“论礼仪”(On Ceremonies and Respects),另一篇是“论尊荣与名誉”(On Honour and Reputation)。他的关于处高位时对上对下对平辈应持如何态度的议论,不但是说理公允,而且是参透世情之作。他认为对于在上的人表示尊敬并不是一种奴气,

① 见麦考莱的《培根论》(Essay on Bacon)。

② 培根姨母嫁威廉·塞西(William Cecil),后为伯莱公爵(Lord Burleigh or Burghley),为伊利萨白之财相(实等于首相),极受信任。公爵之子为男爵罗伯·塞西(Sir Robert Cecil)任枢密大臣,与培根为表兄弟。

③ “My young Lord Keeper”.

而是处世应尽的一种责任。因为假如我们不这样做,那么居于我们之下的人又怎么肯对我们表示尊敬呢?

安东尼·培根和他的弟弟都有志于外交。为了准备起见,他们于1576年6月进了葛莱律师公会[①]为"老生"(Ancient)[②]。他们不久就在会中地皮上造了几间住屋,这几间屋子后来培根在里面住过好几次。二人入会三月之后(1576年9月),培根就跟随当时的英国驻法大使包莱男爵(Sir Amyas Paulet)奉使巴黎。这次旅行可说是他在外交事务上实际训练的开端。他用关于欧陆政治外交的研究结果做材料,著成了一篇《欧洲政情记》(Notes on the States of Europe)。这篇文章在他的全集里多有印出者。当时法国正在闹内乱,天主教同新教徒斗争正烈。有许多残酷事件引起了培根在"论党派"[③]一文中最恰当的议论。下面的话即其一例也:

"为帝王者务须小心,不可偏向一方,以致俨然成为某党某派的党徒。国内的党派总是于王权不利的,因为这些党派常向党员要求一种义务,简直和臣民对君主的义务差不多,并使君主变为'吾辈之一':如法兰西的'神圣同盟'中所可见者是也。"

培根在法京的居留并不很久,[④]虽然在这短期间内他学会了

① Gray's Inn,英国中古四大律师公会之一。统名曰"法庭公会"(Inns of Court)分名曰林肯公会(Lincoln's Inn)、葛莱公会、内庙公会(The Inner Temple)、中庙公会(The Middle Temple)。此四会者大约起源于十二世纪,至十四世纪而大盛(现存之纪录则最早者仅及于十五世纪)。其先本系法律学校,招收生徒,教以律学,如中世纪之行业公会然。其后势力大增,从事律师业者必出自四公会之门。至今日此四公会虽仅具律师俱乐部之性质而仍拥有检定及赋予律师资格之权焉。

② Ancient,在律师公会中用之,为高级生之义。

③ 见本集第51篇(Of Faction)。

④ 1576年9月至1579年2月。是年2月20日培根之父卒。

法文。他父亲的突然逝世使他匆匆返国。返国之后他发现他的前途颇为黯淡。他虽然曾向当时的执政者(他的姨父,伯莱公爵,可算是朝中领袖)求官,而且以他父亲在日的政绩而论,这种请求也不能说是冒昧,但是他的请求终未发生效力。塞西父子(The Cecils)(即公爵父子——译者)似乎对他们弟兄颇怀嫉妒。于是培根只好专攻法律。结果于 1582 年他被认可为律师,于 1586 年当选为葛莱公会的首席会员之一。

时光一年一年地过去,而培根仍然不见重用,也没有人帮他的忙。他也曾自己努力,几度被选入国会,但是仍然不能出头。他在议会中所抱的政治主张,简单说来,可说是一种"中庸主义"。他主张在君权与民权之间,尤其是在教派的纷争之间,要采取一种不偏不颇,宽容互让的办法。对于他自己的这种政见他曾有两篇文章发表[①]。在这两篇文章里他都是主张无论在教义的解释或刑罚的执行方面,都应当采取伸缩性较大的办法的。

在此期间内培根也曾得到两度小小的升擢。他被委为女王的特别法律顾问(Queen's Counsel Extraordinary)之一,又获得了御前会议(The Star Chamber)登记员的候补权。这个候补权是他的亲戚,塞西父子,厌倦他不时的请托而替他谋得的。但是这个职位要等原来在职的官员死了以后才能填补。培根等了多年,这事才得实现。在候补死人的缺的期间内,培根受了许多的辱蔑,就如同后来英国的另一文豪司各脱(Sir Walter Scott)一样。司氏等了

① 第一篇名曰"时代的最伟大的产物"(The Greatest Birth of Time),出版于 1585 年。主张对反对国家教会者予以宽容之处置。第二篇名不详,出版于 1589 年。当时英国教会内外纷争甚烈,此二篇即系针对当时宗教之争而发挥议论者也。

多年，才补上了一个法庭书记官的位置。鉴于培根的父亲的名望，有人曾对他的多年不见重用表示惊异，认为虽然塞西父子对他冷淡，而女王伊利萨白竟对尼古拉·培根的儿子不理不睬，殊不可解。不知培根在当国会议员的期间，曾因拥护民权，攻击朝廷强迫下院与上院直接会商筹款问题之企图，并且曾反对过增加国用的要求。类此的行为在当日是需要极其卑躬屈节的道歉才能使君王息怒的。培根似乎没有这样做过。同时塞西父子又从中媒蘖其短，证实了培根的"目无朝廷"。结果女王的不悦之感竟被煽动成了不息之怒，培根请求重用的企图遂被漠然搁置或婉辞拒绝。

于是培根决意不再向他的亲戚请求帮忙，而转附艾塞克斯伯爵(Earl of Essex)之党。伯爵年少贵显，意气飞扬，初时极得女王宠信，后以勇而无谋，行同叛逆而被诛[1]。当培根转附门下之日，正是伯爵官星高照之时，其声势之烜赫，不下于伯莱爵士。艾塞克斯对培根发生了诚挚、热情的友谊，屡次为他亲向女王请求要职。曾先后替他固请法部长官(或检察长 Attorney-Generalship)，次官(或辩护长，审判长 Solicitor-Generalship)，以及案卷司长(Master of the Rolls)之职，干请频繁，致使女王厌倦，请他"谈别的问题"。如此屡请不遂之后伯爵竟以自己在退肯南(Twickenham)之府邸田产值二千镑者，赠与培根。此时二人交情甚密，对于伯爵的各种交际游乐，培根亦常常参与，并且写过一本宫剧剧本乐会(The Conference of Pleasure)作为宴乐之一助。培根对于这一种文艺

① 伯爵名 Robert Devereux (1567—1601)乃女王伊利萨白宠臣莱斯特伯爵(The Earl of Leicester)之继子。

表现出特殊的才能。后来曾为葛莱公会写过两本戏，一名《学问之宫》(The Palace of Learning)，一名《葛莱历史》(Gesta Grayorum)，都可见此言不诬。在1625年出版的论说文集中有一篇"论宫剧与盛会"(Of Masques and Triumphs)的文章[①]更足证他对这种娱乐的艺术，有多么深的研究。

1599年艾塞克斯讨爱尔兰泰隆(Tyrone)之乱无功，单骑还朝，大受朝中政敌的攻击。结果失权失宠，且受短期之拘禁。虽次年即蒙释放，准其乡居，可是艾塞克斯心中怏怏，总以为可以恢复昔日的宠信，谁知又因某项专卖权请求展期之事，受了女王的挫辱。于是气愤难平，竟图外结苏格兰、爱尔兰，内连失意的教派，如天主教、清教徒等。不久他便带了少许的武装侍从直扑伦敦，以清君侧为名，实行叛逆。他的企图完全失败，他被执下狱，1601年2月19日受审，25日斩决。在他两次受审的时候，培根都是奉王命陪审的。末次审判的时候，他似乎还很替皇家出力，并且在艾塞克斯处极刑以后他又奉命起草伯爵的罪状。[②]

从征爱之役起到起草罪状之事止，这其间培根和艾塞克斯的关系以及培根个人行事的动机都是很微妙复杂，难以遽下论断的[③]。伯爵死后不久，在詹姆斯一世(James I)临朝的初年，培根曾经发表过一篇"自白"，解释他在艾案中的行为，但是这也不完全可靠，其中的话语令人不满之处也不少。不过，简单言之，下面的这几项，可说是相当明显的：

① 见本集第37篇。

② 本段及下一段为使读者明了事实起见，译者多所增加，较原文稍长。

③ 参阅 George Herbert Clarke 为 Macmillan (1927)本所著序(16—21页)。

1. 培根是忠于女王的。

2. 征爱失败之后，艾塞克斯初次受审以及谋反以前的那些时间内，培根曾屡次替他向女王求过情。

3. 艾塞克斯的谋叛至少在他的行动的表面上看来是无疑义的。

4. 培根自己当时的处境相当危险。虽然无人告他同谋叛逆，但他不能不表示忠诚，因而不得不认真地参加对艾塞克斯的审讯，这亦是无问题的。

所以加丁纳教授(Professor Gardiner)的话似乎是最公允的论断。他说："培根的行为表现出他缺乏道义之感，这是不能否认的。然而我们现在认为个人友谊的关系应该重于政治上的关系，这种看法是基于一种日见增强的政情安定之感的。这种看法对于培根当日的政局不能适用。在当时，如果可以用武力来推翻女王任命大臣之权(案此即艾塞克斯案之政治意义)的话，那么英国将陷于无政府状态，以及这种状态所产生的种种祸乱之中了。"

在1607年培根写了一篇"论友谊"的文章。其中有一段开首是这么两句："世间有些人，他们的生活好像永远是在舞台上度过似的。这种生活对于别人是掩饰起来的，唯有自己可以明了。然而永远的掩饰是痛苦的，而一个只顾荣华，不顾天性的人可算是一个十足的奴才……"这段文章在1625年出版的《论说文集》中是删去了的。这些话不妨认为与艾塞克斯案直接有关①。

① 此系原著者之意见，译者认为尚有商榷之余地，兹姑存疑。引文系引自1607年本，与今译所据不同。

1597年培根论说文集的初版出书。该版作小八开本，卷首有题辞，把这书献给作者的哥哥，安东尼·培根。书中共有文章十篇——（一）论学问，（二）论辞令，（三）论礼仪，（四）论从者与友人，（五）论请托者，（六）论消费，（七）论养生，（八）论荣誉与名声，（九）论党派，（十）论交涉[①]。这十篇文章含义丰富，文笔精悍，因此这卷文集遂成为划时代的作品，非常受人欢迎。这一点容后再详言之。

这时，女王伊利萨白的可纪念的朝代亦到了末日[②]。她的老一点的大臣都先她而逝了。伯莱，她的大臣中之最伟大者，卒于1598年，其子继为相。

女王未婚无子，由其侄苏格兰王詹姆斯六世继位，是为詹姆斯一世。他的王位还未坐稳，培根便想尽方法去求得他的欢心。结果培根于1603年受封为男爵，不久又受到年金六十镑的赏赐。这一笔钱是詹姆斯纪念培根的哥哥安东尼（殁于1601年）始终拥护他的继承权之功的。同时培根又被委为皇家法律顾问，年赐赏金四十镑。培根取得国王欢心的主要工具是他的合并苏格兰、英格兰王国及王朝的主张。这种主张他在国会里用口舌，在国会外用笔墨，不遗余力地宣传着。他曾经写过一篇文章，题目叫"合并论"（Articles touching the Union）。在这篇文章里他很巧妙地搜集了不少的历史和科学上的引证来证明他的结论，就是——"自然的规

① ❶ Of Studies; ❷ Of Discourse; ❸ Of Ceremonies and Respect; ❹ Of Followers and Friends; ❺ Of Sutors (Suitors); ❻ Of Expense; ❼ Of Regiment of Health; ❽ Of Honour and Reputation; ❾ Of Faction; ❿ Of Negotiating。

② 女王薨于1603年3月24日，在位45年。

律和真正的政治的规律有吻合之处。前者是治世之理,后者是治国之道”。后来在1612年培根发表了一篇“论邦国的真正伟大之处”(The True Greatness of Kingdoms and Estates),其中的意思和材料多取之于“合并论”,这是无疑义的[①]。詹姆斯于1604年10月上尊号曰“大不列颠王”(King of Great Britanny,缩写为Great Britain),这个尊号是培根建议的。培根对于英格兰、苏格兰合并的论据辩证都非常允当,所以当时讨论合并事宜的联合委员会差不多一致通过了“合并”的提案。众议院的多数议员也赞成了。可是国王坚持要把国籍承认权留在国王手中,因之此事功败垂成。否则英格兰、苏格兰合并之事可以早100年而实现了[②]。

1605年培根的第一部哲学巨著出版,就是广学论(The Advancement of Learning)。这本书后来又增添材料,译成拉丁文,名曰De Augmentis Scientiarum。在这部书里培根评论当世学术界的情形,批评其过失,指出许多种所谓“学问”的空虚无聊,并建议学术进步的途径。他的《论说文集》中“论伪智”、“论习俗与教育”和“论学问”[③]的几篇文字都可说是广学论中的题材,不过在那本书里没有详加讨论罢了。

在他45岁的时候,培根娶了艾丽斯·巴南,一位市参事会参政员的女儿为妻。巴南女士带来的陪嫁相当丰富。这在债台高筑的培根一方面当然是很欢迎的。婚礼颇为盛大,新郎新妇的衣着

① 本集所载此文与1612版所载大有不同。

② 案“合并”之举,实现于1707年,威廉第三之朝。

③ Of Seeming Wise(本集第26篇);Of Custom and Education(第39篇);Of Studies(第50篇)。

亦极其奢丽[①]。婚后15年中培根和他的夫人似乎过着很平静的生活。但是培根失势之后，他们感情破裂，直至培根死时终未恢复。

婚后13个月（1607年6月25日）培根终于得到了法部次官的位置。在此后两三年的期间他忙于调整英国的教派之争。当时主要的教派为国家教会派与清教派，辩争甚烈。培根的主张是双方和国王都应当保持一种宽容的态度，但是他的努力终归无效[②]。培根对宗教纷争的意见，可于他的“论宗教一统”一文中见之[③]。简单说，他认为宗教既是维系人群的，那么就应当自身亦保持一种谐和一致的情形。教派的纷争乃是使人厌弃教会，不信宗教的一大原因。后来在他的“论无神论”[④]和“论迷信”[⑤]二文中，他都曾论及教派的分裂。对于这种事情的原因、结果和害处，都有极精辟允当的议论。

当时英国政治上也有一个大的争论，就是所谓“王权天赋”之争。这场争论（实际是“君权”“民权”消长之争）起于詹姆斯一世之朝，终致酿成内战，下一代的君主，查理第一，且因而被杀。培根起初的主张是一种“中和主义”，他认为“君权”“民权”之间应该有一种“中道”，一种妥协的办法。但是这一场争辩引起的枝节太多，结果使培根不知不觉地修改了他的主张，由一个抱宽容的“自由主义”的人变为一个比较温和的王权拥护者。他后来的主张可于“论

---

① 原文此处引用不知名之传者语一段，不过形容新郎新妇衣着之奢丽，兹从略。

② 关于英国当时教派之争须读英国《宗教史》（如 H. O. Wakeman: History of the Church of England 是也）译者对原序本段颇有删节，识者谅之。

③ Of Unity in Religion，本集第3篇。

④ Of Atheism，本集第16篇。

⑤ Of Superstition 本集第17篇。

王权"一文的结语中见之。[①]

虽然有这么多的事务分心，培根却始终不曾怠于文事。只要不在议院或法院的时候差不多每一分钟都花在写作上面。1609年他的《古人智慧》(The Wisdom of the Ancients)出版。在这本书里他以解释譬喻的说法说明了古代的寓言和神话。在同时他的《论说文集》亦再版了两次：一次在1607年，一次在1612年。1612版叫作修正版，里面的文章有好几篇都曾经重写。此外还添了不少的新作，总数共为38篇。

培根的表弟罗伯·塞西，新近受封为萨斯白雷伯爵(Robert Cecil，the Earl of Salisbury)的，突于1612年逝世。在培根的《论说文集》(1612版)中有一篇"论残疾"的[②]据说是对他的亲戚的人格最生动的素描。萨斯白雷死后培根向国王要求继其官职，但是国王不允。后来他又要求另一官职[③]亦未如愿。可是到了1613年，他那想望多年的法部长官或检察长之职终于到手了[④]。培根可说是一个热衷而饱尝仕途之苦的人。在他的"论高位"一文中[⑤]充分地表现了这种浮沉宦海之酸辛，尤其以下面的这几句话为然：

"跻升高位是很费力的。人们常常吃了痛苦以取得更大的痛苦，这种事情有时简直是卑污的。人们又常由屈辱之途达到尊荣……"

① Of Empire 本集第19篇。

② Of Deformity 本集第44篇。

③ Master of the Wards，不知是何官。

④ Attorney General 似应译作总检察长。据辞书(Routledge's Universal Encyclopaedia)此乃英国朝廷主要之司法官，为现任阁臣之一者也。

⑤ Of Great Place，本集第11篇。

先是培根亦曾被任命为一个新设的法院的院长。这个法院名曰“边缘”(The Verge),他的职务是直接办理伦敦王宫区周围12英里以内的犯罪行为。培根就职时的训词,痛斥“决斗”之俗,指为流行全国之罪恶。他当了检察长以后更雷厉风行地要根绝这种习气。他建议的办法是任何犯这种案子的人——无论是挑战的或接受挑战的或作为“助手”的——都应当永远贬之朝外。

1614年“混蛋议会”[①]解散,从此培根的政治势力亦就消失了。他的主张本来是君主与国会之间应当休戚与共,互表同情的。但是这次议会的解散和下届议会的迟迟召集使这种希望无法实现。“论叛乱”[②]一文所讨论的各问题中就有这个问题。

这时詹姆斯一世的宠臣是桑末塞伯爵(The Earl of Somerset),名唤罗伯姓卡尔(Robert Carr)的。他那时可说是权倾内外,声势烜赫。但是培根早就看出他的覆亡之兆了。所以与之断绝来往,转而与乔治·威里埃(George Villiers),后来封为巴金汉公爵的,结交[③]。果然不久桑末塞和他的夫人因谋杀奥勿伯雷爵士(Sir Thomas Overbury)而判罪,且从此失势,一蹶不振。而威里埃则扶摇直上,其得宠与专权之甚更驾桑末塞而上之。培根对于威里埃的早期的升擢是出过大力的。有人推测他在“论野心”[④]一文中所说关于“宠臣”的话是指詹姆斯一世的好蓄宠臣的。但是他为了取媚国王,竟不惜拿这样的话替他文过饰非:

---

① The Addled Parliament,召集于1614年,旋即解散。

② Of Seditions and Troubles,本集第15篇。

③ 此名以译巴肯南为较近,然巴金汉已因《侠隐记》而出名,故从旧译。

④ Of Ambition,本集第36篇。

“有些人认为君王者若有宠幸乃是一种缺点；然而宠幸之臣乃是对有野心的大臣贵族的最好的防御。”

不论培根对巴金汉公爵出过什么力，巴金汉对他的报酬却也不能不算丰富。他利用他的势力替培根力谋升迁。结果1616年6月培根被委为枢密会议之一员。1617年3月布瑞克莱爵士（Lord Brackley）退休，培根便继之为掌玺大臣。他在就职典礼中的演词是很典雅堂皇的。1618年1月，官阶的最后一步终于被他升上去了。他受命为英格兰的法相。同时他受了不少的荣宠。1618年7月他被封为外如阑男爵，外如阑是个地名，就是圣奥本斯的拉丁名字。圣奥本斯则是培根的别墅所在地，高阑城附近的一座城市。

此时培根收入既丰，他的居家生活便局面阔绰，气象伟大了。1620年1月是他的60寿辰，他在约克府中很高兴地受一般朋友的庆贺。诗人班疆生（Ben Jonson）也曾参与此会，并且写诗为颂。同年10月培根发表了他的新工具（Novum Organum）一书，此书一出，照麦考莱的说法全欧的贤人学者都极表崇仰。1621年1月培根又得了新的荣华。他被封为圣奥本斯子爵。

培根的一生事业到此可算是登峰造极了。官爵、地位、名望、财富，他统统有了。但是在他得意之中恐怕也免不了要记起他取得这些富贵荣华的时候，有些手段是可耻的吧？他受了国王和巴金汉的嗾使，曾做过好几件昧良丧心的事。如赞成若莱爵士之处极刑[①]；耶外吞检察长（培根友人）被审枉法案之背友[②]；一方已主张与荷兰

① Sir Walter Raleigh（1552？—1618）。探险家、政治家、诗人。为英国十六—十七世纪伟人之一。詹姆斯一世疑其曾反对彼之继承权，御极后借故杀之。

② Attorney—General Yelverton，被控私行增改伦敦市市章而受审判。

(西班牙之敌国)签订攻守同盟,且明知英国人民极其憎恶西班牙而同时又赞成国王与其幸臣之与西班牙联盟;又如允许剥削人民的"专卖权";听任巴金汉干涉司法……都是他不能辞其咎的。在他的"论交涉"一文中有一段文章开首是这几句:

"同有所需求的人交涉比较同已获所需的人交涉要好的多……"。

这一段文章好像是故意写得有点晦涩似的。可是其中有一种愤懑不平之意,对于作者一生不得不逢迎旨意、奉承权势(先是塞西父子,后是詹姆斯一世及其幸臣)之事颇具牢骚,这是无疑义的。

但是,清算的日子终于来了。从1614年到1621年英国议会未曾召集。但到了1621年,国王因为筹款艰难,仍不得不召集国会。这一届国会的头一件举动就是要求改革"专卖法权",这一种特权是当时被巴金汉公爵及其党羽利用了来祸国病民的。当时的下议院受了培根敌人科克(Coke)[①]的鼓动,由这个议案进而批评司法界的情形,并列举罪状28款,纠弹法相贪赃枉法。这28款据说其实都是相当微细的[②],然而其影响却绝非微细。培根自己也很明白这件事的背景和意义,所以他奏闻国王时力求国王对议会取抵抗的态度。奏中有语云:"现在要打击你的相师的人恐怕将来也要打击你的王冠。"28年之后,詹姆斯一世的儿子,查理一世,果然被议会所杀。培根的这句话可说是有先见之明的。

但是培根的一切努力终归无效。国王能囚禁科克,而无法援

① Sir Edward Coke (1552—1634),英国公法学者。拥护民权,不畏强御。唯与培根私仇甚深。

② 见 Clarke 序37页。

救培根，因为他无法否认自己的罪状。他的受贿确是实有其事，虽然他不承认为了受贿而枉法。然而这个贪官却也正就是“论司法”[①]一文的作者。全篇文章无异是他的判词，但是下面的这几句话尤为恰当：

“最要者节操乃是他们（法官们）的本分和应有的美德……一次的冤判比多次的罪行其害尤大，因为罪行不过搅污了水流，而冤判则搅污了水源……司法之处所是一种神圣的地方，所以不仅裁判席，就是坛阶庭院都应当保持圣洁，不受秽闻贪污之玷。”

培根最后看出情势之无望了。他于是写了封信呈于国王，表示愿受贵族院的裁判。这封信的内容相当矛盾复杂，有悲痛也有愤怒。一方面是高尚的志愿，要使“公道的泉源”更求纯洁，另一方面却是对他的攻讦者的骂詈。写这封信时的培根的心情，大约可于他的“论自谋”[②]一文中见之，因为该篇所述显指他与詹姆斯、巴金汉的以前的关系，而当时贿赂流行，上自国君，下至厮养，无不纳贿者也。

耶外吞所受的苦终于临到培根自己的头上了。詹姆斯和巴金汉都坐视不救。结果他受审于贵族院，被判有罪，罚金4万镑，拘禁于伦敦塔中，住了很短的时间就释放出狱，回到高阑城别墅。此后罚金亦偿还于他，不许接近宫廷之令亦取消。只有不许再入议会一节始终未曾改动。

从文学与哲学的观点看起来，培根的暮年可算是他一生最光荣的时代。“顺境的美德是节制；逆境的美德是坚忍。这后一种是

① Of Judicature，本集第56篇。

② Of Wisdom for a Man's Self，本集第23篇。

较为伟大的一种德性。顺境是《旧约》所宣布的福祉，逆境是《新约》所宣布的福祉，而新约者乃是福音更大，诏示上帝的旨意更为清晰之书也。”[①]这几句话是写在他失意之后的，从这几句话里我们可以看出来这一场挫折对于他的影响。凡是研究培根的人没有读了这篇“论困厄”而不受感动者。受了身败名裂的刺激之后，培根热烈地转向学问之途，这是曾为他的政治生涯所中断的。在深奥的学术中他找着了一服镇痛剂。在他的“论人性”[②]一文中他很优美地表现了他对于这种工作的欢喜。

培根在这个时期中的学术活动简直是一件奇迹。他下台之后五个月便完成了他的《亨利第七本纪》(History of Henry VII)，这部书曾受哥罗歇斯[③]和洛克[④]的赞扬，认为是有哲学意味的史学著作之模范。同时培根又开始写他的《亨利第八本纪》(History of Henry VIII)并写出了大不列颠史(History of Great Britain)的大纲，又为他的《英国律苏格兰律提要》(Digest of the Laws of England and Scotland)作笔记，并且起草了一篇《神圣战争对话》(Dialogue on the Sacred War)[⑤]。1623年《广学论》的拉丁文增译本刊行，同时又出版了一本未完的哲学小说，《新阿提兰提斯》(New Atlantis)。这书的内容是一种半实际半诗意的关于组织一个思想家的团体的。后来的英国皇家学会(The Royal Society)可算是部

① 语见《论困厄》(Of Adversity)，本集第5篇。

② Of Nature in Man，本集第38篇。

③ Grotius (de Groot) Hugo (1583—1645)，荷兰学者及法学家，国际公法基础之奠定者。

④ Locke, John(1632—1704)，英国哲学家。

⑤ 此文系鼓励欧洲各国联合一致消灭北非沿岸之海盗与土耳其人者也。

分地实现了他的思想。1625 年,《论说文集》的最后修正本出版,内容增添了不少,共包括 58 篇文章。这是他最后的文章事业,书出不到几个月他就死了。

在他逝世以前有相当的时期,培根的健康已经颇有点不支之象了,但他仍努力不懈。他的死可说是为科学而牺牲。有一天天气非常之冷。在回家的路上他买了一只鸡,把它杀了,亲自用手拿雪塞满了鸡的肚子,要看看寒冷是否能延迟腐化。他刚做完了这件事,就觉得浑身发冷,这时他简直不能回家,所以就被抬到爱伦德爵士(Lord Arundel)家中,到了那里之后一星期的工夫,他就很和平地离开这个世界了。殁日是 1626 年 4 月 9 日。遗命葬于圣尔本斯的圣迈考尔(St. Michael)教堂中他母亲的墓旁。

就智力方面说,培根是伟大的;就道德方面说,他是很弱的。他的人格是多方面的,他的天才不限于一隅。他是法学家、政客、科学家、哲学家、历史家,又是散文作家。对于这样繁复的性格与才能要下一个总评是很难的。同时他对于神学和教会中的情形也是一个很有兴趣的探讨者。他也曾写过这样一句语意双关的话——"对隐藏的诗人要厚道些",这句话是"培根派"[①]所特别注重的。这句话使我们疑心到他大概对于作诗也颇有尝试,其诗作或不限于两篇宫剧。简单说,培根是拿整个的学术为他的领域的。

培根的哲学系统,可由《广学论》(英文本及拉丁文本)以及《新工具》见之者,可说是主旨在重新研究、分类并科学化一切的知识。

① 研究莎士比亚之学者有一派力主莎氏之作品实为培根所作者,名曰"培根派",The Baconians。

说他创立了一个学派或发明了一个系统是错误的。一个砌了大门的人不能说是一个盖了一座房子的人。所以虽然他是于学无所不窥，然而精力分散过甚，结果如他自己半悲哀半谐谑的说法，“他不过是摇铃召集学士才人开会的人”而已。

现在我们谈一谈他的“论说文”。凡是细心研读他的这些文章的人，没一个不发见他们是作者自己的经验之结果，而经过他的奇妙的心智所陶冶锻炼过的。没有一篇文章里面不包含着一两句话，把那篇文章的主旨或结论与作者的生平关联起来的。这种关联有时是很微妙不显，有时是很明显的。培根的《论说文集》可说是少数的“世界书”的一部，这种书不是为一国而作，乃是为万国而作的；不是为一个时代，而是为一切时代的。在这本书里，极高的智力与变化无穷的兴趣和同情心合而为一了，所以世人之中，无论什么样的类型或脾气，都可以在这部书里找到一点与他有联系的东西。在培根的时代，颇有几本专门描写刻画英国人的性格、地方人士和习俗的书，如郝尔（Hall）的“Characterismes”，奥勿伯雷（Overbry）的“Characters”或哦尔（Earle）的“Miscrocosmographie”皆是。培根要写这样的一本书是很容易的。但是假如他真的这样写了时，那就只有英国人能充分领略书中的精神和情绪了。而现在，培根的《论说文集》的影响可说是仅为世界的四极所限，因为既然大家都能懂，自然无人不能享受了。

我们现在读的培根《论说文集》可说是经过了三个进化阶段。这三个阶段可由1597年、1612年和1625年的三个版本代表。第一版只有10篇文章，前面已经说过了。因为好像太薄了，所以又填补了1篇用拉丁文写的“宗教默思”[①]进去。到了1612年的本子，篇数增多到38了。原先的那10篇文章全大为修改，而且有几篇是重新写过的。从那时起到培根死止(末版就是如今的通行本，共有文章58篇)，作者老是把这本文集放在身边，不断地增删修改。随着他的人生经验的改变，他不得不改变他的意见，于是也就不得不改变他在文章中所发的议论。如“论请托”、“论党派”、“论友谊”[②]3篇文章在各版都可看出重大的修改。“论友谊”一篇，为了末次版刊行的缘故，曾经完全重写。

从初次问世之日起，这些文章就大受欢迎。他们的简短使余暇无多的读者喜读。他们的思想之精密与语句之简洁是一种非常的长处，因为当时的文章多是思想散漫，语句繁华的。就全体而论，培根的文章也许没有旦(Donne)[③]或户克(Hooker)[④]的黄钟大吕之音，伯腾(Burton)[⑤]或布朗(Browne)[⑥]的辞藻纷丽，约翰生(Johnson)[⑦]的大雅堂皇——这种的“大”有时邻于“夸大”——，塞

① Religious Meditations，此文于1598年译成英文。

② “论请托”即Of Suitors，本集第49篇。“论党派”即Of Faction，本集第51篇。“论友谊”即Of Friendship，本集第27篇。欲参较各版之异同者可参阅Arber：Harmony of the Essays of Bacon。

③ Donne，John (1573—1631)，诗人及神学家。散文有宣道文多篇。

④ Hooker，Richard (1553—1600)，神学家及散文家，著有《宗教组织之定律》(Laws of Ecclesiastical Polity)，为英文名著之一。

⑤ Burton，Robert (1577—1640)，学者及作家，著有《忧郁之分析》(The Anatomy of Melancholy)，为英国文学中一部奇书。

⑥ Browne，Sir Thomas (1605—1682)，医生及作家，著有《医生的宗教》(Religio Medici)及瓮葬(The Urn Burial)等书。

⑦ Johnson，Samuel (1709—1784)，作家及学者，著有《英语字典》、《诗人传》(Lives of the Poets)等书。

尔登(Selden)[①]的精悍倔强,但是差不多每篇文章都自有其优点,可以说是融会众长,六家之美,各有其分。培根的文章中实含有当时的文章的各种特性——如辞藻之富丽,思想之繁复,趣味之隽永,机锋之警锐皆是也。在早期的论说中,词句干脆而对比,所以含义饱满而措辞警策,往往一语破的。后来的文章里却又有典雅从容,着色鲜明之作。前者于"论学问"、"论请托"中见之;后者则可于"论建筑"、"论园庭"中见之[②]。

培根的《论说文集》乃是世界上一本划时代的名著。因此有不少人的性格颇受这本书的熏陶指导。又这本书总不免使人拿它同法人蒙泰涅(Montaigne)的《论说文集》比较,因为两书出版年月之差不过17年也[③]。蒙氏的书对于社会问题的感想较为丰富,对人生观察批评的范围也较为广大,但是我们在他的文章里找不到培根所表现的那种确凿不惑的了解,精密思想的"筋骨",对学问全体的广泛认识,在比拟事物道理方面的几乎非人间的敏锐,以及对当时各种学问的渊博。在另一方面,培根也缺乏蒙泰涅的轻巧的手法与刻画如生的笔调,用了这种笔调蒙氏能把老生常谈的道理说得好像是新鲜非凡。同时蒙泰涅却没有培根的直达事物之灵魂的那种卓识和极高的推理天才。所以,如果说蒙泰涅是较优的文

① Selden, John (1584—1654),法学家,考古学家,东方学者。其最著名之著作为《食桌谈话》(Table Talk)。

② "说建筑"(Of Building),本集第45篇。"说花园"(Of Gardens),本集第46篇。本段原序征引过繁,兹从略。

③ Montaigne, Michel Eyquem de(1533—1592).其散文集之首二卷出版于1580年。弗劳瑞奥(Florio)之英译本出版于1603年。

章作家，则培根所表现的是较深刻的道德和智慧。

虽然培根在1625年以前没有亲自提起过蒙泰涅的名字，但是在后者第一卷散文集出版后，培根曾读过这书，大概十之八九是可靠的。这两位散文作家都曾写过同样的题目。培根有一篇文章“论礼仪”[①]，蒙氏也有一篇“论朝见的仪节”。培根有一篇“论虚荣”[②]，蒙氏则有两篇，一论“光荣”，一论“虚荣”。培根有“论学问”之作，蒙氏亦有“论书籍”之作，内容都差不多。培根在他的“论友谊”一文中有一段话开头是如此的：

> “我们看到伟大的君王对于我们所说的这种友谊之效果如何重视，也不免觉得惊异……”

蒙泰涅在他的“论友谊”的文章中也有同样的话。

我们综览全集，便可说培根的论说文是关于三个大题目的：(1)人与世界及人群的关系，(2)人与自己的关系，(3)人与上帝的关系。这三个题目并不是互不相容的，因此培根的文章有的也可以同时归入一类以上。但是这互有关联的三大题目一分开之后，我们便可以对培根的文章分门别类，作一种比较有系统的研究了。

第一类最大。属于这一类的文章其论题是人与他的物质环境及人与人的关系。这后一种就是构成社会的关系。代表这一类的文章有“论殖民”[③]、“论父母与子女”[④]、“论建筑”、“论园庭”、“论请

① Of Ceremonies and Respects，本集第52篇。

② Of Vain Glory，本集第54篇。

③ Of Plantation，本集第33篇。

④ Of Parents and Children，本集第7篇。

托”、“论司法”、“论辞令”[1]、“论党派”等皆是也。

第二类的文章是以个人的自身为主题的，内容多是一个人的智力与道德的种种关系。代表这一类的文章是“论养生”[2]、“论学问”、“论野心”、“论自谋”、“论伪智”、“论困厄”、“论荣华与名誉”、[3]“论残疾”等篇。

第三类的主题是人与上帝及非感官所及的世界的关系。这一类的文章可以下面几篇来代表：“论死亡”[4]，“论宗教一统”，“论无神论”，“论迷信”，“论人性”，“论善”[5]……

由培根的文章，我们可以看出来作者至少在理论方面是一个对于道德有极深的崇敬的人。若不是这样的一个人，绝说不出下面的这几句话来——

“一个自身无德的人见别人有德必怀嫉妒。”[6]

“行善事的能力是一个人之希冀的真实合法的目标，因为善意虽然是上帝接受的，而对于人则比好梦好不了多少，除非他是以行为表现出来。”[7]

“过度的求权力的欲望使天使们堕落；过度的求知的欲望使人类堕落；但是为善的欲望是不会过度的。无论是人或天使，也不会

---

① Of Discourse，本集第 32 篇。
② Of Regiment of Health，本集第 30 篇。
③ Of Honour and Reputation，本集第 55 篇。
④ Of Death，本集第 2 篇。
⑤ Of Goodness，本集第 13 篇。
⑥ 见第 9 篇“论嫉妒”。
⑦ 见第 11 篇“论高位”。

因为他而冒危险的。”①

同时我们可以看出来培根至少在理论方面是一个对正义公道有甚深的爱慕和崇敬的人。下面的这段话可以为证。

“一个法官的主要任务是除灭暴力与奸诈。”②

“谁也不可以愚蠢的认为公平的法律和真正的治术是不相侔的，因为这两样东西就好像一个人的精神和筋肉一样，是同时并行的。”③

“思想中的疑心就好像鸟中的蝙蝠一样，永远是在黄昏中飞的。疑心使君王倾向专制，丈夫倾向嫉妒，智者倾向寡断和忧郁。”④

最后，培根永远是一个坚持真理神圣的人。无论在科学的研究或人生的交往上他都是这样主张。譬如他说：

“真理为自己的判断者。他的教训是——真理的探求（就是对真理求爱求婚），真理的认识（就是真理的获得）和真理的信仰（就是对真理的享用）乃是人性中的最优之点。”⑤

“一个人的心智若在仁爱中行动，在天意中休息，在真理的地轴上旋转，那可谓他已到了地上的天堂了。”⑥

到了这里我们可与弗兰西斯·培根告别了。假如他没有留下

---

① 见第13篇“论善”。

② 见第56篇“论司法”。

③ 同上。

④ 见第31篇“论猜疑”。

⑤ 见第1篇“论真理”。

⑥ 同上。

附注：绪论中所引培根“论说文”之片段，其译文与集中译文稍有出入。

别的著作而只有一部《论说文集》传世，他也仍然会得到读者的感谢的。这一般感谢他的读者并不限于他的同国之人，而是全人类大家都有分。培根值得我们感谢的地方并不是一时的，而将与时俱增，与年俱永。

书　目

一　培根著作之主要版本

《论说文集》(Essays)初版 1597,再版 1598,三版 1606,五版、增改本 1620.

《广学论》(Advancement of Learning)1605,1629,1633.

《古学篇》(拉丁文本)(De Scientia Veterum)1609,1617,1633,1634.

《古学篇》(Sir A. G. Knight 译英文本)1619,1658.

《新阿特阑提斯》(The New Atlantis)1660.

《新工具》(Novum Organum)1620,1645.

《亨利第七本纪》(Life of Henry VII)1622,1629.

《广学论》(拉丁文增大本)(De Augmentis Scientiarum) 1623,1625,1645.

《古今格言》(Apophthegmes,New and Old)1624(大英博物院本 1625 出版).

《林木篇》(Sylva Sylvarum)(作者殁后由 W. Rawley 出版)1627,1635.

二　全集

拉丁本甲:Opera omnia quae extant. Philosophica,Moralia,Politica,Historia,1665.

拉丁本乙:Opera omnia (附 Rawley 著《培根传》,J. Blackbourne 编辑),

1730.

英文本甲:Bacon's Works (附传,Mallet 编辑),1740,1753.

英文本乙:Bacon's Works (Montagu 编辑),共 17 卷,1825—1826.

英文本丙:Bacon's Works (R. Stephens 与 J. Locker 原辑。二氏殁后 T. Birch 续编),共 5 卷,1765.

英文本丁:Bacon's Works (J. Spedding,R. L. Ellis,D. D. Heath 编),共 14 卷,1857—1874(案此为权威本).

三　论说文集通行本

Bacon's Essays. W. Aldis Wright 编,Macmillan 公司出版。

Bacon's Essays. Samuel H. Reynolds 编,Clarendon Press 出版(此本较精确)。

Bacon's Essays. Edwin A. Abbot 编,Longmans 出版。

Bacon's Essays. Richard Whately 编,Longmans 出版。

Bacon's Essays. Melville B. Anderson 编,McClury 出版。

Bacon's Essays. F. G. Selby 编,Macmillan 出版(译本据此)。

Bacon's Essays. H. Morley 编,Routledge 出版。

Bacon's Essays. Ernest Rhys 编,J. M. Dent 出版。(Everyman's Library,No. 10)

Bacon's Essays. George Herbert. Clarke 编,Macmillan 出版。

四　重要参考书

甲　传记

Frrington, Benjamin: Francis Bacon,Henry Schuman New York,1949.

Spedding and Ellis: Letters and Life of Bacon, Longmans.

R. W. Church: Life of Bacon (English Men of Letters), Macmillan.

Basil Montagu: Life and Works of Bacon.

John Nichol：Bacon，His Life and Philosophy，Lippincott.

Macaulay：Essay on Bacon.

乙　关于论说文集者

Arber:Harmony of the Essays 1597—1626,Macmillan.

丙　关于培根之时代者

Nicholas Chamberlain：Court and Times of James I.

A. D. Innes:England under the Tudors.

G. M. Trevelyan：England under the Stuarts.

L. A. Ladwallader：Career of the Earl of Essex.

G. L. Strachey：Elizabeth and Essex.

E. A. Abbott：Bacon and Essex.

S. R. Gardiner：History of England,1603—1642.

R. P. T. Coffin：The Dukes of Bucki Ngham.

注:关于培根之著作最完备之书目为大英博物院《印版书籍目录》(The British Museum Catalogue of Printed Books〔1884—1900 et. seq.〕)。

近人所著书目有吉布生之书：

Gibson，R. W. *A Bacon Bibliography*. Oxford：Scrivener Press，1950.——译者

培根论说文集

献　书　表

谨呈

英吉利海军大将巴金汉公爵

公爵阁下

所罗门有言“美名有如香膏”窃意我

公令名将流芳百世一如斯言盖

公之荣华与功绩既尊崇而卓越

公之建树亦远大而长久也拙作论说文集今将出版矣斯书为拙作中最流行者或以其能切合世务直达人心也愚曾于篇数及内容皆有所增加故斯书不啻新著焉职斯之故窃敢以我

公之名冠之卷首聊表戴

德之忱与感

恩之意云尔此书有英文本拉丁文本二种皆以

公名冠之者窃意拉丁既为天下之共同语言则拉丁文本或可永垂后世而不朽也愚昔曾以拙著伟大之复兴献于

今上又以亨利第七本纪(今亦由愚以拉丁文译出)及自然史之一部献于太子今更以此数篇论说献于我

公凡此诸作皆愚借上天之恩惠己身之奋勉殚精竭虑而成而非己力之所能及也谨以为献并祝

天佑

最忠诚服从之仆人弗兰西斯·圣奥本斯上

一　论真理

善戏谑的彼拉多曾说："真理是什么呢？"说了之后并且不肯等候回答[①]。世上尽有一般人喜欢把意见变来变去，并且认为固定了一种信仰即等于上了一套枷锁；在思想上和在行为上他们都一样地要求意志底自由。并且虽然这一流的各派哲学家已成过去[②]，然而仍有些心志游移的说者和他们同声同气，——虽然这般人比起古人来血气薄弱一点。但是使人们好伪说的原因，不仅是人们找寻真理时的艰难困苦，亦不是找寻着了真理之后真理所加于人们底思想的约束，而是一种天生的，虽然是恶劣的，对于伪说本身的爱好。希腊晚期哲学学派中有人曾研究过这个问题[③]，他不懂得伪说之中有什么东西竟会使人们为伪说底本身而爱它，因为伪说既不能如诗人之所为，引人入胜；亦不能如商人之所为，导人得利。我亦不懂得这是什么缘故：可是"真理"这件东西可说是一种无隐无饰的白昼之光，世间的那些歌剧、扮演、庆典在这种光之下所显露的，远不如灯烛之光所显露的庄严美丽。真理在世人眼中其价值也许等于一颗珍珠，在日光之下看起来最好；但是它绝够不上那在各种不同的光线下显得最美的钻石和红玉底价值。掺

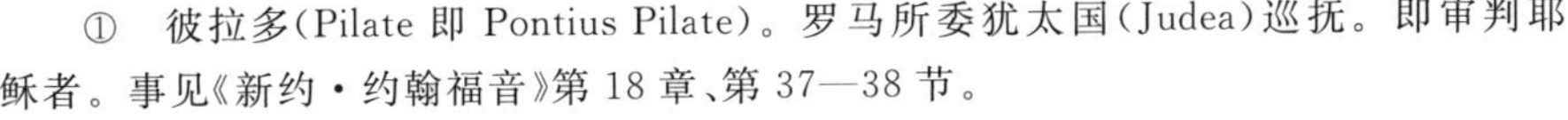

① 彼拉多(Pilate 即 Pontius Pilate)。罗马所委犹太国(Judea)巡抚。即审判耶稣者。事见《新约·约翰福音》第 18 章、第 37—38 节。

② 指希腊怀疑派诸家。

③ 约指鲁先(Lucian，120？—200？)所著之"Philopseudes"(《爱伪论》)。鲁先为希腊晚期著名之讽刺作家。

上一点伪说的道理总是给人添乐趣的。要是从人们底心中取去了虚妄的自是,自谀的希望,错误的评价,武断的想象,就会使许多人的心变成一种可怜的、缩小的东西,充满忧郁和疾病,自己看起来也讨厌。对于这一点会有人怀疑么?早期的耶教著作家中有一位曾经很严厉地把诗叫作"魔鬼底酒",[①]因为诗能占据人底想象,然而诗不过是伪说底影子罢了。害人的不是那从心中经过的伪说,而是那沉入心中,盘踞心中的伪说,如前所言者是也。然而这些事情,无论其在人们堕落的判断力及好尚中是如何,真理(它是只受本身底评判的)却教给我们说研究真理(就是向它求爱求婚),认识真理(就是与之同处),和相信真理(就是享受它)乃是人性中最高的美德。

当上帝创造宇宙的那几日中,他所创造的头一件东西就是感官底光明[②];他所创造的末一件东西就是理智底光明[③];从那以后直到如今在他工作完毕而休息的期间内,[④]他底作为全是以他底圣灵昭示世人。最初他在物或混沌底面上吹吐光明;然后他由人底面目中吹入光明;到如今他还在往他的选民面目之中吐射光

---

① Vinum daemonum,英国学者 Ellis 注:此语乃由奥古斯丁(Augustine)与杰罗姆(Hieronymus)二人之语合成者。奥以诗为"伪说之酒";杰以诗为"魔鬼之食"。

② 《旧约·创世记》第1章第1—3节:"起初,神创造天地。地是空虚混沌,渊面黑暗。神的灵运行在水面上。神说,要有光,就有了光。"所谓"感官底光明",即吾人感官所能见之光明也。

③ 《创世记》第1章第26—31节云上帝仿自己之形象而造人,造成后并赐福于人,教以箴言,此处所谓"理智底光明"当即指此。

④ 言创世之功已成,余皆神休息之期也。

明[①]。有一派哲学在别的方面都不如他派，可是有一位诗人为这派哲学增光不少[②]。这位诗人曾说："站在岸上看船舶在海上簸荡是一件乐事；站在一座堡垒底窗前看下面的战争和它底种种经过是一件乐事；但是没有一件乐事能与站在真理底高峰（一座高出一切的山陵，在那里的空气永远是澄清而宁静的）目睹下面谷中的错误、漂泊、迷雾和风雨相比拟的"；只要看的人对这种光景永存恻隐而不要自满，那么以上的话可算是说得好极了。当然，一个人底心若能以仁爱为动机，以天意为归宿，并且以真理为地轴而动转[③]，那这人的生活可真是地上的天堂了。

从教义中的真理和哲学中的真理再说到世事上的真理。即使那些行为并不坦白正直的人也会承认坦白正直地待人是人性底光荣，而真假相混则有如金银币中杂以合金一样，也许可以使那金银用起来方便一点，但是把它们底品质却弄贱了。因为这些曲曲折折的行为可说是蛇走路的方法，蛇是不用脚而是很卑贱地用肚子走路的[④]。没有一件恶德能和被人发现是虚伪欺诈一般使人蒙羞的。所以蒙泰涅[⑤]在他研究为什么说人说谎算是这样的一种羞

① 言以圣灵投入世人心中，使其觉悟也。昔人以为灵与气通，圣灵感化之作用不啻以神之气吹入体中也。目为灵魂之门户。"选民"即特蒙神宠之民。

② 指快乐派哲学（Epicureanism）。培根不喜此派，以为粗浅凡俗，唯对于该派大诗人卢克莱修（Lucretius，罗马诗人，约生于纪元前95年）不得不示尊崇。卢氏所著长诗《物性论》（De Rerum Natura）乃世界哲理诗中最伟大之名著也。

③ 谓以真理为行动之南针，犹之地球之以地轴为转动之中心也。

④ 蛇诱人类始祖啖食禁果，遂为人类堕落之由。事被发觉后神诅蛇曰："你既做了这事，就必受咒诅，比一切的牲畜野兽更甚，你必用肚子行走，终身吃土。"——见《创世记》第3章。

⑤ Montaigne, Michel Eyquem de,（1533—1592）法国名散文作家。

辱，一种可恨之极的罪责的时候，说得极好。他说："仔细考虑起来，要是说某人说谎就等于说他对上帝很大胆，对世人很怯懦。"[①] 因为谎言是直对着上帝而躲避着世人的。曾经有个预言，说基督重临的时候，他将在地上找不到信实[②]；所以谎言可说是请上帝来裁判人类全体的最后的钟声。对于虚假和背信底罪恶再不能比这个说法揭露得更高明了。

二　论死亡

成人之怕死犹如儿童之怕入暗处；儿童底天然的恐惧因故事而增加，成人对于死的恐惧亦复如此。当然，静观死亡，以之为罪孽底工资[③]，通往另一世界的去路者，是虔诚而且合乎宗教的；但是恐惧死亡，以之为我们对自然应纳的贡献，则是愚弱的。然而在宗教的沉思中有时亦杂有虚妄和迷信。在某种苦行僧底自戒书中你可以看到一种言辞，说是一个人应当自己思量，假如他有一指底末端被压或被刑，其痛苦是如何；由此再想那使人全身腐败溃灭的死亡其痛苦更当如何。实则有多次死亡底经过比一肢之受刑其痛苦尚轻：因为人体最生死攸关的器官并不是最敏于感受的器官也。那位仅以人间哲学家及世人之一的资格说

① 语见《散文集》(Essays)第2卷第18篇。

② 指末日大审判。参看《新约·路加福音》第18章第8节："然而人子来的时候，遇得见世上有信德么"？按此处所谓"信德"指"对上帝之信仰"，与培根所云意义不同。

③ 见《新约·罗马书》第6章第23节："因为罪的工价乃是死。"

话的古人[1]说得很好："与死亡俱来的一切，比死亡更骇人。"呻吟与痉挛，变色的面目，朋友哭泣，墨经及葬仪，诸如此类都显得死底可怕。值得注意者，是人心内的各种感情，无论多么薄弱，没有一种是不能克服对死亡的恐怖的；既然一个人身旁有这样多的侍从，都能打败死亡，可见死亡不算是那样可怕的敌人了。复仇之心胜过死亡；爱恋之心蔑视之；荣誉之心希冀之；忧伤之心奔赴之；恐怖之心先期之；不特如此，我们在书中还读到奥陶大帝自杀之后哀怜之心（感情中之最柔者）使得许多人也死了，他们之死是为了对他们底君上的同情并且要做最忠心的臣子的缘故[2]。此外塞奈喀还加上了苛求和厌倦两事。他说："试想你做同样的事已有多久！不止勇者和贫困者想死，即厌倦无聊者亦想死亡。"[3]一个人虽然既不勇敢，也不困穷，然而为了倦于屡次做同一的事，也会寻死的。同样值得注意者，是死底来临在豪杰之士底心上所引起的改变是如何地小，因为这些人好像到了最后的一刹那仍然是依然故我似的。奥古斯塔斯大帝[4]死时还在赞颂他底皇后："永别了，里维亚[5]，请你终身不要忘记我们婚后

---

① 约指塞奈喀（Seneca）（罗马哲人与戏剧作家，卒于公元 65 年）。"仅以人间哲学家……"云云言其仅凭人之理智，未受圣灵之启发也。下所引语大约出自氏之书信集。

② 事见塔西佗（见下）所著之史书中。公元 69 年罗马皇帝奥陶（Otho）为委泰利亚斯（Vitellius）所败，自杀。

③ Cogita qua diu eadem feceris；mori velle，non tantum fortis，aut miser，sed etiam fastidiosus potest.

④ Augustus Caesar，罗马帝国建国之君，生于公元前 27 年，崩于公元 14 年。

⑤ Livia，奥古斯塔斯之后，泰比瑞亚斯之母，生于公元前 58 年，卒于公元 29 年。

生活底时光。”[①]泰比瑞亚斯[②]至死仍然作伪，如史家塔西佗[③]所谓：“泰比瑞亚斯底体力日渐衰退，但他底作伪如故。”[④]外斯帕显[⑤]死时还说笑话；他坐在一个凳子上说：“我想我正在变神哪。”[⑥]加尔巴[⑦]临死作壮语说：“砍罢！假如这是有益于罗马人民的。”[⑧]一边说着一边伸颈就死。塞普谛米犹斯·塞外拉斯[⑨]死得爽快。他说：“假如还有什么我应该做的事，快点来吧。”[⑩]诸如此类。那些画廊派的哲学家[⑪]把死底价值抬得太高了，并且因为他们对于死准备过甚，遂使死在人看起来更为可怕。“他把生命底终结算做自然底恩惠之一”[⑫]。说这句话的那人比较说得对的多了。死与生同其自然；也许在一个婴儿方面生与死是一般痛苦的。在某种热烈的行为中死了的人有如在血液正热的时候受伤的人一样，当时是不觉得痛楚的；所以一个坚定的，一心向善的心智是能免死底痛苦的。但是，尤要者，请你相信，最甜美的歌就是在一个人已经达

① Livia, conjugii nostri memor, vive et vale.

② Tiberius，罗马皇帝，奥古斯塔斯大帝之嗣君，崩于公元37年。

③ Tacitus，罗马史家，约生于公元55年，卒于117年。

④ Jam Tiberium vires et corpus, non dissimulatio, deserebant.

⑤ Vespasian 罗马皇帝（公元69—79年），为罗马贤君之一。

⑥ Ut puto Deus fio，罗马国俗以皇帝为神人，死则为神，故作此语。

⑦ Galba，罗马皇帝，在位7月（68—69），为护卫队所杀。

⑧ Feri, si ex re sit populi Romani.

⑨ Septimius Senerus，罗马皇帝（193—211）。为罗马英主之一。

⑩ Adeste si quid mihi restat agendum.

⑪ Stoics，亦译作“斯多噶学派”，希腊重要哲学宗派之一。创始者为芝诺（Zeno 公元前336？—264？）其说重死亡，主节欲，淡泊名利，因 Zeno 及其徒曾讲学于画廊（Stoa）之下，故名云。

⑫ Qui finem vitae extremum inter munera ponat Naturae. 语出罗马诗人鸠味那（Juvenal，60？—140？）讽刺诗（Satires）第10篇，第358句。

到了某种有价值的目的和希望后所唱的“如今请你让你的仆人离去”。[①] 死还有这一点；就是它打开名誉之门，熄灭妒忌之心。“生时受人妒羡的人死后将受人爱”[②]。

三　论宗教一统[③]

宗教既是人类社会底主要维系，那么要是它本身能居于统一底真正维系之中，自然是一件很好的事。关于宗教的争执和分裂是异教徒所没有的恶事。原因是异教徒底宗教并无任何固定不移的信仰而只有仪式和典礼。他们教会中底主要宗师和长老乃是诗人[④]，从这个就可以想到他们底宗教是什么样的一种宗教了。但是真正的上帝有这种性质，就是他是个“忌邪的神”[⑤]；因此他底崇奉和宗教便绝不容有混杂和伴侣。所以我们想关于教会底统一说几句话，所说的是其结果如何；其界限如何；其方法如何。

统一底结果（仅次于得上帝底喜悦，而得上帝底喜悦是至善至美的）有二，一是对教会以外的人的，一是对教会以内的人的。对

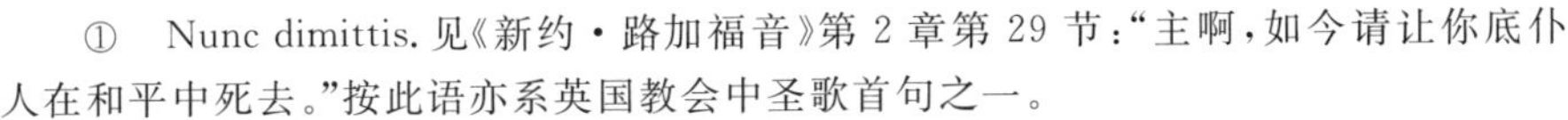

① Nunc dimittis. 见《新约·路加福音》第 2 章第 29 节：“主啊，如今请让你底仆人在和平中死去。”按此语亦系英国教会中圣歌首句之一。

② Extinctus amabitur idem，直译当作“死者将受人爱”。

③ 培根所处之时代为宗教争论甚剧之时代，在英国国家教会与清教徒各派之间争论尤烈。培根对此种争论甚以为非，此篇即所以发表其意见者也。培根之意以为宗教信条来自天启，非由人智，因此关于宗教原理（或根本教义）之争论殊属无谓。盖人之智力可用以研究并演绎《圣经》中天帝之训示而不能与神之箴言并驾齐驱也。

④ 意谓希腊，罗马之宗教信仰多以诗人之神话故事为根据也。

⑤ 见《旧约·出埃及记》第 20 章第 5 节；第 34 章第 14 节；《申命记》第 4 章第 24 节；第 5 章第 9 节；第 6 章第 15 节；《约书亚记》第 24 章第 19 节。

于前者，无疑地异端和分裂是各种丑事中之最丑者；真的，这两桩事甚至比伤风败俗还坏。因为，如同在肉体上创伤或割裂是比一时不良的体液为劣[①]，在精神上亦复如此。所以再没有比"统一底破坏"更能使在外者不入教堂，在内者急欲出外的了。因此，到了这种情形的时候——就是，有的人说"看哪，他在旷野之中"。又有人说："看哪，他在密室之内。"那就是说，有的人在异端的秘会里找寻基督，又有人在教堂的外表上找寻基督——在这种时候我们底耳中须常有那句话——"不要出去"[②]。那"外邦人底宗师"[③]（他底使命底特性[④]使他对于在教会以外的人[⑤]特别地在意）曾说："假如一个异教徒进来，听见你们七嘴八舌地[⑥]说话，他难道不要说你们是疯了么？"再者，那无神论者和世俗之人听见宗教之中有如许冲

① "不良的体液"（corrupt humour）。中世纪生理学说认为人体中有四种液汁（humours）。若此四种液汁有配合不均的现象时，则发生疾病。

② 见《新约·马太》第24章第26节："若有人对你们说，看哪，基督在旷野里。你们不要出去。或说，看哪，基督在内屋中。你们不要相信。"培根对此段之解释，以为并非指个人自命为基督之事而言，乃指后来诸派聚讼，各以为全得基督之真传而言者也。培根也为信仰只有一种，而一般人仍须坚守"不要出去"之诫，不可擅离教会而自成一派也。

③ 指圣保罗。犹太民族从古自以为"上帝之选民"，其他民族为"外邦人"（Gentiles），其得救与否，无足重轻，至圣保罗乃以耶稣之教为普救世人之教，并云"我是外邦人底使徒"（《新约·罗马书》第11章第13节）"我为这福音奉派作传道的，作使徒，作外邦人底师傅"（《新约·提摩太后书》第1章第11节），故有此号。

④ 见上。

⑤ 此处将"教会以外的人"与非犹太民族之"外邦人"视为一类。

⑥ 见《新约·哥林多前书》第14章第23节：官话译本作："所以全教会聚在一处的时候，若都说方言，偶然有不通方言的，或是不信的人进来，岂不说他们癫狂了么。"按培根引用成语，多有出入，此处以"方言"所译之字，英文作 tongue（舌）（等于拉丁 lingua）意义多元，含有"口舌"、"言语"、"方言"诸义，培根主旨在指明宗教纷争之非，故从今译。

突矛盾的意见，他们底意见比上面所说的异教徒底意见必然好不了多少；这种情形使他们要离开教堂，去“坐在亵慢人底座位之上”[①]。有一位“亵慢底大师”[②]在他底幻想的丛书中间列了这样的一本书名：《异端派的摩尔舞》[③]。这件事在这样严重的问题中提出为证，似嫌不庄，然而它把那过失之处表现得很好。因为异端诸派真是各有其不同的态度和卑鄙模样[④]，这些态度不能不使世俗轻薄儿和下流的政客心生讥笑，这些人本来就是易于污蔑神圣的事物的。

至于宗教统一对教中人的结果，那就是和平；和平是有无限的福祉的。和平树立信仰。和平燃起仁心。教会底外观上的和平纯化而为内心的和平。它并且把写读争论文章的工夫移到写读忏悔和敬神的著作方面去。

关于统一底界限，这种界限底真正位置是极重要的。在这个问题上好像有两个极端。在某种激烈派看来，所有的调和的话都是可恨的。“耶户，是和平么？你与和平有什么相干？你转到我后面罢”[⑤]这一派人是不问和平但问党派的。反之，某种老底嘉派[⑥]的人和不冷不热的人们以为他们可以把宗教上的问题用不南不

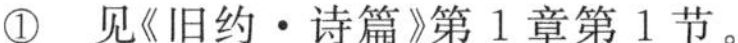

① 见《旧约·诗篇》第1章第1节。

② 指Rabelais，法国十五世纪大作家。

③ “摩尔舞”(Morris dance)。古代英国通行之一种民间舞，于节日行之，尤以五月节(5月1日)为然，迄今尚未全灭。其源不详，唯一般学者由Morris一字而推想此舞或系传自摩尔人(Moors)者。

④ 原文作Cringe。麦克米伦本(Macmillan, Library of English Classics, 1925)解曰：a servile bow。

⑤ 见《旧约·列王纪》第9章第17节。末一语系深恶痛绝之辞，问者大约被杀。

⑥ 见《新约·启示录》第3章第14—16节。

北，亦南亦北的手段和巧妙的调和来迁就解决；好像他们要在上帝与人类之间公断似的。这两种极端都是应当避免的；避之之道就在以基督自己为基督徒手订的盟约[1]中那两条相反相成的条文切实并清楚地解释那盟约。这两条条文就是“不帮助我们的就是反对我们的”[2]和“不反对我们的就是帮助我们的”[3]。所谓以这两条条文解释基督底盟约者，就是说，要把宗教中基础的实际的要点同那些并不纯粹属于信仰的而是关于意见、教派、居心的问题的要点真实地辨别与分开也。这在许多人看起来也许是件小事，并且是已经做到了的。但是这件事要是做的时候党派之见少些，那么拥护它的人就要更为普遍了。

关于这个我只可以小规模地贡献这点意见。人们应该注意，勿以两种争论分裂上帝底教会。一种是当所争之点过于微细，不值得那热烈与争执，这些热烈与争执都是因为有辩驳才引起来的。基督教中的早期著作家[4]中有一位曾经说过：“基督底外衣确是无缝的，但是教会底衣服却是多色的。”因此他说：“让这件衣服有变换之处，却不要有分裂之处。”[5]原来“统一”与“划一”是两件事啊。还有一种就是所争之点是很重要的，然而争论到了后来趋于过为微妙或幽晦，以致这种争论巧慧而不切实了。一个有判断力和了解力的人有时会听见一些无知识的人表示不同的意见，然而他心

① 等于“亲口的教训”。

② 见《新约·路加福音》第11章第23节。

③ 《路加福音》第9章第50节。

④ 不详。基督外衣无缝之说见《约翰福音》第19章第23节。

⑤ In veste varietas sit, scissura non sit.

里很明白这些人底意思其实是同一件事，但是他们自己是决不同意的。在人与人之间判断力不同之处既有如此的情形，那么我们就不可以相信天上的上帝（他是明白世人底心的）能看出愚弱的世人在他们底争论之中有时其实是意思相同的，因而接受双方底意见的么？像这样的争论其性质曾经圣保罗在他底关于本题的警告和教训中优越地表现了。“避免世俗的新说以及敌视真道的似是而非的学问”[①]。人们造出实际并无其事的冲突；并且把这种冲突装入新的名词之中，又把这些名词定得以致本来应当意义支配名词的，在事实上名词反而支配意义了。“统一”亦有两种假的：一种是以盲从的愚昧为基础的，因为在黑暗之中所有的颜色都是一样的。另一种是以干脆接受根本要义上矛盾之处为基础而弥补成的。在这些事情里真理与伪说就像尼布甲尼撒王梦中所见的偶像底脚趾底铁和泥一样[②]；他们也许可以互相依附，但是不会化为一体的。

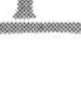

说到取得统一的方法，人们须要注意，不可在为了取得或增强宗教底统一的过程中，消灭和毁损了博爱底大义和人世底准则。基督徒有两口剑，精神的和尘世的；二者在护持宗教上都有相当的责任和地位。但是我们不可以拿起那第三口剑来，那就是谟罕默德底剑，或是它一类的剑。这话底意思就是不可以战争为传教底工具，或者以流血的压迫手段强迫人底良心，除非是遇见有明目张胆的丑事，亵渎神明的行为，或者将宗教混于不利

① Devita profanas vocum novitates, et oppositiones falsi nominis scientiae. 见《提摩太前书》第 6 章第 20 节。

② 见《旧约·但以理书》第 2 章第 33 节。

国家的阴谋的时候；更不可暗蓄异志；明助阴谋和反叛；授平民以刀剑。诸如此类，意在倾覆朝廷的举动都应力避，朝廷者，天意所立也。如不避上述种种，就等于把记录上帝旨意的第一块石牌与第二块石牌猛撞[①]；把人类当作基督徒看，而忘了他们是人也。诗人卢克莱修见阿加曼木侬[②]忍心以他底女儿为牺牲，遂叹曰：

"宗教能叫人为恶有如斯之大者"[③]。

假如他能知道法国底大屠杀[④]和英国底火药阴谋[⑤]他又当作何语？恐怕他要变得比原来的他更要是七倍的享乐主义者和无神论者了。因为那口尘世的剑，在为了宗教而拔出的时候，既需极端审慎，所以把它放在一般平民底手里，就是一种荒唐之极的举动了。这种事情留给那些再洗礼论者[⑥]和别的妖魔罢。当魔鬼说："我要上升并且要和至尊一样"[⑦]的时候，那是很厉害的渎神之言；但是把上帝安排成某种角色并使这角色登台说："我要下

① 见《出埃及记》第 24 章第 12 节；第 31 章第 18 节；第 32 章第 19 节；《申命记》第 9 章第 9—18 节；《出埃及记》第 34 章；《申命记》第 10 章。第一块石牌上所书乃人对于神之责任，第二块上所书则为人对于人之责任。

② 阿加曼木侬(Agamemnon)，迈西尼(Mycenae)王，为希腊征脱洛伊军之领袖，希腊舰队阻风于奥利斯(Aulis)，不得出发，卜者云得罪于女神阿提米斯(Artemis)，不得已以亲女伊非儿尼亚(Iphegeneia)献焉，女神终息怒，于危急之倾，救伊非儿尼亚，而以小鹿一代之，希腊军遂行。

③ Tantum relligio potuit suadere malorum.

④ 指 1572 年圣巴托罗缪节日(8 月 23 日)夜之大屠杀，为人类历史上污点之一。

⑤ 指 1605 年 11 月 5 日福克斯(Guy Fawks)谋炸英王及国会之逆谋。

⑥ 再洗礼论者(Anabaptists)。此派于十五世纪中曾盛行一时。派中主张过于尊重个人在宗教上之意见及信仰，培根甚以为非。

⑦ 见《旧约·以赛亚书》第 14 章第 14 节。

降并要和黑暗之王[①]一样”是更厉害的渎神之言了。如使宗教底大义堕落到谋杀君主，屠戮人民，颠覆国家与政府的那些残忍而可恨之极的行为上，那么比上述的渎神的言行又有何较胜之处呢？这样的行为真有如把圣灵底像不绘作鸽子[②]模样而画成一只兀鹰或渡乌，把基督教会底船舶挂上一面海贼或凶徒底旗帜一样了。因此必须教会借教义和教律，人君借威力，一切的学问界（属于教会的及属于伦理的）借诱导底力量（如接引神底杆杖[③]一样）把那些倾向于拥护上述诸恶的行为和意见明定其罪并投之地狱，和有一大部分已经做到了的一样[④]。在关于宗教的言论中，无疑地那位使徒[⑤]底话应当是为首的：

“人底怒气并不能成就上帝底正义”[⑥]。

又有一位明智的早期的教会作家说：

“凡是施行或劝人压迫他人底良心的人多半是为了自己底利益的”。

这话很值得注意，并且说法也是很巧妙的。

① 即魔鬼。

② 基督教艺术品上皆以鸽子象征圣灵，其源出于《新约》耶稣受洗之故事，如《马太》第3章第16节所云“神的灵仿佛鸽子降下，落在他身上”。是也。兀鹰渡乌皆凶鸟。

③ 希腊神话中接引神何密司（Hermes）或末雷瑞（Mercury）像手持杆仗一，以之接引亡魂，渡至阴间。此处培根以魔杖喻学术或教育之诱导能力。

④ 此语笼统，不可因此而断定培根乃赞成当时以宗教理由而诛戮异端之行为之人。其所注重者，乃借宗教为名而行叛逆之实者也。

⑤ 指圣雅各（St. James）。

⑥ Ira hominis non implet justitiam Dei. 见《新约·雅各书》第1章第20节。

四　论复仇

复仇是一种野生的裁判[①]。人类底天性越是向着它，法律就越应当耘除它。因为头一个罪恶[②]不过是触犯了法律；可是报复这件罪恶的举动却把法律底位子夺了。无疑地，复了仇不过使一个人和他底仇人得平而已，但若置而不较，他就比他底仇人高出一等了；因为宽宥仇敌是君王底气概也。确信所罗门有言："人有怨仇而不报是他底光荣。"过去的事情是已经过去了，并且是叫不回来了；明智的人留心现在和将来的事情已经够忙的了；所以那些劳劳于过去的事情的人简直是枉费心力而已。没有人是为了作恶而作恶的；而是为了要给自己取得利益、乐趣，或荣誉，或类此的事情的。因此为什么我要对着某人因为他爱自己胜于爱我而生气呢？并且即令有人纯粹因为生性本恶而作了恶，那又怎么样？也不过像荆棘一样；荆棘刺人抓人因为它们不会做别的事啊。复仇中最可原谅的一种就是为了报没有法律纠正的那一种仇的；可是在这种情形里那报仇的人也应当留神，他那报复的行为要没有法律惩罚才好；否则他底仇人仍然要占先的，因为二人之间吃亏底比例乃是二比一也。[③] 有些人在报仇底

① 此处以植物作譬，法律之裁判及处罚如谷类，乃文明之结果；私人之裁判与处罚则如野草，乃天然之本性，与文明不相容者也。

② 即招致复仇行为之罪恶。

③ 例如甲曾害乙，乙复仇，法律又对乙加以惩罚。如斯则乙之受害实倍于甲也。

时节要对方知道这报复是从那里来的。这是比较地大量;因为报仇底痛快处似乎不在使对方受苦而在使对方悔罪也。那些卑劣狡猾的懦夫则有如暗中的飞箭。科斯谟斯,佛罗棱司底大公[①],曾有句锋锐的话是说无义和忘恩的朋友的。他底意思好像这些罪过是不可恕似的,他说:"你可以在圣书中读到基督教我们饶恕我们底敌人的话,可是你永远读不到有教我们饶恕我们底朋友的话。"然而约伯[②]底精神则调高一格。他说:"难道我们从上帝手中只要好的而不要坏的么?"以此例推于朋友,亦当如斯。的确,一个人要是念念不忘复仇,他就是把自己底伤口常使其如新,这伤口若不是这人老在思想报复,是会痊愈的。公仇底报复多半是结局较佳的:例如为恺撒[③]之死,为破提拿克斯[④]之死,为法兰西王亨利第三[⑤]之死以及许多类此的复仇事件是也。然而在私仇底报复上则不如斯。反之,衔怨深而喜报复的人所度的生活是妖巫[⑥]一般的生活。这种人活着的时候于人不利,死了也是于己不幸。

---

① Cosmus,Duke of Florence,十六世纪人。

② 见《旧约·约伯记》。约伯(Job)虽受极大之困苦而笃信上帝,忍耐不移,故约伯之名竟成为"坚忍"之代名词焉。

③ 恺撒　即 Julius Caesar,于公元前 44 年为罗马一部分政客所杀,其侄奥克塔维亚努斯(Octavianus)为之复仇,旋即位为罗马皇帝之第一人,即奥古斯塔斯(Augustus)是也。

④ Pertinax 第二世纪中罗马皇帝,为叛兵所杀,塞普谛米亚斯,塞委拉斯为之复仇,旋即帝位。

⑤ Henry the Third,被弑于 1589 年,继之者为亨利第四。

⑥ 培根时人甚信妖巫之说,即博学如詹姆斯一世(英国国王)亦深信不疑,因此诛戮无辜甚多。培根个人之态度甚为审慎,此处不过取譬,不足为其完全置信之根据也。

五　论困厄

“幸运底好处是应当希望的；但是厄运底好处是应当惊奇叹赏的”[①]，这是塞奈喀仿画廊派的高论。无疑地，如果奇迹底意思是“超越自然”，那么奇迹多是在厄运中出现的。塞氏还有一句比这更高的话（这话由一个异教徒说出，几乎是太高了）：“一个人有凡人底脆弱而又有神仙底自在无忧，那就是真正的伟大。”[②]这句话如果是一句诗，也许更好一点，因为在诗里头，高夸的说法，好像是更为可许似的。诗人们也真的常说这句话，因为这句话实际就是古诗人常述的那个奇谈中所表现的——而这个奇谈又似乎非无深义的；不特如此，它所描写的还很有点接近基督徒底情形呢——那就是当赫扣力斯[③]去解放普罗密修斯[④]的时候（普罗密修斯是象征人性的）他坐在一个瓦盆或瓦罐里渡过了大海。基督徒以血肉之躯的轻舟渡过世间底波涛的决心，这故事很生动地描写出来了。但是用平凡的话来说，幸运所生的德性是节制，厄运所生的德性是坚忍；在伦理上讲起来，后者是更为伟大的一种德性。幸运是《旧约》中的福祉；厄运是《新约》中的福祉；而厄运所带来的福祉更大，

---

① Bona rarum secundarum optabilia, adversarum mirabilia.

② Vere magnum, habere fragilitatem hominis, securitatem dei·“Securitatem”培根用拉丁文原意，即“无忧”之意，与现代英文之“Security”有出入。

③ Hercules 或 Herakles，希腊神话中之大英雄。

④ Prometheus 希腊神话中半人半神之英雄，曾从日神车输盗取天上火种以予人间，为天帝宙斯缚于高加索山巅，日有神鹫来啄其心，后卒为赫扣力斯所释。

所诏示的上帝底恩惠更为明显[①]。然而即在《旧约》之中，如谛听大卫底琴音[②]，就一定可以听见与欢颂一般多的哀歌；并且圣灵的画笔[③]在形容约伯底苦难上比在形容所罗门底幸福上致力得多了。幸运并非没有许多的恐惧与烦恼；厄运也并非没有许多的安慰与希望。在针工与刺绣中，我们常见，若在一片阴沉的底子上安排一种漂亮的花样，比在一片浅色的底子上安排一种暗郁的花样悦目得多；从这眼中的乐趣上推断心中的乐趣罢。无疑地，美德有如名香，经燃烧或压榨而其香愈烈，盖幸运最能显露恶德而厄运最能显露美德也。

六 论作伪与掩饰

掩饰不过是策略或智谋中较弱的一种，因为要知道何时当说真话，何时当行真事需要强壮的脑筋和心胸也。因此政治家之中较弱的一流方是善于掩饰者[④]。

塔西佗[⑤]说："里维亚[⑥]同她丈夫底智略和她儿子底虚伪都很

---

① 《旧约》中屡言服从上帝之律条将获人间之福祉，《新约》中则屡言基督之使徒将享为教受难之权益。在耶教徒眼光中《新约》乃所以补充《旧约》，允给更大之福祉于人者也。

② 指《旧约·诗篇》。

③ 语本《圣经》作者俱系直接受上帝灵感之说。

④ 作者之意若曰：作伪乃真正策略之薄弱的替代品，唯缺乏才能与决断之人始常用之。

⑤ 见本书正文第10页注③。

⑥ 见本书正文第9页注⑤。

融洽”[1]就是说奥古斯塔斯有智略而泰比瑞阿斯善掩饰的意思。又当缪西阿奴斯[2]劝外斯帕显举兵攻委泰立阿斯[3]的时候，他说：“我们现在起事，所与为敌者既不是奥古斯塔斯底洞察的判断力，也不是泰比瑞阿斯的极端审慎或隐秘”这些特质——权谋或策略与掩饰或隐秘——确是不同的习惯与能力，并且是应当辨别的。因为假如一个人有那种明察的能力，能够看得出某事应当公开，某事应当隐秘，某事应当在半明半暗之中微露，并且看得出这事的或隐或显应当是对何人，在何时（这些正即是塔西佗所谓的治国与处世的要术），那么在他这样的一个人，一种掩饰的习惯是一种阻挠，一个弱点。但是假如一个人达不到那种明察的能力，那么他就不得不常趋隐秘，并且为一个掩饰者了。因为一个人在不能随机应变有所选择的时候，自以取那一般地最安全最谨慎的途径为佳；就好像目力不济的人走路是轻而且慢一样。无疑地，从来最有能力的人都是有坦白直爽的行为，信实不欺的名誉的；可是他们是像训练得很好的马一样，因为他们极能懂得何时当止，何时当转，并且

---

① 在培根名作《广学论》(The Advancement of Learning)卷2，第23、36章中关于深沉之作伪有如下之论调：

> “塔西佗对此种作伪似乎有如下之判断。他以为这种作伪和真正的策略比较起来是低劣的；所以他以奥古斯塔斯为有真的策略，而泰比瑞亚斯为有作伪的才能。当他论及里维亚的时候，他说：‘她一身兼有她丈夫（奥古斯塔斯）底智谋和她底儿子（泰比瑞亚斯）底作伪’”。

在本章中培根又指明作伪之人必常失败之故，盖凡人之意向与行为若不使他人明了，则虽其人之朋友，亦无法助之也。

② Mucianus，Licinius Crassus，罗马名将及著作家，一世纪时人。

③ Vitellius，生于公元15年。于68年即罗马皇帝位，饕餮无道，在位仅8月余，为外斯帕显所败。被杀。

在他们以为某事真需要掩饰的时候，如果他们果然掩饰了，以往流传各处的关于他们底信实和正直坦白的见解也使他们差不多不至为人所疑的。

这种自我底掩藏有三等。第一是隐秘、缄默和守秘密；就是一个人不让别人有机会看出或推测出他底为人。第二是掩饰，是消极的；就是一个人故意露出迹象端倪，教别人错认他底真正为人，以真为假。第三是作伪，是积极的，就是一个人有意并且显著地装出他实际非是的那种为人来。

讲起这第一件事——隐秘——来，这真是一位听人忏悔者底德能。隐秘的人确实常是听得到许多的忏悔的。因为谁肯向一个喋喋多言的人自白呢？但是假如一个人被人认为隐秘，这就会招致他人底自白的；就好像密闭的空气会吸摄空旷的空气一样；又在忏悔中的暴露既不是为任何实际用处而是为一个人心里痛快的，如斯，隐秘的人乃能得知许多的事；盖人多乐于宣泄心事而不乐于增加心事也。简言之，隐秘直似有接受秘事之权也。再者（说真的），裸露——精神的与肉体的，——均是不美的；一个人底举止与行为若不完全暴露，便增加尊严不少。至于多言饶舌之人多虚妄而且轻信。盖言其所知之人，也会言其所不知也。因此，“隐秘底习惯是于处世及修身，两俱有益的”。这句话竟可作为定律。在这一方面，一个人底面容最好能让他底舌头自由说话。因为一个人底自我可由其面上的症状而看出者，乃是一个大弱点，大泄漏；这弱点和泄漏有多大，由人面之受人注意与信任胜过言语若干倍而可见也。

说到第二种，那就是掩饰；掩饰常常是必然的，不得不与隐秘

俱来的；所以一个人若要隐秘，他就不得不在某种程度上作一个掩饰者。因为一般的人都是狡黠得断不能允许一个人在坦白与掩饰之间保持一种中立的态度，并且实际隐秘而表面上不偏向任何一方的。这样的一个人，人们一定会用问题包围他，设法引诱他，并且探出他底口气。所以除非他有一种一概不理的沉默，他就不免要显露他是倾向何方的；或者即令他自己无表示，那些人也会由他的沉默中推测出来，犹如他自己说了一样。至于模棱两可，含糊其辞的话，那是不能持久的。所以没有人能够隐秘，除非他给自己留一点掩饰底余地；掩饰可说仅仅是隐秘底裙或裳①。

但是说到第三等，那就是作伪或冒充。那我认为，除非在重大与稀有的事件之中，是罪过多于智谋的。因此，一种普遍的作伪底习惯（那就是这最后的一等）是一种恶德。其起因或由于天性的喜伪或多畏，或由于一种有重大缺陷的心智。这种缺陷因为一个人不得不设法掩盖，遂使他在别的方面也作伪，以免有荒疏之虞也。

作伪与掩饰底大益有三。第一是使反对者不疑而我可以出其不意。因为一个人底意向若是公开那就等于一声唤起一切敌人的警报。第二是为一己留一个安全的退步。因为一个人要是明说要如何如何，因而束缚了自己，那么他就只有干到底，或者被人打倒之一途了。第三是可以有较好的机会来看破别人的心思。因为对一个暴露自己的人，别人是不会公开反对他的；他们将干脆让他继续说下去而把他们自己言论底自由变为思想底自由②。因此西班

① 意谓掩饰乃随隐秘俱来而不可少者也。

② 意谓“他们将不公开批评而在心中反对也”。

牙人有句成语："撒一个谎以便发现一件真事。"这是一句很好、很精明的成语。这话底意思犹云。除了作伪并无发现真情之术也。持平言之，作伪与掩饰也有三种害处。第一，作伪与掩饰平常总带着一种畏怯的模样。这种恐惧底态度在任何事件之中，都不免有阻挠直达目的之处，第二，作伪与虚饰使得许多人心中迷惘，莫名其妙，而这般人与那个作伪掩饰的人在相反的情形下[①]也许会合作的；作伪与掩饰使人独自跋涉，去达到他自己底目的。第三种而且是最大的害处，就是作伪与掩饰剥夺一个人做事底主要工具——信与任。最好的结合是有坦白之名，隐秘之习，掩饰之适当应用；并且有作伪底能力，假如没有别的办法。

七　论父母与子嗣

父母底欢欣是秘而不宣的，他们底忧愁与畏惧亦是如此。他们底欢欣他们不能说[②]，他们底忧惧他们也不肯说。子嗣使劳苦变甜，但是也使不幸更苦。他们增加人生底忧虑，但是他们减轻关于死亡的记忆[③]。由生殖而传种是动物同有的；但是名声、德行与功业则是人类特有的；而最伟大的事业是从无后嗣的人来的这种事实也是确实可见的；这些人是在他们底躯体底影像无从表现之后努力想表现他们精神底影像的[④]。所以，无后代的人倒是最关

① "在相反的情形下"——"假若这作伪虚饰的人能与之开诚布公的话"。

② 意谓父母对子女之欢欣极大，非言可宣也。

③ 有子嗣则对死亡之恐怖大减。

④ 子女为肉体之遗留。名声，德行，功业则是精神之产物。

心后代的人了[1]。首先树立家业的人们是对于他们底子嗣最为纵容的;他们把子嗣看作不但是本族底继嗣,而且也是自己事业底继续;因此,他们对自己底子嗣与自己所造的事物都是一样的看法[2]。

父母对子嗣之间的慈爱往往是不平均的,而且有时是不合理的。尤其以母亲底爱为然;如所罗门所说:"智慧之子使父亲欢乐,愚昧之子使母亲蒙羞。"[3]常见在一子嗣满堂的家中,有一两个最长的受尊重,还有最幼的受过度的纵容;但是居中的几个则好像被人忘却了似的,而他们却往往成为最好的子嗣。父母在对儿子应给的银钱上吝啬,是一种有害的错误;这使得他们卑贱;使他们学会取巧;使他们与下流人为伍;使他们到了富饶的时候容易贪欲无度。因此为父母者若对他们底子嗣在管理上严密,而在钱包上宽松,则其结果是最好的。人们(父母,师傅,仆役皆然)有一种不智的习惯,就是当弟兄们在童年的时候,在他们之间养成一种的争竞。其结果往往在他们成人的时候,弟兄不和,并且扰乱家庭。意大利人在自己底子女及侄甥或近亲之间无所分别;只要他们是本族,即令非己身所出,亦不介意。说真的,在自然界亦大类此;我们看见有时侄子像伯父或叔父或某位近亲而不甚像自己底父亲,这

① 言其所遗留者,于后世关系较大,较久也。

② 言创业之人多视子嗣犹事业之未来的一部分也。

③ 见《旧约·箴言》第10章第1节。在《广学论》第2卷第23章第6节培根又引用此语,并为之解曰:"为父亲的喜爱其子之贤良比为母的为甚,因为他懂得贤德底价值,并且因为他由儿子底贤良看出他自己底教导之功来。但是当为子者品行不良的时候,母亲的痛苦比父亲底为大,一半因为母亲的心肠是更慈爱的,一半因为她以为儿子底不良也许是她自己溺爱底结果。"

是血气使然，由此可见以上所言之不谬也。为父母者当及时选择在他们意中他们底子嗣所当从事的职业及训练；因为在那个时候他们最易训导；同时为父母者亦不可过于注意子嗣底倾向，以为他们心中所最好的他们会最为乐就。如果子嗣底所好和能力是超群的，那么最好不要拂逆他，这是真的；但是就一般而言，下面这句话是很好的：就是“选择最好的（职业或训练），习惯会使它成为合适而且容易的。”[①]兄弟中为幼弟者多半结局良好，但假如长兄辈被剥夺或削除继承权，则鲜有或永无如是者矣[②]。

八　论结婚与独身

有妻与子的人已经向命运之神交了抵押品了[③]；因为妻与子是大事底阻挠物，无论是大善举或大恶行。无疑地，最好，最有功于公众的事业是出自无妻或无子的人的；这些人在情感和金钱两方面都可说是娶了公众并给以奁资了。然而依理似乎有子嗣的人应当最关心将来，他们知道他们一定得把自己最贵重的保证交代给将来的。有些人虽然过的是独身生活，他们的思想却仅限于自身，把将来认为无关紧要。并且有些人把妻与子认为仅仅是几项

① Optimum elige, suave et facile illud facit consuetudo. 据英国学者莱特(Wright)注，此语出自希腊哲人毕达哥拉斯(Pythagoras，公元前六世纪人)，而留存于普鲁塔克(Plutarch 46？—120?)书中。

② 此段意谓年幼之弟辈自幼即受教训而知自食其力之必要，因之遂养成勤俭谨慎之良习。但若突然获得继承财产之权，则此骤来之财富常使彼等改其旧习而荡检逾闲也。

③ 意谓有妻子之人必须顾虑家室，不敢冒险也。

开销。尤有甚者，有些愚而富的悭吝人竟以无子嗣自豪，以为如此则他们在别人眼中更显得富有了。也许他们听过这样的话：一人说，“某某人是个大富翁”，而另一人不同意地说，“是的，可是他有很大的儿女之累”，好像儿女是那人底财富底削减似的。然而独身生活底最普通的原因则是自由，尤其在某种自喜而且任性的人们方面为然，这些人对于各种的约束都很敏感，所以差不多连腰带袜带都觉得是锁链似的。独身的人是最好的朋友，最好的主人，最好的仆人，但是并非最好的臣民；因为他们很容易逃跑，差不多所有的逃人都是独身的。独身生活适于僧侣之流，因为慈善之举若先须注满一池，则难于灌溉地面也。独身于法官和知事则无甚关系，因为假如他们是易欺而贪污的，则一个仆人之恶将五倍于一位夫人之恶也。至于军人，窃见将帅激励士卒时，多使他们忆及他们底妻子儿女；又窃以为土耳其人之不尊重婚姻使一般士兵更为卑贱也。妻子和儿女对于人类确是一种训练；而独身的人，虽然他们往往很慷慨好施，因为他们的钱财不易消耗，然而在另一方面他们较为残酷狠心（作审问官甚好），因为他们不常有用仁慈之处也。庄重的人，常受风俗引导，因而心志不移，所以多是情爱甚笃的丈夫；如古人谓攸立西斯：“他宁要他底老妻而不要长生”者是也[①]。贞节的妇人往往骄傲不逊，一若她们是自恃贞节也者。假如一个妇人相信她底丈夫是聪慧的，那就是最好的使她保持贞操及柔顺的

① Vetulam suam praetulit immortalitati. 攸立西斯(Ulysses)希腊征脱洛伊军中领袖之一，足智多谋。脱洛伊破后，归途艰难，10 年始抵家。途中曾被困于海岛上，为仙女喀立普索(Calypso)所爱，喀且曾许以长生不老，唯攸立西斯笃于夫妻之情，终与之脱离焉。

维系；然而假如这妇人发现丈夫妒忌心重，她就永不会以为他是聪慧的了。妻子是青年人底情人，中年人底伴侣，老年人底看护。所以一个人只要他愿意，任何时候都有娶妻底理由。然而有一个人，人家问他，人应当在什么时候结婚？他答道："年轻的人还不应当，年老的人全不应当。"这位也被人称为智者之一[①]。常见不良的丈夫多有很好的妻子；其原因也许是因为这种丈夫底好处在偶尔出现的时候更显得可贵，也许是因为做妻子的以自己底耐心自豪。但是这一点是永远不错的，就是这些不良的丈夫必须是做妻子的不顾亲友之可否而自己选择的，因为如此她们就一定非补救自己底失策不可也。

九　论嫉妒

人底各种情欲之中，没有一种可以看出是迷人或魔人的——除了恋爱与嫉妒。这两者都有很强烈的愿望，它们很容易造出意象和观念；并且很容易进入眼中，尤其是当对象在场的时候，这些都是导致蛊惑之处——假设有蛊惑这种事的话。类此，我们看见《圣经》中把嫉妒叫作"凶眼"；而占星家把星宿底恶影响叫作"恶容"；所以好像总有人承认嫉妒的行为中是有一种眼力底投射或放光似的。不但如此，还有些人好奇之甚，竟说嫉妒底眼目其打击伤人最烈的时候是那受嫉的人正在显耀荣华，受人注视的时候；因为这种情形使嫉妒之心更为锐利也。再者，在这种时候，那受嫉的人

① 据云此语为希腊七贤之一，塞立斯(Thales，约生于公元前七世纪)所言。

底精神多出现于外表上，因而他就受到那种打击了[①]。

我们现在先不理这些奥妙之点（虽然在适当之处它们并非不值得思索的），且谈何种人最易嫉人；何种人最易受嫉；以及公妒与私妒有何分别。

无德之人常嫉他人之有德。因为人底心思若不以自己底好处为食，就要以他人底坏处为食的；并且缺乏这二者之一的人一定是要猎取其二的。又任何人若是没有达到他人底美德的希望，他一定要设法压抑这另一人底幸福以求与之得平的。

多事好问之人每善嫉。因为所以要知道如许关于他人之事的原因绝不会是因为这许多劳碌是有关于自己底利害的；因此，其原由一定是因为他在观察别人底祸福上得到一种观剧式的乐趣了。并且一个专务己业的人也不会找着许多嫉妒底缘由来的。因为嫉妒是一种游荡的情欲，在大街上徘徊而不肯居家，所谓“未有好管

① 培根时人相信一人之思想、信仰及感情可以直接影响他一人之心身。培根亦信此说。彼以为一人之身体既可以直接影响他一人之身体则一人之精神亦可直接影响他一人之精神也。在其所著自然史（Natural History）中，有类似本段之说，辞长兹不具译。其大意则以为情人与妒忌之人当其所爱或所妒之对象在场之时，能直接施以影响，而此种影响则系由眼中所放射之“精神”造成者。其所以以眼目为传达影响之器官者，则因其性柔而透明之故也。

至于“精神”（spirits）一词，培根以为任何物质之中皆有一种至精极微之质体，其存在吾人仅能由其影响或效力而推知之。此种质体培根呼之曰“精神”或“魄力”（the mortuary spirit）以别于“生气”或“精魂”（the vital spirit）。凡有生命之物皆有此二气。唯“生气”为“风”（air）“火”（fire）二物之玄妙的混合物，传布于全身各处，“生气”不散，则生命不亡。因此欲长寿者必须设法使其“生气”不外散始可。然而吾人肉体之祸福强弱则一视“魄力”之情况及活动，而吾人对于“魄力”亦有若干管理约束之方焉。说详于培根所著《生死考》（History of Life and Death）中。其要固与我国“魂魄”之说无异也。

闲事而不心怀恶意者也”[①]。

贵族中人对新进之人当其腾达之时常露嫉妒之情。因为两者之间的距离改变了；好像一种视觉上的错觉一样，别人往前来而自己以为自身是后退了。

残疾之人、宦官、老人与私生子均善妒。因为无法补救自己的情形的人一定要竭力损坏别人底情形的，除非这些缺陷落在一种甚为勇敢和伟大的天性上，那种天性是要以他底天生的缺陷为其荣耀之一部的；他们要人家说一个宦官或一个跛子竟作了这样的大事；这种事情底荣耀直有如一件奇迹底荣耀了；例如宦官拿尔西斯[②]和跛人阿盖西劳斯[③]及帖木儿[④]是也。

同此，经过大祸与不幸而再起的人也富于嫉妒心，因为这些人与那些不合时宜的人一样，他们以为别人受到的损害等于自己底痛苦之赔偿也。

因为浮躁与虚荣而想在过多的事业中出人头地的人总是嫉妒心盛的。因为在那些事业中的某项上，断不能没有多人可以胜过他们的；既如此他们就不缺乏嫉妒底缘由了。这就是埃追安皇帝底特性[⑤]；他非常妒恨诗人、画家与巧匠；在这些人底事业中皇帝本人是有点过人之才的。

最后，近亲、同事、与同养之人，最容易在平辈腾达的时候嫉妒

① Non est curiosus, quin idem sit malevolus.

② Narses(472—568)东罗马皇帝加斯谛尼安一世(Justinian,527—565)之名将。

③ Agesilaus,公元前四世纪之斯巴达名王。曾破波斯军。

④ Tamberlanes,十四世纪鞑靼王,骁勇善战,所向无敌。案即帖木儿。

⑤ Adrian(亦名 Hadrian)罗马皇帝(117—138),为罗马英主之一。

他们。因为这些腾达的人们可说是以他们底幸福显出了同辈底不良；指责了他们。并且这些腾达的人们入同辈底记忆之中较繁，同样地，惹他们底注意也较强；而嫉妒之心是由言谈及名声而倍增的[①]。该隐对他兄弟亚伯底嫉妒是很卑劣，很凶恶的，因为当亚伯底供品被上帝看中的时候当场并没有人旁观[②]。以上就是关于最易嫉人的人的话。

现在且一谈那些多少受人嫉妒的人。第一，德行高的人们，其德愈增则受人嫉妒之机会愈减。因为他们底幸福看来是他们应得的；没有人嫉妒债务之得偿，所嫉者多是报酬过当之赏赐也。又嫉妒总是与人我底比较俱来的；没有比较的地方就没有嫉妒；因此帝王除了受帝王底嫉妒外不受他人底嫉妒。然而应当注意的是微末之人在初升贵显的时候最受嫉妒，到后来较能克服之；反之，有功有业的人在福祉绵延之时最受嫉妒。因为到了那个时节虽然他们底德行仍旧，但其光辉却不如昔了；因为有新的人物起来把那些德行投入暗处了。

贵胄在升显的时候不甚受嫉。因为那好像是他们本着家世而应得的权利。并且他们贵显了也不见得是在他们底幸福上添加了多少；而嫉妒心有如日光，它射在危岸或埈坂上是比射在平地上要热得多的。为了同一的缘故，那些逐渐升高的人们较之那些突然腾达，一跃而跻于贵显之列的人们是少受人嫉妒的。

① 意谓昔日同辈之中，一旦有富贵得名者，则其他之人皆易生妒恨，其原因一由于相形见绌之难堪，二由于往日甚为熟悉，故不易忘却其人，且不容不注意之也。

② 该隐即 Cain。该隐，亚伯（Abel），均亚当、夏娃之子。该隐居长，因上帝喜悦亚伯之贡献而不喜彼之贡献，遂杀其弟于田间。旋受上帝之咒诅，流荡于地上。事见《创世记》第 4 章。

那些把他们底荣耀与重大的劳苦、忧虑或危险连在一处的人们是少受嫉妒的。因为人们认为这些人底荣耀是得来不易的，并且有时还可怜他们，而怜悯永远是治疗嫉妒的。因此你可以看到那较为深沉庄重的政界中人，在他们底崇高的地位中总是自嗟自叹，说他们度着何等不乐的生活，唱着一套“我们何等受苦”[①]的歌曲。并不是他们感觉如此，而是要减少嫉妒心底锋芒。但是这种嗟叹所指的要是别人给他们加上的负担才行，不可指自己招来的事业。因为再没有比无必要而野心地专揽事业之更增人嫉妒者也。又，一个大人物若能使所有居下位者保持所有的权利和充分的身份，那就没有比这个更能消灭嫉妒的了。因为借着这种手段，在他与嫉妒之间可说是有了好几重障隔也。

最甚者，有些人用一种傲慢不恭的态度来处他们底大富贵，他们是最受嫉妒的。这些人总要表示自己底伟大——或以外表的煊赫，或以克服一切的反对与竞争——才觉得满意；而有智之人则宁可给嫉妒贡献点什么，有时在自己不甚关切的事件中故意让人阻挠或压倒。然而这又是真的，就是在若以一种朴素坦白的态度来处尊荣（只要是不带骄矜与虚荣），比用一种较为多诈而狡猾的态度要少受人嫉妒。因为在后一种举止里，一个人简直是表明他不配享受那种幸福并且还好像明白自己之无价值似的；由此他竟是教导别人来嫉妒自己了。

最后结束这一段的话：我们在起始既说嫉妒的行为，内中有点巫术的性质，那么要治嫉妒，除了治巫术的方法再没有别的方法；

① quanta patimur.

那就是除去那“妖气”(人们所谓的)而使之落于别人身上。为了这种目的,有些比较明哲多智的大人物,总要把某一个旁人,叫他登台露面,好教那本要落到自己身上的嫉妒心转到那些人身上去,有时这嫉妒落到属员或仆役身上;有时落到同事或同僚身上;诸如此类:而为了这种事情,永不会缺乏一些天性莽撞而好事的人的。这些人只要能得到权力和职务,什么代价也肯出的。

现在且说公妒。在为公的嫉妒中至少还有一点好处,在私妒中则是一点好处也没有的。因为公妒好譬一种希腊式的流刑[①],是在有些人变得太位高权重的时候压抑他们的。因此,公妒对于大人物们是一种控制物,可以使他们不至超越范围。

这种公妒,拉丁语叫作 invidia,今语叫作“公愤”;关于这个将来在论叛乱的一篇中再说。这是国家中的一种疾病,就像染毒一样。因为正如毒可以传染到本来健全的部分并使之受疾一样,在国家中如果生了“公愤”,这种心理将使国家最好的举措也蒙不洁,使这些举措变为恶臭。所以为政者若把得人心的举措与不得人心者相混而行之,是得不到什么益处的。因为那种办法不过表现一种懦弱,一种对嫉妒的畏惧,这种畏惧更于国家不利。这又如各种染毒常有的情形一样,你要是怕它们,你就不啻招致它们到你身上来了。

这种公愤好像是主要专攻那些重臣大吏而非反对帝制或共和本身似的。但是这是一条可靠的定律,就是假如对某大臣的公愤很深而这位大臣本身致之之道很微:或者这种公愤是遍及于一国

① ostracism.本希腊语,一种流刑,多施于被认为于邦国安宁有危险之人物,雅典尤盛行此制。

中之各大臣者；那么这种公愤（虽然隐而不显）真是与国家不利的。以上就是关于公妒或公愤以及它与私妒底差别的话，关于私妒我们在先已说过了。

今再关于嫉妒这种情欲普遍地添说这几句：就是在一切的情欲中，嫉妒是最强求，最持久的。因为别的情欲底起因不过是偶尔有之的；因此昔人说得好："嫉妒永不休假"[①]，因为它老是在这人或那人心上活动的。此外还有人注意到恋爱与嫉妒是使人消瘦的，而别的情欲则不致如此，因为它们不如爱与妒之持久。嫉妒也是最卑劣最堕落的情欲；所以嫉妒是魔鬼底本来的特质。魔鬼是被叫作"那个在夜间在麦子中种植稗子的嫉妒者"的[②]；因为嫉妒是以诡计并且是在暗中行事的，又常于好的事物如麦子者不利。这永远是如此的。

十　论恋爱

舞台较人生受惠于恋爱者为多。因为在舞台上，"恋爱"长期可以供给喜剧底材料，有时亦可供给悲剧底材料；但在人生中，"恋爱"只是招致祸患；它有时如一位惑人的魔女，有时似一位复仇的女神[③]。你可以见到，在一切伟大的人物中（无论是古人今人，只

---

① Inuidia festos dies non agit.

② 见《马太福音》第 13 章第 25 节。

③ "惑人的魔女"即 Sirens，乃希腊神话中以甜蜜无伦之歌声诱惑舟人而食其肉之魔女。"复仇的女神"，即 Furies，乃地狱中惩恶之女神，据云身上生翼，发中蟠蛇，眼中滴血，见之使人发狂。二语意谓恋爱有时使人昏迷，自甘堕落；有时激人发狂，酿成奇祸也。

要是其盛名仍在人记忆中者)没有一个是在恋爱中被诱到热狂的程度者:可见伟大的人与重大的事真能排除这种柔弱之情也。然而你必须把曾为罗马帝国一半之统治者的安东尼[①]和十人执政之一及立法者阿皮亚斯·克劳底亚斯[②]作为例外;这两个人之中前者确是一个好色而无度的人;但是后者却是一个严肃而有智的人;所以好像(虽然这是很少见的)恋爱不但是会入于坦露的心胸,并且也可以进入壁垒森严的心胸中(假如把守不严的话)似的。埃皮扣拉斯[③]这句话说得不好——"我们互相看起来,就是一座够大的舞台了"[④]。好像生来本当旷观天界及一切高贵之物的人类不应该做别的而只应跪在一座小小的偶像前面,自己把自己做成个奴隶似的,虽然这不是为口舌底奴隶——如禽兽一般——而是为眼目底奴隶(而眼目是上帝给人为高贵的用途的)。可异者,这种情欲底过度,以及它如何欺凌事物底本性及价值之处,是由此可见的,就是,长期的夸张的言辞唯有在关于恋爱的言语中是合适的,在其他的事情中总是不宜。不仅言

① Marcus Antonius (Mark Antony)83? —30B. C. ,恺撒(Julius Caesar)羽党,恺撒被杀后罗马内乱,安东尼与奥克塔维亚努斯,莱辟达斯(Lepidus,死于公元 13 年)订约三分天下,后莱辟达斯以谋夺西西利(Sicily)被黜,安东尼遂与奥克塔维亚努斯平分罗马帝国之统治权。后卒以迷恋埃及女王克利奥帕屈拉(Cleopatra),放佚无度,大败于 31 年之海战(在埃克兴 Actium),翌年自杀。其事由莎士比亚编为剧本,即名曰《安东尼与克利奥帕屈拉》(Antony and Cleopatra),为莎氏最优作品之一。

② Appius Claudius Regillensis,公元前 451—前 450 年为罗马十执政之一。于公元前 450 年计谋巧夺兵官委及尼亚斯(Virginius)之女委及尼亚(Virginia),委及尼亚斯杀女以全其贞,并号召群众,推翻执政,投克劳底亚斯于狱,旋毙之于狱中。

③ Epicurus 希腊哲人之一,生于公元前 342 年,卒于 270 年,为享乐学派大师。

④ Satis magnum alter alteri theatrum sumus.

语如此[①]；昔人[②]说得好，那为首的谄谀者——一切较小的谄谀者都是与他通消息的——就是一人底自我；而无疑地，情人是比这为首的谄谀者还厉害的。因为从无一个骄傲的人重视自己之甚有如一个情人之重视其所爱也。所以昔人说得好。“要恋爱而又要明哲是不可能的”[③]。这一种弱点也不是仅仅在旁人眼中看得出来，而在所爱底眼中看不出来的；反之，这种弱点，在被爱者底眼中是最显明的，除非其人底爱情是得到了回报。因为，爱情底报酬永远是这样，要不是回爱，就是一种内心的隐藏的轻蔑，这条定理是真的。由此可见人们更应当如何提防这种情欲，因为它不但使人失去别的事物，简直连自己也保不住。至于其他的损失，古诗人底故事表现得极好；就是喜爱海伦的人是舍弃了攸诺和派拉斯底赏赐的[④]。因为无论何人若过于重视爱情，则自将放弃财富与智慧也。这种情欲泛滥的时候正是在人心力极弱的时候；那就是在一个人最繁荣或最困厄的时候——虽然困厄是不甚受人注意过的。这两个时候都是燃起爱火并使之更为热烈的，由此足见“爱”是“愚”之

① 在思想上亦复如此。

② 英国学者莱特以为语出普卢塔克(Plutarch,46? —120?,希腊传记家及哲学家)。

③ 据莱特，语出普布利利亚斯·西拉斯(Publilius Syrus)。氏为公元前一世纪中人。后人搜集其剧本中有关道德之格言参以中世纪初年他人之箴语编辑成书，此语即其一也。亦作“就是神也很难于恋爱中保持其聪明”。

④ 希腊神话：争斗之神曾掷一金苹果于天上众神之间，果上有字曰“赠予最美者”。于是攸诺(Juno,天后)，密奈瓦(Minerva,智慧之神)及维纳丝(Venus,爱与美之女神)共争之。以脱洛伊王子巴黎斯(Paris)被选为评判。三神各以所有赂之：攸诺许以富贵，密奈瓦许以智慧，维纳丝许以世间第一美女，海伦(Helen)。巴黎斯以金苹果与维纳斯，遂得与海伦偕逃，希腊与脱洛伊之长期战争即以此为起因焉。

子也[①]。有些人，即在心中不能不有爱的时候，仍能使它受约束，并且把它与人生底要务严格分开，这些人可算做事极当；因为"爱"若是一旦参与正事，就要扰害人们的福利，并且使他们无术坚守自己底目的。我不懂为什么，可是武人最易堕入爱情。我想这也和他们喜欢喝酒一样；因为危险的事业多需要娱乐为报酬也。人性之中有一种隐秘地爱他人的倾向和趋势，这种倾向若不消耗在一个人或少数人身上，将很自然地普及于众人，并使人变为仁慈的，例如在僧侣之中有时就看得到这样的情形。夫妇之爱，使人类蕃滋，朋友之爱使人完美；但是无度的淫爱则使人败坏并卑贱焉。

十一　论高位

居高位的人是三重的仆役：君主或国家底仆役；名声底仆役；事业底仆役。所以他们是没有自由的，既没有个人底自由，也没有行动底自由，也没有时间底自由。要寻求权力而失掉自由，或寻求凌驾他人的权力而失却统治自己的权力，这一种欲望是一种可异的欲望。要升到高位上，其经过是很艰难的，但是人们却要吃许多苦以取得更大的痛苦；要升到高位上，其经过有时是卑污的；然而人们却借着卑污的手段达到尊严的地位。在高位上居留是很不稳的，其退步或是覆亡，或者至少是声名暗晦，——那是一件很可悲的事。"当你到了今日之我非复昔日之我的时候，就没有再要活下

① 意谓心志不坚之时最易受爱情之惑，可见爱情乃愚昧之结果也。

去的理由了”[①]。真的，人们在愿意退休底时候是不能退的，并且在应该退休的时候是不肯退的。反之，人们都不耐退休底生活，甚至于在老病之中，需要隐居的时候亦复如此；就好像有些城里的老头儿一样，总要坐在街门口，虽然这种办法使人家看不起老年。无疑地，居高位的人们得要借他人底意见才能以为自己是幸福的；因为若是他们依着自己底所感来判断，则他们不会发现自己是幸福的。但是假如他们自己想一想别人对他们作何感想，并且想到别的人如何愿意作他们；那么他们就好像是由外面的谈论而快乐了，同时在内心中也许正是相反。因为这些人是首先发现他们自己底忧患的人，虽然他们是最后才看出自己底过失的人。无疑地，居高位的人们对自我是陌生人，并且在事务匆忙之中，他们是没有时间来照管自己底身体或精神上的健康的。“如果一个人在死的时候，别人过于知道他，而自己不知道自己，那么死亡之降临可真是一桩大祸了”[②]。在高位之中有为善与为恶的自由；而后者乃是一种可诅咒的自由：因为谈到作恶最好是不愿意，其次就是不能够。但是能有做好事的权力那才是真正的而且合法的希望之所系。因为好意，虽然上帝接受，然而对于世人，要是不实行出来，则不过如好梦一般而已；而要行好事就非有权有位，有一种居高临下之势不可。功与德乃人类行动之目的，而感觉到自己已经有了这两样才是令

① Cum non sis qui fueris, non esse cur velis vivere. 本西塞罗（Cicero，公元前106—前43年，罗马大演说家、文学家、哲学家）《致友好书信集》（Epistolae ad Familiares s. ad Diversos）中语。

② Illi mors gravis incubat, qui notus nimis omnibus, ignotus moritur sibi. 本塞奈喀悲剧 Thyestes 中语。

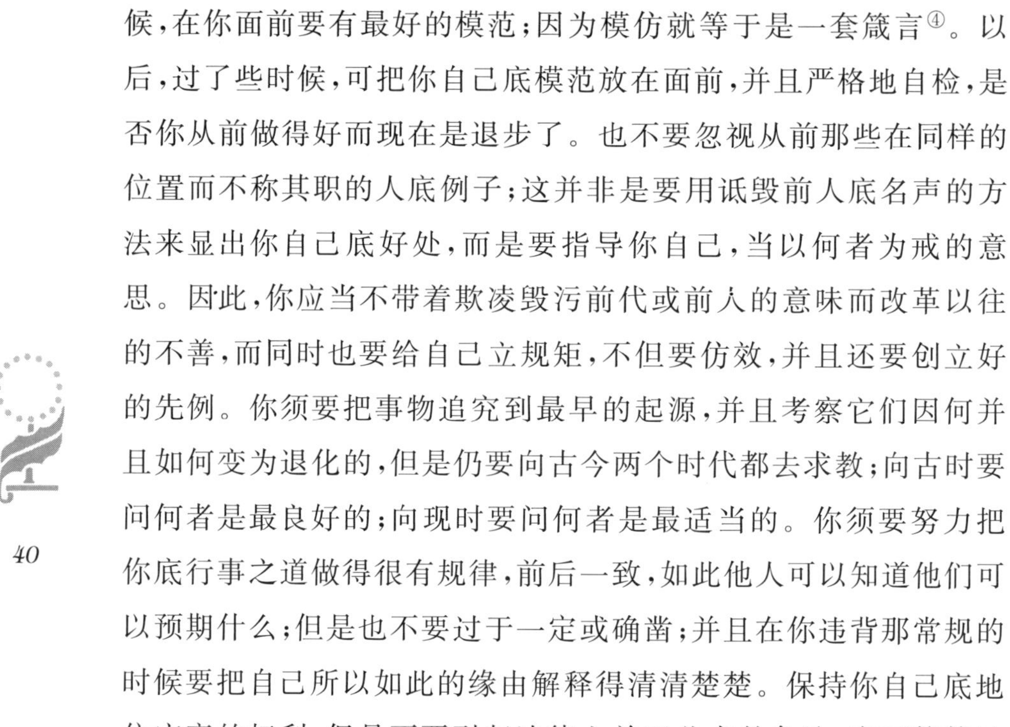

人自足的成就。因为，如果一个人能够参与上帝底剧场，那么他也可以参加上帝底安息了[①]。“于是上帝转身看他手造的一切，看见它们都是很好的”[②]，此后就是安息日了[③]。在执行你底职务的时候，在你面前要有最好的模范；因为模仿就等于是一套箴言[④]。以后，过了些时候，可把你自己底模范放在面前，并且严格地自检，是否你从前做得好而现在是退步了。也不要忽视从前那些在同样的位置而不称其职的人底例子；这并非是要用诋毁前人底名声的方法来显出你自己底好处，而是要指导你自己，当以何者为戒的意思。因此，你应当不带着欺凌毁污前代或前人的意味而改革以往的不善，而同时也要给自己立规矩，不但要仿效，并且还要创立好的先例。你须要把事物追究到最早的起源，并且考察它们因何并且如何变为退化的，但是仍要向古今两个时代都去求教；向古时要问何者是最良好的；向现时要问何者是最适当的。你须要努力把你底行事之道做得很有规律，前后一致，如此他人可以知道他们可以预期什么；但是也不要过于一定或确凿；并且在你违背那常规的时候要把自己所以如此的缘由解释得清清楚楚。保持你自己底地位应享的权利，但是不要引起法律上关于此点的争论：宁可静静地

① 意谓人若能模仿上帝而为善，则亦可如上帝之得安息也。“参与上帝底剧场”即“观览上帝之所观览”之意。至于上帝之所观览者正即其所行之善举，创造世界之行为也。《创世记》第1章屡言“神看着是好的”，即此段之所本。

② Et conversus Deus, ut aspiceret opera quae fecerunt manus suae, vidit quod omnia essent bona nimis.《创世记》第1章第31节语。

③ 《创世记》第2章：“天地万物都造齐了。到第七日，神造物的工已经完毕，就在第七日歇了他一切的工，安息了。神赐福给第七日，定为圣日，因为在这日神歇了他一切创造的工，就安息了。”

④ 意谓由过去之模范吾人可以获得一身行事之准则也。

在事实上享这种权利，而不要用要索和强争的手段去公开吵闹。同样，保持下属底权利；并且以居首指挥为荣，而不要以参与一切为荣。在执行职务上欢迎并邀请帮助和忠告，不要把带消息给你的人认为是好管闲事者而逐之使去；反之，要好好地接待他们。高位底过恶主要的有四种；迟延、贪污、粗暴与易欺。关于迟延，应使人易于得见，守约定之时间，当前之事应即作完，并勿以不必要之事掺杂其间。关于贪污，不仅要约束自己底手和仆役底手，毋使接纳贿赂，并当约束有所请求的人们底手，毋使呈献贿赂。因为一个人自己实行的节操是约束自己和仆役的，而宣扬出去的节操，再加上公开的对贿赂的厌恨，则是约束他人的。又应避者，不但是纳贿之事实，而且是纳贿之嫌疑。一个人要是被人认为反复无常，或者无明显的缘故而公开地变更了，就要招致贪污之嫌疑的。因此，无论何时，当你变更你底主意或行事之道的时候，把这件事公开地承认了，并把这件事和使你变更的理由宣之于众，不要想偷偷摸摸地做了。一个仆人或宠幸，假如他仅仅是与你亲昵而没有显然的可称之处，就要被人认为是暗行贪污的一条门路的。至于粗暴，那是一种不必要的招怨之道。严厉生畏，但是粗暴生恨，即在公事上的谴责也应当庄重而不应当侮辱嘲弄。至于易欺，那是比受贿还坏的。因为贿赂不过是偶尔而来的，但是假如屡请和无理由的顾念可以打动一个人[①]，那么这个人就永不会没有这种情面事了。如所罗门所言："看情面是不好的；因为这样的人是会为了一块面包

① 意谓居高位之人，若因他人之屡次请求或因顾念某种无理由之关系而准人之请，则其"易欺"之名将远播于众，而无人对之不生非分之想，不作靦颜之求矣。

而枉法的。”[①]古语说得极是：“地位显出为人。”[②]地位显出有些人底长处，也显出有些人底短处。“假如他从来没有做过皇帝，公意也要说他是适于做皇帝的。”[③]这是塔西佗说嘉尔巴的话。关于外斯帕显他却说：“外斯帕显是唯一因为有了权力而人格增进的皇帝”[④]——虽然前一句话是关于统治的能力的，而后一句是关于仪容及感情的。一个人因有权位而人格增进，这是他底人格高尚而宽宏大量底确证。因为权位是，或者应当是，德能之所在；并且，如在自然界一样，事物向它们底位置动的时候，其动甚烈，而在它们底地位中动的时候其动甚和缓，所以德能在努力上达的时候是猛烈的，而在当权的时候是安稳平和的。一切上跻高位的行动都是像登一条迂曲的楼梯一样；若遇有派别的时候，一个人最好是在上升的时候加入某派而在已腾达之时保持中立。对待前人底遗名当公平而爱护，因为假如你不这样做，那么这就不啻是一种债务，将来你去位的时候人家一定要偿还你底。如果你有同僚的话，尊重他们，并且宁可在他们并不想望被召的时候召请他们，而不要在他们有理由希冀被召的时候拒见他们。在谈话和私下答复请求者的时候不要过于自觉或过于记得你底地位；反之，最好让人家说，“他在执行职务的时候是另一个人”。

① 见《箴言》第28章第21节。

② 古谚，据云，出自希腊哲人，惟究系何人，其说未定。

③ Omnium consensu capax imperii, nisi imperasset. 见塔西佗所著《罗马史》第1卷第49章。

④ Solus imperantium Vespasianus mutatus in melius. 见同书第50章。

十二　论勇[①]

有人问德冒斯尼斯，一位演说家最主要的才能是什么？他说，表情：其次呢？表情：又其次呢？表情[②]。这虽是小学读本中一段滥熟的故事，然而值得明哲之士底思索。说这话的人是最懂得所说的事情的人，又是一个在他所称扬的事情上没有天生的优势的人[③]。表情在一位演说家所有的才能中不过是表面的一种，并且是属于优伶的一种长处，然而竟会被抬得这样高，超出那些其他的长技，如独创、口齿清晰等等；不特此也，简直好像这一种表面的才能是唯一无二的，是一切底一切似的，这真是怪事了。然而其理由是显而易见的。人性之中总以愚者底部分比智者底部分为多；因此那些能够引动人心中愚蠢之一部的才能是最有力的了。同这个非常之相似的，就是在世务中的勇气：头一件是什么？勇气：第二件第三件是什么？勇气。可是勇气不过是无识与卑贱的产儿，比较别的关于世务的知识贱得多了。然而它真能迷惑并控制那些见识浮浅或胆量不足的人，而这种人又是数目最多的。更甚者，勇气也能把有智之人在他们意志不坚强的时候克服了。因此我们常见

---

① 本篇所论乃“血气之勇”，“鄙夫之勇”，非“大勇”也。

② Demosthenes 雅典最伟大之演说家，生于公元前 384 年，卒于公元前 322 年。

③ 德冒斯尼斯之天赋极不适宜于为演说家，因其声音薄弱，且有口吃之病也。氏之卒能成为雅典及欧洲古代之第一演说家者全恃苦心奋斗之结果。据云氏曾于练习演说时口含小石，以祛口吃之疾；疾登山坡，同时口诵诗人名句以强其气；对海朗诵以与群众之喧嚣杂乱熟悉；并曾伏处地洞中数月，手抄名史家修西底底斯(Thucydides)之著作以为己作风格之准绳云。文中所谓“表情”包括声音、动作、手势等。

勇气在民治国家中曾有奇效，而在有统治阶级或君主的国家中则不如此之甚：又勇气总是在勇敢的人们初次活动的时候功效大，而以后就没有这样大了；因为勇气是不善于守信的[①]。对于人底肉体既有江湖医生；对政治团体也确是有江湖医生的；这就是那些担任奏奇功，而也许在两三次试验里有好运气的人；但是他们缺乏真知识的原理，所以是不能持久的。真的，你可以看到许多大胆的人们屡次实行谟罕默德底奇迹。谟罕默德教民众相信他，说他要把某一座山叫到他面前，然后从那座山顶上为那些信奉他底教律的人祈祷。民众都聚集在一起了；谟罕默德一次又一次地叫那座山到他面前来；然而那座山屹立不动。在这时候，他一点也不沮丧，反而说道："要是山不肯到谟罕默德这儿来，那么谟罕默德要到山那儿去了。"类此，那些江湖派的人，当他们预先答应了很重大的事迹而很可耻地失败了的时候，依然（假如他们有完全的勇气的话）会把这种失败轻轻放过，并且转而之他，再不一顾。无疑地，在识见远大的人们看起来，所谓勇夫者是一种可笑的人；不但如此，在平常一般人底眼中，勇气也是有点可笑的。因为，假如"荒唐"是引人发笑的一种性质的话，那么你可以确信很大的豪勇是很少没有一点荒唐之处的。尤其可笑的是在一个勇夫被人揭穿而失败的时候；因为这样一来，就使得他底面容变得极其萎缩呆板了，这是必然的；因为在退让之中、人底精神是有来有去的；但是那些勇夫在如上述的情形之中他们底精神就只能待着，好像下棋下成和局一样，输是不算输，

① 意谓一时之勇气多不能有始有终也。

然而那一局棋是无法走了[①]。但是这一种最后所说的事或者较适于讽世的文章而不适于庄肃的论说。这一点最值得考虑；就是大胆永远是盲目的；因为它是看不见危险和困难的。因此，大胆在议论中是不好的，在实行中是好的；所以勇夫底适当用途是永不要让他们统帅一切，而应当让他们为副手，并听他人底指挥。因为在议论之中最好要能看出危险；而在实行之中最好不要看出危险[②]，除非那些危险是很重大的。

十三　论善与性善

我所采取的关于“善”的意义，就是旨在利人者。这就是希腊人所谓的“爱人”(Philanthropia)；这个字底字义用“人道”(humanity)一语来表现(如目下之所为)是有一点薄弱的。爱人的习惯我叫作“善”，其天然的倾向则叫作“性善”。这在一切德性及精神的品格中是最伟大的；因为它是上帝底特性；并且如没有这种德性，人就成为一种忙碌的，为害的，卑贱不堪的东西，比一种虫豸好不了许多。“善”与神学中的德性，“仁爱”相符合，并且不会过度，只能有错误[③]。过度的求权力的欲望使天神堕落[④]；过度的求知识

① 本段意谓退让之人做事常有进退之余地而一勇之夫有进无退，稍遇挫折，便成僵局也。

② 意谓顾虑过多则将一事无成也。

③ 解见下。

④ 古传云撒旦(Satan)本天神之一，位尊力伟，因不甘居下，欲篡天帝之位，终被投入地狱，永堕沉沦(参看密尔顿：《失乐园》)，语即指此。

的欲望使人类堕落[①];但是在“仁爱”之中却是没有过度的情形的;无论是神或人,也都不会因它而受危险的。向善的倾向是在人性中印得很深的;怎样深法?就是如果这种倾向不发向人类,也要及于别的生物的;这可由土耳其人见之,土耳其人是一种残忍的民族,然而他们对待禽兽却很仁慈,并且施舍及于狗和鸟类。据布斯拜洽斯[②]底记述,君士坦丁堡有一个耶教青年,因为在玩笑中撑住了一只长喙鸟底嘴的缘故,差一点被人用石头打死了[③]。土耳其人爱物底程度有如此者。在这种“善”或“仁爱”的德性中,错误有时是不免的。意大利人有一句骂人的成语:“他太老好,好得简直成了废物了。”[④]意大利的宗师之一,尼考劳·马基亚委利[⑤],也居然有这种自信,几乎明明白白地写道:“耶教把善良之人做成鱼肉,贡献给那些专横无道的人。”他说这话,因为真的从来没有一种法律、教派或学说曾如耶教一样地尊重过“善”的。因此为避免诽谤[⑥]及危险起见,顶好研究研究像如此优良的一种习惯,其错误安

① 上帝置人类始祖亚当、夏娃于乐园中,夏娃受魔鬼之引诱,与亚当同食知识之树之果,遂被放逐,语即指此。(事见《创世记》第2、第3章)

② Busbechius(1522—1592)弗莱密族(Flemish 今荷兰民族之一)之外交家与旅行家。

③ 据莱特注,该青年乃一威尼斯铜匠。曾获一阔喙鸟,其喙开时大可容拳,青年将此鸟活钉于门首,并以枝撑其喙使不得闭,以资笑乐。本书拉丁文译本叙此事较确。

④ Tanto buon che val niente,即我国“好好先生”或“老好人”之意。

⑤ Nicolo Machiavelli(1469—1527)佛罗伦萨(Florence)政治家及著作家。其名著《人君》(英名 The Prince)揭破政治之隐秘,暴露夺国之计谋,直言无隐,乃世界名著之一。此书震撼全欧,虽为霸君权奸之秘宝,而大受学者教士之攻击,在英国当时马基亚委利几被认为魔鬼之化身焉。培根在表面上未见其赞同马氏,然其见解自与流俗不同,对马氏之政治见解固未尝不有心折之处也。

⑥ “诽谤”指对耶教之诽谤。

在。我们要努力利人，但是不要做人们底面貌或妄想[1]底奴隶；因为若是那样，就是易欺或柔懦了；易欺或柔懦是拘囚诚实的人的。也不要给《伊索寓言》中的雄鸡一颗宝石，这雄鸡要是得到一颗麦粒，他要快乐欢喜得多了[2]。上帝底例子给我们很真切的教训："他降雨给义人，也给不义的人；叫日头照好人，也照歹人"[3]；然而他不降财富，也不叫荣誉和德能在所有的人上面平等地照临。平常的福利应该使大众共有，但是特殊的福利则应有选择。并且我们要小心，不可在临摹的时候把原样毁了。因为神学教给我们说，当以人之爱己为模范；爱我们底邻人则是这种爱己之心底仿作。"去变卖你所有的，分给穷人，并且来跟从我"[4]；然而除非你要来跟从我；不要把你所有的都变卖了；那就是，除非你有天生的使命可以用很少的资产如很多的资产一样行得出一般多的善来；若不然者，则是饲养了支流，却汲干了源泉也。世间不仅有一种受正道指挥的为善的习惯，并且在有些人，即在本性之中，也是有一种向善的心理趋向的，如同在另一方面是有一种天生的恶性一样。因为也有些人天性不关心他人底福利的。恶性中较轻的一种趋向于暴躁、不逊、喜争或顽强，等等；而较深的一种则趋向于嫉妒或纯粹的毒害。这样的人可说是靠别人底灾难而繁荣的，并且是落井下石的：他们不如那舐拉撒路底疮的那些狗[5]，而有如那总在人体任何溃烂

① "妄想"亦可译作"无端的好恶"。

② 此段意谓施舍须得当。

③ 见《马太福音》第 5 章第 45 节。

④ 见《马可福音》第 10 章第 21 节。

⑤ 《路加福音》第 16 章第 19 至 31 节。"有一个财主，穿着紫色袍和细麻布衣服，天天奢华宴乐。又有一个讨饭的，名叫拉撒路，浑身生疮，被人放在财主门口，要得财主桌子上掉下来的零碎充饥，并且狗来舐他的疮……"。

的部分上嗡嗡的苍蝇；这些"恨世者"(misanthropi)，是惯于诱人自缢；而在他们底园中却连作这种用处的一棵树也没有的（和太蒙底事迹相反）。这样的心性正是人性底溃疡[①]，然而他们却正是造大政客的材料；他们就如同曲木一样，造船最好，船是天生要颠簸的，但是这种木材却不适于造房屋，房屋是要站得牢的。性"善"底特质和特征是很多的。如果一个人对待异乡人温和而有礼，那就足见他是个"世界的公民"，他的心不是一个与别的陆地隔绝的岛屿而是一个与那些陆地接连的大洲。若是他对别人底痛苦灾难很是同情，那就是表明他底心有如那出药疗他人之伤而自己受割的珍贵的树木。若是他对于别人底过恶很容易宽宥不究，那就足见他的心智是种植在超越伤害的地方的，所以他是伤害所不能及的。若是他对于小惠很感谢，那就表明他重视人们底心而不重视他们底钱。但是，最要者，假如他有圣保罗底至德，就是，假如他肯为了他底兄弟们底得救而受基督底诅咒的话[②]，那就显出他颇合乎天道，与基督自身竟有一种符合之处了。

十四　论贵族

关于贵族，我们将先以之为国家中的一个阶级，再以之为个人

① Timon，普卢塔克在其《安东尼传》中云当希腊伯罗奔尼撒战争时期(The Peloponnesian War，公元前431—前404年)雅典人太蒙愤世嫉俗，曾对雅典议会演说云："雅典人啊！我有一小块地，地里长着一株无花果树。在这棵树上从前有许多雅典人都自缢身死。现在因为我要在这块地上造房子，所以公开宣告，诸位之中若有愿意自缢的，可在这株树被砍去以前急速利用它。"参看莎士比亚悲剧，《雅典人太蒙》(Timon of Athens)第5幕第1景。

② 见《新约·罗马书》第9章第3节："为我弟兄，我骨肉之亲，就是自己被咒诅，与基督分离，我也愿意。"

底一种品质而论之。一个完全没有贵族的君主国总是一个纯粹而极端的专制国；如土耳其是也。因为贵族是调剂君权的，贵族把人民底眼光引开，使其多少离开皇室。但是说到民主国家，它们是不需要贵族的；并且它们比较有贵族巨室的国家，通常是较为平静，不易有叛乱的。因为在民主国中，人们底眼光是在事业上而不在个人上的；或者，即令眼光是在个人身上，也是为了事业的缘故，要问某人之适当与否，而不是为了标帜与血统的。我们看得到瑞士人底国家很能持久，虽然他们国中有很多宗教派别，而且行政区也不一致：这就因为维系他们的是实利而不是对在位者个人的崇仰也。荷兰合众国政治很优良；因为在有平权的地方，政治上的集议是比较重事而不重人的，并且人民对于纳税输款也是较为乐意的，一个巨大有力的贵族阶级增加君王底威严，可是减少了他底权力；使人民更有生气，更为活泼，可是压抑了他们底福利[①]。最好，贵族不要高出君权或国法之上，同时却要被保持在一种高位上，使下民想犯上的时候，那种桀骜之气，必得在过速地达到人君底威严以前，先与贵族冲撞，如水击石而分散其势力然。贵族人数众多则国贫而多艰；因为这是一种过度的消费；并且，贵族中人有许多在经过相当时间后必然变为贫乏，结果在尊荣与财富之间将造成一种不相侔的情形。

至于个人之身为贵族者——我们看见一座古垒或建筑物依然完好，或者一棵好树坚实而完美的时候，总觉得那是一种令人生敬

① 意谓有贵族之国，较绝对专制之国人民生活，较富于自由，而较民主之国，则色彩鲜明，变化较多，少单调无聊之感也。然而贵族多则人民之负担重矣。

的景象。如斯，要是见到一个曾经度过时间底风浪的古老贵族之家，其可敬之甚较上述者又当多出若干。因为新的贵族不过是权力所致，而老的贵族则是时间所致也。头一个升到贵族阶级的那些人多是比他们底后人富于才力而不如其纯洁的；因为很少有能够腾达而在手段中不是善恶交混的。但是这些人留给后代的记忆中只有长处，而他们底短处，则与身俱灭，这也是合理的。生为贵族则多半轻视劳作；而自己不勤劳的人是要嫉妒勤劳的人的。再者，贵族中人不能再升到多高的地位去了；而那自己停留在某种地位而目睹他人上升的人是难免嫉妒之念的。在另一方面，贵族身份能消灭别人对他们的那种消极的嫉妒；因为贵族中人好像生来就应享某种荣华富贵似的[①]。无疑地，为人君者，在他们底贵族中若有人才而能用之，则他们将得到安适，并且国事底进行也要得到顺利；因为人民会自自然然地服从他们，以为他们是生来就有权发号施令的。

十五　论谋叛与变乱

牧民之人必须要知道国家中风波底朕兆；这些风波在诸事将达平衡[②]的时候最为剧烈；就好像自然界底暴风雨在将近春分秋分的时候最为剧烈一样。并且，有如在一场暴风雨之前，有中虚的大风和海波底暗涨一样，国家中也有这样的东西：

① 此段可与第 9 篇参看。

② 即尊卑之分渐趋泯灭，纪纲不振之时。

他(太阳)常给警告,预示暗潮将发,

并预示叛逆与潜袭即将来临[①]。

毁谤与无视法律,背叛国家的言辞,当它们是多见而且公开的时候;还有那些与之类似的不利国家,屡屡传播上下而易为人所信的谣言,这些都是祸乱将来底预兆。委吉尔[②]在叙述谣言之神底家世的时候说她是巨人们底姊妹之一:

地母因恼怒众神遂生了她——

这巨人族最后的一名——

可亚斯和安塞拉都斯的妹妹[③]。

好像"谣言"是以往的叛谋之遗留似的;但是谣言也确实是将来之叛乱的前奏曲。然而委吉尔所看到的也是对的,就是叛乱的举动和叛乱的谣言其间的差异甚少,有如兄弟之于姊妹,阳性之于阴性一样,尤其是在国家最良好的举措,本是最值得称扬,应当得到最大多数底欢心的,然而竟被加以恶意的解释而受诽谤的时节为然:因为这是表明很大的妒恨之心的,如同塔西佗所说的一样:"当政府不受欢迎的时候,好的举措和坏的举措同样地

① ——Ille etiam caecos instare tumultus
Saepe, monet, fraudesque et operta tumescere bella. 语出委吉尔(见下)《田功》(Georgies)第1卷第465行。

② 委吉尔(Virgilius 或 Vergilius Maro, P. 公元前70—前19年)罗马最伟大之诗人,所著有史诗《伊尼埃德》(Aeneid)第12卷,《田功》(Georgies)4卷;《牧歌》(Ecologues)第10章。

③ Illam Terra parens, ira irritata deorum,
Extremam (ut perhibent) Caeo Enceladoque sororem
Progenuit. ——语出《伊尼埃德》第4卷第179行——。

触怒人民。”[①]但是因为这些谣言是变乱的朕兆，遂以为用过分严厉的手段压制这些谣言就是一种止乱的方法，这也是不然的。因为不如蔑视这些谣言倒常常是最好的制止他们的方法；到各处去设法禁止他们反而使群疑延长。还有塔西佗所说的那种服从是应当提防的。“他们虽是愿意服从的，但是乐于批评而不乐于服从长官底命令”[②]。争论、自恕，对命令和指示加以吹求，是一种脱离羁绊的举动，一种叛逆的试验；尤其当在争论之中，主张服从者出言畏缩小心而反对服从者畅言无忌的时候是如此的。

又，马基亚委利见得极是，他说那应当为民之父母的人君若自成一党，偏向一方的时候，那就有如一只因载重不平衡而倾覆的船一样；这在法兰西王亨利第三之世可以很明显地看得出；因为他自己先加入同盟[③]，要消灭新教徒；此后不久，这个同盟就转过来对付他本人了。因为人君底权威若被造成为仅仅是某一种目的底帮手，并且在君权底维系之上有束缚力更大的维系的时候，那就是做帝王者差不多要受驱逐的时候了。

再者，当冲突、互诟和党争，公开而无忌惮地进行的时候，那就

① Conflata magna invidia, seu bene, seu male, gesta premunt. 语本塔西佗《罗马史》第1卷第7章。原文作：“当一位皇帝被国人所痛恨的时候，人们对于他底举动，无论好坏，都要加以非难。”

② Erant in officio, sed tamen qui malent mandata imperantium interpretari, quam exequi. 见《罗马史》第2卷第39章。直译当作：“他们(指兵士)虽有热心的，但是他们倾向于评论长官底命令而不乐于服从。”

③ 即神圣同盟(The Holy League)，乃及斯公爵(The Duke of Guise)于1576年所组织者，名为保障天主教，实为保障法国天主教贵族之王位继承权者。此举实于王权有碍，而亨利第三竟加入此同盟，自为领袖，以为得计。未几，在公爵领袖之下，巴黎有叛逆之举，王位几被篡。

是一种朕兆，见得对政府的尊敬心已经消失了。因为一个政府里的大人物们底举动应当如老派天文学中所说的第九重天之下的诸行星底动作一样，就是，每个行星受一种更高的动律底支配，很迅速地转着，而在自己底私动中则是很柔和的[①]。因此，当大人物们在私动中动得暴烈，并且有如塔西佗底名言，“其自由与臣道不符”[②]的时候，这就足见天体是失了常轨了。因为“尊崇”是上帝以之维护人君的；而上帝警告他们的时候说是要解除的也就是这个：“我也要放松列王的腰带”[③]即指此也。

因此，当政府底四大柱石(那就是宗教、法律、会议和财政)之任何一个大受动摇或变为软弱的时候，人们就不得不祈祷上天赐予平和的天气了[④]。但是我们现在且离开这关于预兆的一部分(然而关于这一部分在下文中也还可以得到点发明)而先说叛乱的材料，再说它们底动机，第三，再谈防止之道。

关于叛乱底材料。这是很值得考虑的，因为最妥的预防叛乱的方法(假如时代允许的话)就是取消叛乱底材料。因为要是有了预备好的柴薪，那就说不定那要使它们燃烧的火星子是要从那一方面来了。叛乱底材料有二：多贫与多怨是也。有多少破产者就

---

① 依旧派天文学(即哥白尼 Copernicus 以前之天文学)，天体分为若干天球或重天(Spheres)，共以地球为中心。最外层之一重为 Primum mobile(首动者)，以 24 小时绕地一周，并以其转动影响内域诸天亦使之转动，此种“公动”较为迅速。同时各天球及各行星亦自有其“私动”，其动律和缓而与“公动”不相混。作者之意，以为一国中之要人当缓于谋己而急于事君也。

(参看莎士比亚，Troilus and Cressida，第 1 幕第 3 景第 75—101 行)。

② liberius quam ut imperantium meminissent。见塔西佗《纪年史》第 3 卷第 4 章。

③ Solvam cingula regum. 见旧约《以赛亚书》第 45 章第 1 节。

④ 意谓有识之士将不免于忧国家之大乱将临也。

有多少喜乱者，这是一定的。鲁侃[1]对于罗马在内战[2]前的情形说得极是！

从此来了噬人的重利，贪馋的利率奔向结账之日；

从此来了动摇的信用，和那于多人有利的战争[3]：

这个"于多人有利的战争"就是一种确实无讹的朕兆，表明一个国家将有叛逆和变乱。并且假如这种上流阶级底贫乏与破产和普通人民底穷困连在一起的话，那么祸患是近而且大的。因为肚子底作乱是最厉害的作乱也。至于怨愤，它们在政治团体之中就有如人底肉体中的体液一样，它们是会聚积一种异乎寻常的"火"而发炎的。为人君者切不可以这些怨愤之正当与否为衡量这种危险之大小的标准：因为那样就是把一般人想象得过于合理了；而他们其实是常常会拒绝于自己有益的事物的。也不可以这个为标准——就是怨愤所自生的痛苦在事实上是大是小：因为有几种怨愤其中的畏惧之情远超痛苦之感者，这种怨愤是最危险的。"痛苦是有限制的，而恐怖是无限制的"[4]。再者，在严厉的压迫之中，那激刺人底耐性的事物同时却也能制伏勇气；然而在恐怖之中则不如此也。任何君主或国家也不要因为怨愤虽常有或久有而并无危险发生，因此对之不加提防：因为固然每一股水汽或雾气不一定就

① Lucan 即 Lucanus，罗马诗人，生于公元 39 年，卒于 65 年，其名著为法赛利亚(Pharsalia)，取材于罗马之内战。

② 即久利亚斯·恺撒与庞拜(Pompey)间之斗争(公元前 52—前 48 年)。

③ Hinc usura vorax，rapidumque in tempore foenus，
Hinc concussa fides，et multis utile bellum. 见《法赛利亚》第 1 卷第 181 行。

④ Dolendi modus，timendi non item 引小普利尼(Pliny the Younger，公元 61？—114?)书信集中语。

成为暴风雨，然而暴风雨，虽然往往会搅扰一阵就过去了，可是终久要大下一场的，西班牙成语说得好："绳子终久要被最无力的拉扯弄断的。"[1]

叛乱底原因和动机是，宗教改革、赋税、法律与风俗底变更、特权底废除、普遍的压迫、小人底擢升、异族底阑入、饥馑、散兵、趋于极端的党争，以及任何激怒人民使之为一种公共的目的而团结起来的事物。

关于叛乱底救济，有些普通的预防之策我们再说一说；至于专门的治疗，必须合乎特殊的病症；所以这个不能由理论处理，而必须留给朝议。

第一种救治或治疗的方法就是尽其可能地把我们以上说过的叛乱之物质原因取消，这个物质原因就是国内的贫乏。要达到这种杜绝乱源的目的就应当采取如下的方法：便利并均衡贸易；保护并鼓励工业；禁除游荡；以节俭令制止消耗与浪费；改良并垦殖土壤；调剂物价；减轻贡赋，以及类此的方法。就一般而论，应当预先注意使国内的人口（尤其是没有受战争底斫伐的时候）不要超过国内养人的资源。又人口也不可仅以数目来计算；因为一个较小而消耗过于生产的人口比一个较大而消费低生产多的人口其破坏国家更为迅速也。因此贵族及其他官爵底人口增加如果超过了与平民底人口增加的正当比率，这个很快地就能把一个国家带到贫困的境地；僧侣过多也能如此；因为他们都是不事生产的；同样地，人

① 比较英谚：It is the last straw that breaks the camel's back."压断骆驼底脊梁的是那最后的一根麦秆儿"。

民之受教育者如果多过了可以养他们的官职的时候,也是如此。

类此,也应当记忆者,就是任何一国底财富之增加既必须靠在外国人方面取利(因为任何事物有得之者即必有失之者)那么只有三种东西是一国可以售与他国的:就是天然的物产;人造的物品;运输。因此,若是这三个轮子轮转不息,则财富将如春水一样地流通了。再者,事情往往如此,就是"工作胜于物质"[1],那就是工作和运输比物质为更有价值,更能增加国富;如荷兰人就是很显明的例子,他们是全世界享有最良好的地面上的矿产的国家[2]。

最要者,要妥筹良策,使国内的珍宝钱财勿入于少数人之手,如不然者,一个国家可以有很大的财富而仍不免于饥饿也。金钱好似肥料,如不普及便无好处。要使它普及,主要就在禁止或严厉约束那些贪馋的生意,如高利贷、垄断、广大的牧场,以及类此的种种。

说到消除怨愤或至少消除怨愤底危险,我们知道每个国家里都有两种臣民:贵族与平民。在二者之中只有一种是心怀怨愤的时候,那危险是不大的;因为平民若没有上流阶级底挑拨,是动作迟缓的;而上流阶级,若群众不能或不准备自己有所举动的话,则他们底力量是不够大的。所以当上流阶级等待着在下的民众起了骚动以便明示他们自己底态度的时候那就是危险的时候。诗人们寓言说众神想把久辟特[3]困缚起来,这种图谋被久辟特听见了,于

① Materiam superabit opus.

② 意谓荷兰虽无地下之矿藏,而以其工业及运输业之发达,较他国反为富饶也。

③ Jupiter,罗马神话中众神之王,等于希腊神话中之宙斯(Zeus)。

是从帕拉斯[1]之计召百臂的布瑞阿瑞欧斯[2]来帮助他。这无疑地是一种譬喻，是表明为人君者若能确得一般平民底欢心则是如何地平安的。

予人民以相当的自由使其痛苦与不平得以发泄（只要发泄的时候不要过于不逊或夸张）是一种安全的方法。因为那压抑体液及使伤口的血倒流入内的人是将有恶疡及险疮的危险的。

在与怨愤有关的情形中，埃辟迈修斯底所为是很适于普罗密修斯的；因为再没有比他底所为更好的预防怨愤之法也。埃辟迈修斯在许多的痛苦与祸患飞到外面之后，终于盖上了盖子，把希望留在了箱子底上[3]。无疑地，得宜而巧妙的对于希望的培养及抱持，以及导引人们从这个希望到那个希望，这种办法真是治疗和救济怨愤之毒的最好的良药。而一个政府当其不能以满足人民底欲望而得人心的时候若能以使他们有希望而得之，并且当其能办事办得使任何祸患也不能显得全无救济之道，而总要使它显得有解决的希望的时候，那就确实可见其为一个贤明的政府当局了。后者较易做到，因为个人和党派双方都易于阿谀自己，或者至少也易于装出不相信某事是没有希望的样子的。

又，使国内不容易有适当的首领可以招聚或领率不平之徒者，

---

① Pallas 即 Pallas Athēna，希腊神话中司智慧与战争之女神。其罗马名为密奈瓦。

② Briareus，希腊神话中百手之巨人。

③ Epimetheus（义为"返想"）为普罗密修斯（Prometheus 义为"先见"）之弟。希腊神话云普罗密修斯抟土为人，天神不悦，定计造妇人盘道拉（Pandora），遣至地上，自献于普，普不受，其弟纳之。妇人临行时，宙斯赠以小箱，至斯遂启箱，而众恶飞出，如疾疫饥馑之类，散布人间，埃辟迈修斯急阖其箱，仅留"希望"于内云。

这种先见和预防是一种虽为人所已知而仍然很优良的警戒之策。所谓适当的首领者，就是有大度和大名的人，受心怀不平的党派底信任和尊仰的人，被认为他在自己本人的利益上也有所不满的人。这样的人应当把他或者是拉拢过来并使之与政府和好，而这种事还得要结实真确地做到，或者使他受同党中另一个人底争衡，使其名誉分削。一般地说来，分裂一切将不利于政府的党派集团，使之自相为仇，或者至少互不置信，不能算是一种顶坏的治疗怨愤之方。因为假如赞成政府底措施的人们充满了不和或党争而反对政府者乃是齐心一致的话，那情势就真是危险之至了。

常见有些从人君口中出来的机警锋利的言语曾燃起叛乱之火。恺撒曾以“苏拉不文，所以不会独裁”①一语给自己为害无穷，因为这句话使一般希望他早晚会放弃独裁的人完全失望了。加尔巴以“我不收买兵士而征募兵士”②一语自戕，因为这句话使兵士们都失了赏赐之望了。同样地，普罗巴斯，以“假如我活下去，罗马帝国将不再需要兵士了”③一语自戕，因为这句话使兵士们大为失望。类此者甚多。无疑地，为人君者，在危险的事件上和不安的时代中，须要慎其所言；尤其是这些短短的言辞，它们飞行如箭，并且

① Sylla nescivit litteras, non potuit dictare. 苏拉为恺撒以前之罗马独裁者，于公元前 82 年被推为独裁，于公元前 79 年逊位。拉丁语 dictare 英语 dictate 俱有“口授文章”及“独裁”或“专制”二义，故此语云云。然苏拉精通希腊，罗马之文学与艺术，恺撒何以讥其“不通文”？岂西方古代英雄亦有文人相轻之恶习欤（恺撒亦长于文学，其著作简老有致）。

② Legi a se militem, non emi. 加尔巴继尼罗为帝，以此语见杀于护卫军。

③ Si vixero, non opus erit amplius Romano imperio militibus. 普罗巴斯(Probus)罗马皇帝（公元 276—282），为罗马英主之一，颇有战功，唯志切和平，厌倦军旅，卒为乱兵所弑。

被人们认为是从君王底私心中无心泄露出来的。至于长篇大论，则是干燥无味的东西，不如这些话之受人注意也。

最后，为人君者，为预防一切起见，当在身旁常有一位或数位有勇略的大将，为削除叛乱的萌芽之用。若没有这样的人，则变乱一起，朝廷中即惊惶失措矣。并且政府所冒的危险将如塔西佗所云："虽然很少人敢做这样至丑极恶的叛国之举，但是却有多人愿意这种事实现，而一般人都是准备赞成这件事的——当时的人心如此。"[①]但是这样的军人须要可靠而且有好名誉，不可喜党争而结欢于众；他并且还须与政府中其他的大人物相得；否则那治病的药就要比疾病本身为害更烈了。

十六　论无神论

我宁愿相信《金传》[②]，《塔尔木经》[③]及可兰经[④]中的一切寓言，而不愿相信这宇宙底体构是没有一个主宰的精神的。同此，上帝从没有创造奇迹以服无神论，因为神所造的日常的一切就足以驳倒无神论了。一点点儿哲学使人倾向于无神论，这是真的；但是深

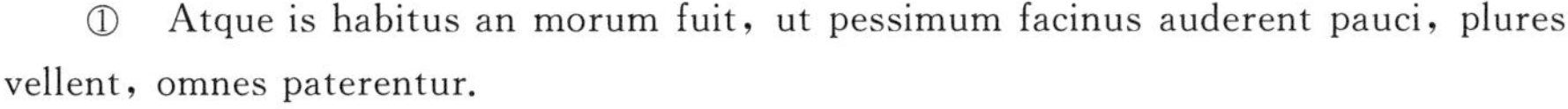

① Atque is habitus an morum fuit, ut pessimum facinus auderent pauci, plures vellent, omnes paterentur.

② The Legend 即 The Golden Legend，意大利人雅各德弗阑(Jacobus de Voraigne，生于 1230 年)所著，书叙教会中诸圣人之奇迹轶闻，极为中世纪人士所爱读，影响颇巨。

③ The Talmud，为犹太人之重要经典，内容主要是关于民法及教会法者，亦间叙神奇之事。

④ The Koran，伊斯兰教经典。

究哲理，使人心又转回到宗教去。因为当一个人底精神专注意许多不相连贯的次因的时候，那精神也许有时会停留在这些次因之中而不再前进；但是当它看见那一串的次因相联相系的时候，它就不能不飞向天与神了。不特此也，就是那最以无神论见诟的哲学学派（即莱欧西帕斯，德谟克瑞塔斯，埃辟寇拉斯一派）[①]也最为证实宗教。因为主张这宇宙万物底秩序与美是不经一位神圣的领袖之主持而由四种可变易的原素和一种不可变易的第五原素，适如其分而永久如此地安排的，造成的，这种学说较之那主张这宇宙万物底秩序与美是全仗着一大群无限小，无定位的原子之说，其可信当在千倍也[②]。《圣经》上说："愚顽人心里说没有神"[③]，但是并不曾说："愚顽人心里想"；其意思就是这话是愚顽的人从着习惯给自己说了，以为是他愿意相信的，而并不是他能够完完全全地相信的。因为除了那些主张无神可以于自己有利的人们之外，没有人否认神底存在的。无神论者总在谈论他们底主张，好像他们自己心中觉得不甚妥实而乐意有别人底赞同来扶助自己似的，由此最可见无神论是口头上的而不是心里的。不特此也，谁都看得见无神论者努力吸收信徒，和别的宗教派别一样。并且，最要者，你还可以看见他们之中有些宁愿为无神论受刑而不愿反悔；然而如果他们真相信没有神这样东西，为什么他们要给自己找苦恼呢？埃

① Leucippus 希腊古哲（生卒年不详）首创原子论。Democritus（生于公元前460年卒于361年）。

② 作者之意以为原子论者虽系无神论者，然其说反令人相信宇宙之存在非赖有神力不可。相形之下，亚里士多德派五元素之说，若持作无神论之根据反较为合理也。

③ 见《诗篇》第14章第1节。

辟寇拉斯曾说神明是有的，不过他们是逍遥自在，不问世事的。以此见责于世，以为他说这话的时候不过为了他底名誉的缘故而作伪罢了。人说他这话旨在骑墙；其实他心底里以为是没有神的。但是，无疑地，他这是受诽谤了，他底话是高贵而且虔诚的。“渎神之举不在否认世俗所谓的神灵，而在以世俗之见加之于神灵”[①]。就是柏拉图[②]也不能说得比这更好。再者，埃辟寇拉斯虽然有胆量否认神底施为，却没有能力否认神底性质。西印度人有他们底各神底名字，却没有上帝底名字（就好像假设异教徒有久辟特、阿波罗、马斯等等名字而没有“神”之一字似的[③]）；这就足见甚至这些野蛮人也有关于神的观念，虽然这些观念是没有文明人关于神的观念之广大与精深的。因此，在反对无神论者这一宗事上，野蛮人和最深远的哲学家是在一起的。思想家的无神论者[④]是很少的：一个戴俄高拉斯[⑤]、一个巴昂[⑥]、也许一个鲁先和其他的几位而已；然而就连他们也好像外表胜于实际[⑦]，因为凡是对于既立的宗教或迷信倡异议的人总被反对者加以无神论者之名也。但是实实在在的无神论者乃是伪善者；他们老在搬弄神圣的东西而毫无所

① Non deos vulgi negare profanum, sed vulgi opiniones diis applicare profanum.

② Plato（生于公元前429或前428年，卒于前347年）希腊大哲学家之一。

③ 阿波罗即Apollo，希腊神话中之日神，兼司音乐、艺术、医药。马斯（Mars），即战神。

④ “思想家的无神论者”即真正由哲理确信无神者，与口头上扬言无神，而心中并不确信，或心中希望无神而非确信无神之人不同。

⑤ Diagoras（公元前五世纪人），希腊哲学家及诗人，因倡导无神论被控，惧祸而逃，客死。

⑥ Bion（公元前三世纪人），希腊哲学家及文士。

⑦ 言其实际之所信或远不如他人所传之甚也。

感;因此他们终久是要被炙的[①]。无神论底原因是:宗教分成多派(因为任何分为主要的两大派是会增加人底热诚的;但是派别过多就要引起无神论了)。还有一个原因是僧侣底失德;就如圣波纳所说的情形一样:"我们现在不能说僧侣有如一般人,因为一般人现在是比僧侣强了。"[②]第三个原因是一种亵渎和嘲弄神圣事物的风习,这种风习一点一点地毁损了宗教底尊严。最后还有一种理由,就是学术昌盛的时代,尤其是同时享有太平与繁荣的时代;因为祸乱与困厄较能使人心倾向宗教也。否认有神的人是毁灭人类底尊贵的;因为人类在肉体方面的确是与禽兽相近的;如果人类在精神方面再不与神相类的话,那么人就是一种卑污下贱的动物了。同样,无神论也毁灭英雄气概与人性底提高;如以一条狗为例,看他在发现自己受一个人底护持的时候显得是如何的高贵勇武,一个人对于他就是一位神灵,或者是一种更高的品性;这是由于那条狗对于一种较自己底天性更高的天性有信仰的缘故。这种勇武显然是那个动物若无这种信仰则永不能达到的。人也是这样,当他信赖神灵底保护及恩惠,并以之自励的时候,就能聚积一种力量和信心来,这种力量和信心单凭人性底本身是得不到的。因此,无神论在一切的方面可恨,在这一方面也如此,就是它削夺了人性所赖以自拔于人类底弱点的助力。这在个人如此,在民族亦如此,从来没有一个国家有如罗马之壮伟者。关于这个国家且听西塞罗之所

① 言其终年谈论人无道德而心中实无虔敬之诚也。"被炙"者受所谈论之题目之影响而做出一副道貌也。

② 圣波纳即 St. Bernard(1091—1153),中世纪教会大师之一。原语如下:Non est jam dicere, ut populus, sic sacerdos; quia nec sic populus, ut sacerdos.

言："无论我们自视多高，然而我们在人数上胜不过西班牙人，在体力上胜不过高尔人，在狡黠上胜不过迦太基人，在艺术上胜不过希腊人，并且在那些天生的，属于人民与土地的乡土之感上，连土著的意大利人和拉丁人也胜不过；然而在慈孝上，在宗教上，并且在那唯一的大智慧上——就是认明世间底一切是由众神底意志管理并支配的——在这些上我们是胜过一切的国家与民族的。"①

十七　论迷信

关于神、宁可毫无意见，也比有意见而这种意见是与神不称的好。因为前者是不信而后者是侮辱也，迷信则的确是侮辱神明的。关于这一点普卢塔克说得很好。他说："我宁愿人家说从没有过普卢塔克这么一个人，而不愿人家说从前有一个普卢塔克，他底儿女一生下来他就要把他们吃了。"——就如诗人们关于塞特恩的所言一样②。这种对神的侮辱越大则其对人的危险也越大。无神论把人类交给理性，交给哲学，交给天然的亲子之情，交给法律，交给好

---

① Quam volumus l cet, patres conscripti, nos amemus, tamen nec numero Hispanos, nec robore Gallos, nec calliditate Poenos, nec artibus Graecos; nec denique hoc ipso hujus gentis et terrae domestico nativoque sensu Italos ipsos et Latinos; sed pietate, ac religione, atque hac una sapientia, quod Deorum immortalium numine omnia regi gubernarique perspeximus, omnes gentes nation esque superavimus.

② 语见普卢塔克《迷信论》(De Superstitione)第10章。塞德恩(Saturn)，罗马古地神，后人以之与希腊古神克罗诺斯(Kronos)相混，克罗诺斯为最古之宇宙主宰，因信预言其子将夺其位，遂于子女诞生之后即吞噬之，后卒为宙斯(Zeus)所败，吐出其以往所吞之子女(即宙斯之兄姊等)并让位于宙斯。

名之心;所有这些东西,虽没有宗教底存在,也可以引导人类使有一种外表上的道德;但是迷信却卸除这一切,而在人底心里树立一种绝对的君主专制。因此,无神论从没有扰乱过国家,因为无神论使人谨慎自谋,因为人们除了自己底福利而外没有别的顾虑也[①]:所以我们看见那些倾向无神论的时代(如奥古斯塔斯大帝之世)都是太平时代。但是迷信曾经扰乱过许多国家,它带来了一个新的第九重天,这第九重天是要把政府底诸天都强引得离开常轨的。迷信底主人公是民众;在一切迷信之中,有智的人是随从着愚人的,并且理论是跟着一种颠倒的次序,拿来适应行为的。在串特会议[②]中——在该会议中经院派的学者们[③]是很占优势的——有些高级教士曾有如下的意味甚深的话。他们说经院派中人有如天文学家。天文学家假设离心圈、本轮,及此类的轨道诸说以解释天文上的现象,虽然他们知道是没有这种东西的[④];同样,经院派的学者们构造了许多奥妙复杂的原理和定律以解释教会的行为。迷信底原因是:悦人耳目诸官的礼仪;过度的注重外观与法利赛式的虔诚[⑤];对传习的过度尊

① 言其不作非分之想也。

② Council of Trent,罗马天主教会于 1545 年召集之“全体大会”Oecumenical council,至 1563 年方闭会,所讨论者为该教会内部之改革,以抗路德(Martin Luther)派之新教运动。

③ 经院派即 The Schoolmen 或 Scholastics,为中世纪最盛大之学派。其学主以亚里士多德(Aristotle)之名学解释耶教教义,其势力在九世纪至十四世纪期间甚为巨大,十四世纪以后始渐衰,至培根时代已成过去矣。

④ 离心圈(eccentrics),本轮(epicycles),皆天文学术语,天文学家用以自圆其说而不必实有其物者也。

⑤ 法利赛式(Pharisaical)。法利赛人为犹太教中之一宗,以注重摩西所传之宗教仪式之外观末节著名,参考《马太福音》第 23 章。

崇，这种传习是一定要给教会加以压迫的[①]；高级僧侣为私人底野心或财富而设的计谋；过于爱重个人底"良好用意"，而这种用意是足以引起自专及标新立异的[②]；以人间的事理而测度神明，这是一定要产生杂乱的狂想的；最后，还有野蛮的时代，尤其是与灾祸有关的时代。迷信若无遮掩则是一种残缺丑恶的东西；譬如一只猿猴，因为它太像人了所以更加丑恶；所以迷信的类似宗教之处也使其更为丑恶。又，有如好肉腐化而成小蛆一般，良好的仪式及规律也可以腐化而成为许多琐细的仪节。有时人们以为他们若对于以往的迷信离得最远那就是最好的行为，在这种时候就有了一种反迷信的迷信；因此应当留心不要（像涤除体内积毒而施术不善时所发生的情形一样）把好的同坏的一齐去掉了；这种事情当一般民众来做改革家的时候是会做出来的。

十八　论游历

游历在年轻人是教育底一部分[③]；在年长的人是经验底一部分。还未学会一点某国底语言而即往某国游历者可说是去上学，而不是去游历。少年人应当随着导师或带着可靠的从者去游历，愚亦赞成；只要那导师或从者是一个懂得所去的国中底语言，并且曾经到

① 意谓旧时代所传留之习俗若过受尊崇，其力量将对于欲真正行教之教会为一种压力而非助力也。

② 问心而不问事，论目的而不论手段，将令自是之徒横暴无忌，不顾他人之评论，而奸巧之徒炫奇立异，酿成教中或国中之分裂。

③ 西俗，上层阶级之子弟于休假期间或毕业以后，多作旅行游览之举以广见闻，此风自古即然，文艺复兴时代尤盛，今则随教育之普及而更为普遍矣。

过那里的就是了;因为如此他就可以告诉那同去的少年在所去的那个国家里何者当看,何人当识,并有何种的阅历训练可得也。如不然者,少年人去到外国将如鹰隼之戴着头巾,不会怎样往外面看也[①]。在航海的时候,除了天和海以外,别无什么可看的,然而人们却常写日记;在陆地上旅行的时候,可观察者甚多,而人们却常省略写日记之举;好像偶见的事物比专心去观察的事物反倒较为值得记载似的,这是很奇怪的。所以日记是应当记的。在游历中应当观览考察的事物是:君主底朝廷,尤其是当他们接见外国使臣的时候;法庭,当他们开庭问案的时候;还有宗教法院;教堂及僧院,和其中遗留的纪念品;城市底墙垣与堡垒;商埠与港湾;古物与遗迹;图书馆;学院,辩论会[②],演讲(如果有的话);航业与海军;大城附近的壮丽的

① 此处用养鹰术中术语作譬。驯养鹰隼,使之助猎,为中世纪贵族最喜爱之游戏。鹰性难驯,头巾共有两种,以蔽其双目,为驯鹰不可缺之物。

② 辩论会(disputations),指大学中之学术辩论,非通常辩论也。旧制,欲得学位之候选人必须公开辩论一次,其论题为学术上某种定理或学说,辩者任择一方,反对或赞成均可。仆拉克爵士(Sir Frederick Pollock,十九世纪初年人)《回忆录》中此段可供参考:

> “余在大学之时各学院中举行之论文争辩虽已无甚真正意义,而对于欲得学士学位者仍属必行之举。1835 年初余被命与科阑索(Colenso,后为那塔耳 Natal 主教)辩。彼取正面,我取反面。论题为
>
> 1. 牛顿在其书第 1 卷第 3 章中之意见系属正确。
> 2. 汉密尔顿(Hamilton)书中论圆锥曲线之说甚是。
> 3. 派莱(Paley)论酗酒之说甚是。
>
> 向例辩论者先会于一处以商讨论点之次序,其时间多于向晚茶会时,地点则为主正面者之寓室。因此余亦循例访科阑索于圣约翰学院,并共同练习余等之笑剧焉。在此种辩论会中并无听众,仅有其他之学生二人,亦为同一目的而来者。此外则有一评判员(Moderator)主持其事。辩论者依次登坛演述。若辩才极佳者可得 optime disputasti (君辩论极佳)之评语;若仅平平则评语为 bene disputasti (君辩论颇佳);若辩者口才不佳或论点无据则得评语云 satis disputasti(君言已足矣)。”

培根时大学中此种辩论之重要当远超于此。

建筑与花园，武库；兵工厂；国家仓库；交易所；堆栈；马术训练；剑术；军操，以及此类的事物；上流人士所去的戏院；珠玉衣服之珍藏；木器与珍玩；并且，最后，任何当地值得记忆的事物。关于这一切那做导师或仆人的人们是应当仔细访问的；至于那些盛典[①]、宫剧[②]、宴会、婚礼、出殡、杀人以及类此的景象，是无须乎令人记忆的；然而也不可把它们忽略了。如果你要一个年轻人把他底游历限于一个小的地域，并且要他在短时间内得到许多知识的话，他就一定非如此做不可。第一，如上所述，在他去的以前他一定要稍会所去的国中底语言。又如上述，他也得有一个熟习那个国家底情形的仆从或导师。他也得随身带上些描述他所要去的国家的地图或书籍；这些书籍对于他底访问观察将为一种良好的引导。他也应当记日记。他在一个城或镇中不可住的过久；他居留期间之长短应当合乎那地方底价值，但是不可过长。不但如此，当他住在一个城市中的时候，他应当把住所由城市底一端或一部分迁移到另外的一端或一部分；这样就大可以吸引许多相识了。他应当和他底本国人分开，不要常常来往，并且在那可以遇见所在国中底上流人士的地方吃饭。在他从一处迁往别处的时候，他应当设法得到介绍，可以往见所去的地方底名人，为的是这人可以在他所想见到或了解的事物上替他帮忙。如此他就可以缩短他底游历底期间而同时获得不少的益处了。至于说到在游历中应当寻求的友谊，那最有益处的就是和各国使节底

① 盛典(triumphs)，如凯旋献功，庆祝游行之类。

② 宫剧(masks)，注重布景舞蹈音乐之诗剧，培根时英国最为盛行于王宫贵邸。与莎士比亚同时而几与齐名之般・疆生(Ben Jonson)即曾写宫剧多种，甚为詹姆斯一世所赏识者也。

书记或私人秘书的交际，如此，一个人虽在一国中游历却可以吸收关于许多国家的知识也。这个游历的人也应当去见各界中在国外有大名的名流或巨子；为的是也许他可以看出来这些人底真正为人与他们底声名有多少相符之处。至于争斗，那是务须谨慎避免的。争斗底原因普通多是为情人、饮祝、座次以及言语的[①]。一个人并且应当注意如何与善怒喜争之人交往；因为这些人是会把他卷入他们自己底争斗中的。一个旅行者回到本国之后，不可把曾经游历的国家完全置之脑后，而应当与他所结交的最有价值的异国朋友继续通信。再者，他底游历顶好是在他底谈话中出现而不要在他底服装和举止中出现；而在他底谈话中他也顶好是审慎答问而不要争先叙述他底经历；他并且应当让人家看他并不是以外国底习惯来替代本国底习惯，而仅仅是把他从国外学来的某种最好的事物移植入本国底风习中而已[②]。

十九　论王权[③]

所欲者甚少而所畏者甚多，这种心理是一种痛苦可怜的心理；然而为帝王者其情形多是如此。他们因为尊贵已极，所以没有什么

① 当十六七世纪时欧洲决斗之风甚盛，每因细故，即拔剑寻仇。“饮祝”即饮酒之时祝辞之谓，“言语”乃被对方认为不逊或有意侮辱之言语也。

② 当时风气，英国人自意大利归来者每喜于服装举止上炫示其曾经游历。其专务皮毛，忘却根本，极为有识者所讥。参看莎士比亚名剧《如愿》(As You Like It)第 4 幕第 1 景。

③ 原题为 Of Empire，案 Empire 一字拉丁文为 imperium(统帅权；统治权)，而非今世所谓“帝国”之义，故从今译。

可希冀的，这就使得他们底精神萎靡不振；同时他们又有许多关于危难暗祸的想象，这又使他们底心智不宁了。这也就是《圣经》中所谓"君心难测"[①]的那种情形底原因之一。因为畏忌多端而没有一宗主要的欲望可以指挥并约束其余的欲望，这种心理会使得任何人底心都是难以测度也。因此有许多君王常为自己造欲望，并专心于细事；这些细事有时是一座建筑，有时是建立一个教宗，有时是擢升一人，有时是要专精一艺或一技，如尼罗之于琴[②]，道密先之于射[③]，可谟达斯之于剑[④]，卡剌卡拉之于御[⑤]，以及类此者皆是也。这对于那些不知道下列的原理的人好像是不可思议的，那原理就是人底心理乐于在小事上得益，而不乐于在大事上滞留。我们也常见那些在早年曾为幸运的胜利者的帝王，因为他们不能永远进取，而在幸运中不得不受限制的缘故，在晚年变为迷信而且寡欢；例如亚历山大大帝[⑥]，

① 见《箴言》第25章第3节。

② 尼罗即Nero（公元37—68），为罗马暴君之最著者，于54年即帝位，淫虐无道，弑母杀妻，残贼贤良，夺人妻女，唯以诗人自命，喜弄古琴，传说其于罗马大火（64年）时，饮酒赋诗以为乐云。

③ 道密先（Domitian或Domitianus），即外斯帕显之子，于81年即罗马皇帝位。其初政治清明大得人心，后渐恣肆残暴，且穷兵黩武，卒被弑于96年。

④ 可谟达斯（Commodus），于180年即罗马皇帝位，淫虐无道，善搏野兽，为其失宠之妾所弑（192年）。

⑤ 卡剌卡拉（Caracalla），生于188年，为Septimius Severus之子，于211年即帝位，杀弟害贤，横征暴敛，残酷无道，于217年为护卫军长所弑。

⑥ 亚历山大大帝（Alexander the Great），马其顿（Macedonia）王腓力普第二（Philip II）之子，生于公元前356年，其师为希腊大哲亚里士多德。于20岁即王位，雄才大略，所向无敌，兵威达于印度，有统一欧亚之志，惜中道崩殂，享年不永，时年仅32岁也。莱特（Wright）引英译普卢塔克（见前）《亚历山大传》云："传说亚历山大大帝常听哲人安那克萨卡斯（Anarxachus）讲论哲理，力持宇宙间有无数世界之说，为之流涕；侍从及友人问之，答曰：'世界无穷，而我不得为其一之主，焉得不哭？'"

代奥克里贤[①];还有我们都记得的查理第五[②],以及其他的君王之所为是也。因为那一向惯于进取的人,在后来碰了钉子的时节,不免要自轻自贱,非复故我的。

现在且说王权底真气质;那是很不容易保持的;因为真的气质和失调的气质二者都是由矛盾冲突之物所成者也。然而掺和相反的事物为一事,交换相反的事物又为一事[③]。阿波郎尼亚斯[④]答外斯帕显的话是满含最好的教训的。外斯帕显问他:"招致尼罗底颠覆者是什么?"他答道:"尼罗善于调弦弄琴;可是在政治上,他把轴栓有时拧得太紧,有时放得太松了。"无疑地,忽然大施威迫,忽然过度松弛,这种不平衡不合时的政策之变换,再没有比它更能破坏威权的了。

近代的讲人君之事者,其智多在巧避与转移临近的危难,而不在坚固合理的,使人君超然危难之上的常轨,这是真的[⑤]。但是这种办法简直是与幸运之神争短长了。人们也应当小心,不可忽视

① 代奥克里贤(Diocletianus),于284年受所部拥戴,为罗马皇帝,当时罗马帝国内部分裂,君权归于四人,代奥克里贤其一也,治东方。在位21年之后,厌倦朝政,退隐故乡,崩于313年。代奥克里贤以残杀早期基督教徒为世所诟病,然观其晚节,善于自保,非昏庸之流也。

② 查理第五(Charles V 1500—1558)为欧洲十六世纪最有势力、国土最广之君主。于1516年为西班牙王,1519年即神圣罗马皇帝位。有席卷全欧,统一天下之志。唯强敌甚多,如法王佛兰西斯一世(Francis I)土王梭利满二世,及日耳曼之路德派等皆与之抵抗,故其希望终未实现,晚年笃信宗教,于1556年禅位,实践清苦之宗教生活,于崩前1月竟令人举行其荐亡仪式焉。

③ "气质"原文作 temper,其相反之字为 distemper,皆与今义不同。temper 有调和各种气质之义;distemper 则用以代表各种气质不能调和之状。"掺和相反的事物……云云"观下文自明。

④ 阿波郎尼亚斯(Apollonius),一世纪术士。

⑤ 意谓近代之讲治术者多主权变而不求君王之大道,故仅能凭借一时之幸运,而不能得长治久安也。

或容忍变乱底资料之渐积，因为没有人能防止那星星之火，也没有人能够看出这火星子将从何方来也[①]。人君事业中的艰难是多而且大的；然而其最大的艰难却常是在他们自己心里的。因为（如塔西佗所说）作帝王的人而有矛盾的欲望乃是常事也："君王们的欲望多是强烈而又自相矛盾的。"[②]盖权势底自然弱点就是想要达到某种目的而却不肯忍受那必需的手段也。

为帝王者必须应付其邻国，后妃，子女，高级僧侣或教士，贵族，第二流的贵族或绅士，商人，平民，兵士；从所有的这些方面都可以兴起危难，假如他不小心谨慎的话。

先说他们底邻国。关于这点除了一条永远可靠的定理外别无普遍的定理可说，因为情势是十分易于变化的。那一条永远可靠的定理就是为人君者应当监视不懈，毋使任何邻国（或以领土之扩张，或由商业之吸引，或用外交的手腕，以及类此的种种）强大到比以先更能为患于本国的程度。要预料并防止这种情形是政府中某项永久机关底工作。在从前三大君主——就是英王亨利第八[③]，法王法兰西斯第一[④]，皇帝查理第五——为欧洲领袖的时候，他们三位之中谁也不能得尺寸之土，如果有一位得着了尺寸之土，其余的两位立

① 参看第15篇论《谋叛与变乱》中一段："因为要是有了预备好的柴薪，那就说不定那要使他们燃烧的火星子是要从那一方面来了。"

② Sunt plerumque regum voluntates vehementes, et inter se contrariae. 按原文出自罗马讽刺诗人 Martial。作者此处以为出自塔西佗，一时记忆之失也。

③ 亨利第八（Henry VIII），生于1491年。于1509年即英王位，崩于1547年。为当时欧洲雄主之一，曾助法兰西斯一世战查理五世，后又助查理第五。英国之脱离罗马教会亦为其所促成。

④ 法兰西斯第一（Francis I），生于1494年。于1515年即法兰西王位。多谋略，喜文艺，与查理五世争雄于欧陆。

刻就要把那种情形纠正过来，其方法或以联盟，或以战争（如果必要的话），并且无论如何绝不贪一时之利而与之讲和，其互相监视之严有如此者。又奈波尔斯王飞迭南[①]，劳伦斯·麦地奇[②]与卢道维喀斯·斯福尔察[③]（二人都是霸君，一个是佛罗伦斯底，一个是米兰底）之间的那个联盟（即贵恰底尼[④]所谓意大利之保障者）其所为亦与此相同。还有经院学派中某种学者底意见，以为无已成的伤害或挑衅的原因而作战，不能算是堂堂正正之师，这种意见是要不得的。因为敌人虽尚未给我们以打击，但是我们有充分的理由恐惧临近的祸患，这也算是战争底正当原因，这是没有问题的。

至于后妃，她们之中是有残酷的例子的。里维亚因为毒害丈夫而著恶名[⑤]；罗克撒拉那，梭利满底王后，就是杀害那位出名的王子苏丹穆斯塔发的人，并且在别的方面也曾搅乱其家庭及嗣续[⑥]；英王爱德华第二底王后在废除并杀害她底丈夫之举中是主要人物[⑦]。因

① 飞迭南即飞迭南一世（Ferdinand I），于 1458—1494 年为奈波尔斯（Naples）王。

② 劳伦斯·麦地奇（Lorenzo dai Medici，1448—1492）为佛罗伦萨（Florence）之主政者，多谋好友，扶助艺术，声名远播，有“辉煌的”劳伦斯（Larenzo the Magnificent）之号。

③ 卢道维喀斯·斯福尔察（Ludovico Sforza，1451—1508），为米兰大公。

④ 贵恰底尼（Guicciardini，1482—1540），意大利名史家。案三国盟约事在 1480 年。

⑤ 里维亚（Livia）亦名 Livillia，罗马皇帝泰比瑞亚斯之侄女及子媳。旋受幸臣西亚努斯（Sejanus）之诱惑，于公元 23 年毒杀其夫柱苏斯（Drusus the Junior）。

⑥ 罗克撒拉那（Roxalana）为土耳其王梭利满大帝（Solyman the Magnificent，1520—1566）之宠后。太子穆斯塔发（Mustapha）乃前妻所生，罗克撒拉那谮于王，谓其暗通波斯王，于是梭利满遣人缢杀太子。罗克撒拉那出身不明，得宠后扰乱宫廷，且曾以谗言置宰相伊伯拉罕（Ibraham）于死地。

⑦ 爱德华第二（Edward II，1307—1327）之后为法兰西王菲力普（Philip le Bel）之女，名曰伊萨白拉（Isabella）。王宠幸嬖人，不理朝政，后有外遇毛提末（Mortimer）联络贵族，共举兵废王，旋弑之。

此，最当防范这种危险的时候，就是当那为后妃者为了要扶立自己底所生而有阴谋的时候，否则就是当她们有外遇的时候。

至于子嗣，同样地，由他们而来的危难其所致的不幸也是很多的。一般地说来，父亲对儿子生疑忌之心者总是不幸的。穆斯塔发之死（上面已经说到的）对梭利满王室是一种致命伤，因为土耳其王室自梭利满以至今日的王位继承都有不正之嫌疑，恐是外来的血统；因为塞利马斯第二被人认为是私生子也[①]。克瑞斯帕斯（一位非常温顺的青年王子）之见杀于康士坦丁努斯大帝，也同样地是他那个王室底致命伤；因为康士坦丁努斯底两个儿子，康士坦丁努斯和康士坦斯，都死于非命；他底另外的一个儿子，康士坦洽斯，结局也不见佳；他虽然确是病死的，但是他也是在玖利安努斯起兵之后死的[②]。马其顿王腓力普

① 赛利马斯二世（Selimus II，Selimus the Sot.），1556—1574 为土耳其王。

② 克瑞斯帕斯（Crispus），即 Flavius Julius，罗马康士坦丁大帝之太子，才兼文武，甚有贤名。其后母佛斯塔（Fausta）因欲立己子，遂谗于其父，谓其有逼奸后母之行，帝遂于 326 年赐太子死。

康士坦丁努斯大帝即 Constantinus the Great，亦称君士坦丁。306 年即罗马皇帝位，崩于 337 年。帝雄才大略，幼习军旅，即位后颇著战功。于 312 年归依耶教，从此耶教在欧洲乃大盛。330 年迁都于拜占庭（Byzantium）并更名曰君士坦丁堡（Constantinople）。337 年 5 月帝崩，传位将帝国分于三子，均佛斯塔（见前）所生，长者名康士坦丁努斯（Constantinus），得高尔（Gaul），不列颠（Britain）西班牙及非洲之一部。次子康士坦洽斯（Constantius）得东罗马帝国。三子康士坦斯（Constans）得依里瑞坎（Illiricum），意大利及非洲之一部。其后康士坦丁努斯不满所欲，率师攻意大利，为其幼弟所败，于 340 年被杀。康士坦斯亦于 350 年为篡位者马格南洽斯（Magnentius）所弑。353 年马为康士坦洽斯所败，自杀。于是康士坦洽斯遂为全罗马帝国之王。玖利安努斯（Julianus，332—363）亦称玖利安（Julian），为康士坦洽斯之从弟，才兼文武，精希腊文，356 年奉康士坦洽斯之命赴高尔征讨日耳曼人，用兵五年，颇著战功。360 年受士卒推戴，称帝于巴黎。翌年康士坦洽斯以疾崩，玖利安遂为罗马帝国之主，后征波斯无功，归途遇伏而死。玖利安幼受耶教，及长心厌弃之。即帝位后，黜耶教，欲复古希腊罗马之宗教，因被称为“叛教者”（the Apostate）。

第二底王子德米垂亚斯之死报在他父亲身上,因为他是悔恨而死的[①]。类此的例子很多,但是为父亲的因这种猜疑之心而得到益处的例子却是很少或没有;唯有在做儿子的公然举兵反叛的时候,那可算是例外,如塞利马斯第一之征巴亚塞提[②],和英王亨利第二之三子是也[③]。

至于高级僧侣,在他们骄纵有势的时候,也可以由他们发生危险的,如安塞尔马斯[④]和坎特白雷大主教汤玛斯·拜开提底时代尤是也[⑤]。这两个人几乎以他们底圭杖[⑥]与帝王底刀剑相争,而奇者,他们所与之抗衡者竟是坚强骄傲的君主,即威廉·鲁夫斯[⑦],亨利第一[⑧]与亨利第二是也。这种危险并非来自僧侣阶级底本

① 腓力普第二(Philip II),公元前220—前178年为马其顿王,听其子坡修斯(Perseus)之谗,于181年杀其爱子德米垂亚斯(Demetrius),后发现德实无罪,悔恨而死。

② 巴亚塞提即Bajazet,为土耳其王梭利满大帝与其后罗克撒那拉(见前)所生,举兵叛父,事败,受诛。

③ 亨利第二,1154—1189年为英王。其三子为亨利、理查(Richard,即后之狮心王,Coeur de Lion)与约翰(John),俱曾叛父,战争至亨利崩始已。

④ 安塞尔马斯即圣安塞姆(St. Anselm),生于1033年,卒于1109年。于1093年为坎特伯雷大主教,因拥护教权与当时英国君主抗争,曾两次被逐。

⑤ 汤玛斯·拜开提(Thomas Becket)。出身寒贱,而极有才能,自1154年为亨利第二之大臣,颇受信任。1162年坎特伯雷大主教出缺,亨利强拜开提任其职,以其素日极忠于己必不致拥护教权以抗王权也。不意拜开提竟移忠于教会,竭其才能,以与王抗。王大怒,拜开提遂于1164年逃法,居法6年之久,后经调停妥协,于1170年返英,然终与王意见不合,于是年12月29日为武士三人所杀。亨利大为震恐,亲赴坎特伯雷卑躬忏悔,削减教权之议遂寝。汤玛斯·拜开提则受一般人之崇拜,成为神圣,直至亨利八世时崇拜方衰。

⑥ “圭杖”亦曰“牧杖”,形似牧人之杖,上端有钩,主教或大僧正持之,以象征其牧民之职权者。

⑦ 威廉·鲁夫斯(William Rufus),为英国名王,“征服者”威廉(William the Conqueror)之次子,生于1056年,崩于1100年。

⑧ 亨利第一即(Henry I)。亦称为“博学的”亨利(H. Beauclerc),生于1068年,崩于1135年。

身，而是当他们倚仗国外的势力的时候才有的，或者在僧侣们进来及被选的时候，不受职于君主或任何个人而是由民众选出的，在这种时候，才有危险的。

至于贵族，对他们稍为疏远也不为过；可是压抑他们，也许可以使为帝王者君权更专，但是不甚安全，并且不容易把他心中所欲的事做到。在拙著《英王亨利第七本纪》[①]中常见及此点，即亨利第七是压抑贵族的[②]，因此他底时代乃是充满着艰难与祸乱的；因为那些贵族，虽然仍旧忠于亨利，然而却没有在他底事业上与他合作。因此他就不得不自己来办一切的事了。

至于那第二流的贵族，他们是没有什么危险性的，因为他们是一个散漫的团体。他们有时候也许放言高论，但是那是没有什么大害的；并且，他们是高级贵族底一种平衡力，使之不能增长得过于强大的；最后，他们因为是最与一般人民接近的掌权者，所以他们也是最能缓和民乱的。

至于商人，他们可算是“门静脉”[③]；要是他们不繁荣，那么一个国家也许有好的四肢，但是其血管将是空的，其营养将甚为贫乏。加之

① 1622年初版。

② 亨利第七生于1457年，于1485年战胜理查第三，遂即英国王位。为都铎王朝(The House of Tudor)之第一位君王。为人爱财多疑，然勤于为政，卒能于多年内战之后，恢复国家元气，重振王权，称贤君焉。崩于1509年。

③ 原文作 vena porta，乃血液循环说发现以前之旧医学术语。案旧说，脉管将乳糜(Chyle)引至“门静脉”，聚于一处。“门静脉”立即分支，结果分为四支，各经肝脏，以达百肢，如树干之一端通根、一端分支然。培根用此作譬，其意若曰，商业者聚集国家之财富而以重新分配此种财富为目的者也。新说“门静脉”乃腹腔内不太小之静脉，将肠胃吸收消化料输送入肝(再经肝中毛细管送入肝静脉而入下腔静脉入心)，其功用与养料吸收有关。

于他们的赋税很少能于人君底收入有益的，因为他在小处得来的在大处失去了，那就是各项税率固然增加，而商业底总额则减削也。

至于平民，除非他们有伟大，多能的领袖，或者你对于宗教问题，或他们底风俗，或他们底生计加以干涉的时候，他们是没有什么危险性的。

至于军人，当他们在一起过着团体生活，并且习于赏赐的时候，他们是一个危险阶级。如此的例子我们可于土耳其之亲卫兵[①]与罗马之护卫军[②]见之；但是训练一部分人，并分级予以武装，由好几个将帅统领，并且不加赏赐，则是自卫的举措而不含危险也。

为人君者有如天上的星宿，能致福亦能致祸，受很多的尊敬但是没有休息。一切关于帝王的箴言，实际是包含在这两句铭语里的；“记住你是个人”[③]和“记住你是个神或者神底代表”[④]。头一句话约束他们底权力，后一句话控制他们底意志。

二十　论谏议

人与人之间最大的信任就是关于进言的信任。因为在别的信

---

① 土耳其之亲卫兵(Janizaries)。此名来自土耳其语，本“新军”之意。土国本无常备兵，于1330年(或云1336)始创“新军”，选耶教子弟充之，唯积久弊生，又因无正规给养，渐成为骄纵恣肆之军队，威胁朝廷，焚毁城阙，甚为土国之患。

② 罗马之护卫军(Praetorian bands)。其制始于奥古斯塔斯大帝。后因累代帝王宠信过度，赏赐过当，遂成为贪残无厌之军团，残民弑君，皆所不惮，为罗马衰亡之一因。

③ Memento quod es bomo.

④ Memento quod es Deus,(seu) vice Dei.

托之中人们不过是把生活底一部分委托于人，如田地、产业、子女、信用，某项个别事务是也；但是对那些他们认为是言官或诤友的人，他们是把生活底全部都委托了；由此可见这些有言责的人是更应当如何严守信实与坚贞也。人君中极聪明者也不必以为借助于言论就有损于他们底伟大或有伤于他们底能名。连上帝自己也是不能少它的，他并且把进言这件事定为他底圣嗣底尊号之一：就是“进言者”或“规劝者”[①]。所罗门曾经说过：“安全是在忠言之中的。”[②]凡事必有初动与次动；若不在言论底辩驳上颠簸，必将在幸运底波涛上颠簸[③]，并且要有始无终，成败不定，好像一个醉人底蹒跚一样。所罗门底儿子发见了言论底力量[④]，就如同他父亲发见了言论底必要一样。因为上帝所最宠爱的那个国家是最先由邪说分裂破坏的；这邪说有两个特点，这两个特点可说是天意特赋予它，以教训世人如何可以永远看出邪恶的言论来的；就是，这种言论，在人底方面，是年轻人底言论；在事底方面，是主张暴力的言论[⑤]。

帝王与言论之一体相关而不可分离以及帝王当如何善用言论之道，这二者都由古人以譬喻说出了。其一，古人说久辟特曾娶米娣司，这位米娣司就是言论，古人借这个寓言表示君权是与言论一

① “进言者”或“规劝者”为基督尊号之一（官话本《圣经》作“策士”），见《以赛亚》第9章第6节。

② 见《箴言》第20章第18节。官话本作“计谋都凭筹算立定”。

③ 意谓若不先于言论上试其可否，则必在实际上冒险也。

④ 所罗门底儿子即罗波安（Rehoboam）。即位后不从老成之议，用少壮臣仆之言，欲以严峻治国，结果民众大部叛离，另成一国，大卫所建之王国于是分裂。事见《列王纪上》第12章。

⑤ 见上。“上帝所最宠爱的国家”即大卫之王国，因以色列人自命为上帝之选民而大卫为上帝之忠仆也。

体的[①]。其二就是这故事底下文,古人说久辟特娶了米娣司之后,她怀了孕。但是久辟特不肯让她等到生产的时候,反之,他把她吞入腹内,因此他自己竟怀孕在身,后来就由头中产生了全身披挂的帕拉斯[②]。这个荒唐的故事暗寓君道底秘密;是说人君应当如何利用朝议的。第一,为帝王者应当把事务交付朝议,这就好像授胎使孕一样;但是当这些事务在议论底腹中已受经营,捏搓,造形之后,那时为帝王者就不让朝议去决断并支配这些事务,好像非仗着他们不可似的;反之,却要把事务拿回到自己底手里,并且要使世人看来那号令及最后的决断(这些号令及决断,因为它们发出的时候是审慎而且有力的,因此就可譬全副武装的帕拉斯)是从他们自己出的,并且不仅是从他们底威权,而且是从他们底脑筋及智谋而来的(这样就更可以增加他们自己底名望了)。

现在且一谈言论底害处及其救济之道。求言与用言底害处其经人见及者有三。第一,事务为人所知,机密于是不固。第二,人君之威权减弱,好像他们做事不能全仗自己似的。第三是奸言底危险,所说的话于进言者比纳言者更为有利。因为这三种害处,所以意大利底理论和法兰西底实行(在某几位君王底时代)曾创密议或"内阁会议"之制[③];

① 米娣司即(Metis)。希腊神话中"言论"或"忠言"之化身女神。

② 久辟特娶米娣司之后,有预言谓米娣司之所生将较其父聪明而有力,久辟特恐,遂于米娣司怀孕一月之时,将其吞入腹内。后胎儿竟由久辟特头中出,出时甲胄俱全,完全成长,即帕拉斯·雅第那(Pallas Athēna),司智慧之女神也。

③ 莱特(Wright)云,培根原稿尚有如下之论。

"这种制度把正室的米娣司改变成情妇米娣司了。这就是说,把王公贵族依本分应结合的会议变为以谄媚得宠的嬖幸之人组成的会议了"。

此语因显然有讥刺当时詹姆斯第一之朝政之处,故删去。

这是一种比疾病本身更坏的治疗术。

说到秘密，为人君者不必一定要把所有的事情通知所有的言事之臣；反之，他是可以选择的。并且，那问人他应当怎样办的人也不一定要宣布他将要怎么办。然而为人君者却须提防，不可使事机底泄露，出自他们本身。至于那些秘密会议，下面这句话可为它们底座右铭，就是"我满是漏洞"(Plenus rimarum sum)。一个喋喋多言，以告人秘密为荣的人，其为害之烈，虽有许多懂得保密的责任的人也是挽救不过来的。有些事件需要极度的秘密，除了君主本人，不会有一两个以上的人知道的，这是真的；然而这一两个人底言论也不见得没有好处；因为，在保守秘密之外，这些言论还能继续依着同一方针进行而不受扰乱也。可是要达到这种情形，那为帝王者就必须要是一位明主，一位自己有力量办事的人君[①]；并且那些参与机密的议事官也须是有智之人，尤须是忠于君主底目的者才行；英王亨利第七，他在最重大的事件中从不把秘密告诉任何人，除非是摩吞和福克斯，这就是一个例子[②]。

至于威权之减弱，上述的寓言已经表明那补救之道了。不特如此，帝王底尊严与其说是因为他们参与议论而削减不如说是反而增高了；并且从来也没有过人君因为接受言论而失去臣仆的；唯有在某一个言事的人不次升擢或某几个言事的人组织过密的时

① 原文直译当作"一位能用手磨子碾面的人"(such as is able to grind with a hand-mill)。

② 摩吞(John Morton)为伊利(Ely)主教，福克斯(Richard Fox)为埃克斯特(Exeter)主教。莱特引培根所著《亨利第七本纪》云："约在此时，王召约翰、摩吞及理查·福克斯入参阁议。此二人者，一为伊利主教，一则埃克斯特主教也。皆缜密明察。王信之，与共窥伺朝中一切其他之人焉。"

候，那算是例外；但是这些情形是容易发觉并补救的。

再说那最后的一件害处，就是人们会存私心而进言。无疑地，“他在地面上将找不到忠诚”[①]这句话底用意是形容一个时代而非指所有的个人的。有些人底天性是忠实、诚恳、质朴、爽直，而不是狡猾曲折的；为人君者当首先把有这样天性的人吸引到身边来。再者，言事之臣并非都是团结一致的，反之，他们常常是一个监视一个的；因此若有一个人底言论是为党争或私心而发的，这种情形多半是要传到君主底耳朵里来的。但是最好的救治之方就是人君要懂得言官，如言官之懂得人君：

“人君之至德在乎知人”[②]。

在另一方面，言论之臣也不可过于喜欢察究他们底君主底为人。一个参与言论的人底真正应有的品性是要通晓他底主人底事务而不是熟悉他底性格；因为这样他就会劝导他而不至于迎合他底脾气了。为人君者假如在听取他底议事诸臣的意见时能听取个人私下的意见，又能听取当众的意见，那是特别有用的。因为私下的意见是较为自由，而当众的意见是较为可重的。在私下，人们比较勇于表示自己底好恶；在公众中，人们较易受别人的好恶之影响，因此两种意见都采取是好的；并且在听取较为低级的人们底意见时，最好是在私下，为的是可以使他们畅所欲言；在听取较为尊贵的人们底意见时最好是在公众，为的是可以使他们出言慎重。为人君者若仅为事求言而不同样地为人求言，那么这种求言的举

① non inveniet fidem super terram. 参看第1篇篇末。

② Principis est virtus maxima nosse suos. 语本罗马诗人马萧（Martial ？42—？104）之警句。

动就是空虚的；因为这样做，一切的事务就好像无生命的图像一般了，而办理事务的那种生气则全赖择人得宜也。要用人而征求意见时若仅依阶级为标准，以求其人品与性格，就好像在研究一种观念，或者一道数学题的时候分门别类的那种办法一样，那也是不够的；因为大错误之造成，或大识见之显出，都在用人得当与否也[①]。古人说："死了的人乃是最好的进言人。"[②]这话说得不错：当活着的有言责者畏缩不敢言的时候，书籍是敢直言的。因此最好熟读书籍，尤其是那些曾经身历其境的人所作的书。

今日各处底议事机关大多数不过是一种平常的会议而已，在这种会议上诸种事务仅仅受谈论而未受辩论也。并且他们都是草草地由议事机关底命令或决议处理。在重大事件上，不如先一日提出其事而直至次日始讨论之为愈；"黑夜带来良言"[③]。在英，苏合并问题[④]议事会上就是如此做的：那是个慎重有序的会议机关。我主张应有一定的日期专议请愿之事；因为这种办法既可以使请愿者对于他们底请求能受注意的一事较有把握，又可以使会议机关有工夫来讨论国家之事，如此乃可以办理当前的急务也。在选任委员会，为总议事机关预备一切的时候，任用那些无成见的人们比任用正反两面成见甚深的人，而造成一种均衡中立之势的办法好。我也赞成永久委员会之制；例如关于贸易的，关于财政的，关

① 此言用人必须破格以求，不能依固定之阶级或门第而求之也。

② Optimi consiliarii mortui.

③ in nocte consilium.

④ 詹姆斯第一本苏格兰王，号詹姆斯第六。女王伊利萨白崩后继承英国王位(1603)，旋议英苏合并为一国。见绪论。

于军事的，关于诉讼的，以及关于某项特别事务的皆是也；因为若有许多特殊的小议事机关而只有一个国家的议事机关（如在西班牙就是这样），那他们就实际上等于永久委员会，不过它们底权大些罢了。凡是由他们底特殊职业而对于议事机关有所报告或陈述的人们（如律师、海员、铸钱者等）应当先到各委员会报告，然后，看时机之宜否，再到议事机关面前。并且他们不可成群而来，或者带一种傲慢不逊的态度；因为那样就是对议事机关咆哮示威，而不是有所陈述了。一条长桌或是一张方桌或是依墙排列座位这都好像是形式上的事情而其实是实体的事情；因为在一条长桌之旁，在上端坐的少数人就可以实际上指挥一切；但是在别的坐法中，那坐在下位的议事人底意见就可以多受采纳了。一位君主，当他主席会议的时候，应当注意，不可在他底言辞中过于泄露自己底意向；否则那些议事官就要看他底风转舵，不拿自由自主的意见给他，而要给他唱一曲“吾将愉悦我主”[①]的歌了。

二十一　论迟延

幸运有如市场，在其间你如果能够多等一会儿，物价就会下落的。可是，有时它又像西比拉底卖书一样，她起初先出售整个的物品，然后就一部分一部分地减少，而同时仍坚持同一的价

① 意谓将务取悦于人主而不论事之得失也。原文作 a song of placebo，语出晚祷礼中为逝者所唱之圣诗。其首句云“吾将愉悦我主于生人之乡”。

格[①]。因为（如常谚所说）[②]，机会先把前额的头发给你捉而你不捉之后，就要把秃头给你捉了；或者至少它先把瓶子的把儿给你拿，如果你不拿，它就要把瓶子滚圆的身子给你，而那是很难捉住的。在开端起始时善用时机，再没有比这种智慧更大的了。危险如果有一次看来无关紧要，那就不复是无关紧要的了；而骗人的危险比逼人的危险为多。不但如此，虽然危险并未临近，而迎头邀击比长久注视其前来的好，因为如果一个人注视过久，他是很有睡觉的可能的。在另一方面，如果受过长的影子底欺骗（如在月亮很低而且照着敌人底脊背的时候，有人就曾如此受骗过）而放射过早；或者以过早的警备而招致危险；那又是一种极端了。如上所述，时机之成熟与否必须永远熟虑，而一般言之，最好把一切大事底起始交给百眼的阿加斯[③]而把终结交给百手的布瑞阿瑞欧斯；这两位之中，头一位底职务是注视，第二位底职务是速行。因为使从政之人隐身潜形的普鲁托之盔[④]，就是在议论中秘密而在执行上迅速也。事情到了执行的时候，迅速就是最好的保密之方；这就好像一颗弹

① 西比拉即 Sibylla，亦称 Sibyl，为善于预言之女巫，不止一人。本文所引之故事据云系塔昆（Tarquinius，罗马古代之名王）朝事。有老妇献书 9 卷于王，索重价，王不受。老妇退而焚其书之 3 卷，又谒王，仍索价如前。王笑之，老妇退而又焚其书 3 卷，复返朝，仍索价如前。王异之，询诸卜者。卜者劝王速购其书，并云王于其初未购全书，实属憾事，盖售书者非他，乃西比拉也，其书预言未来之大事，极为重要云。于是王购此残余之 3 卷，藏之罗马城中第一山上（罗马城中共有七山丘）罗马人甚珍视之，每遇重大疑难，常启视求决焉。书至公元 405 年犹存，后亡。

② 语出中世纪学者格里纳欧斯（Grynaeus，生于十五世纪末）所辑之《谚语集》（Adagia），亦见于柏拉图之《非抓斯篇》（Phaedrus）。

③ 阿加斯（Argus），为百眼之巨人。天后赫拉（即罗马之攸诺）将天帝宙斯之情妇意阿（Io）变为牝牛之后，迁阿加斯守视之，后为何密司所杀。

④ 普鲁托即（Pluto），地狱之王。其盔能使人隐形。

丸在空气中的行动一样，其飞行之迅速为人目所不及也。

二十二　论狡猾

我认为狡猾就是一种阴险邪恶的聪明。一个狡猾人与一个聪明人之间，确有一种很大的差异，这差异不但是在诚实上，而且是在才能上的。有些人会配牌，可是打得并不好；类此，有的人在营求结党上很能干，而在别的方面则是无能之辈。又，懂得人底性格习惯是一事而明白事理又是一事；因为有许多揣摩别人底脾气揣摩得十分周到的人在真正办事上却并不怎么能干；一个对于人底研究比对于书底研究为多的人底性质，就是如此。这样的人较适于阴谋而不适于议论；而且他们唯有在他们熟悉的方面是好的[①]；让他们转而对付新的人物，他们就不怎么有把握了，因此向来那条辨别智愚的准则——“把他们两个都赤裸裸地派到生人前去，你就可以看得出了”[②]——对于他们是不很适用的。再者，因为这些狡猾的人好像小贩一样，所以我们不妨把他们底商品列举出来。

狡猾之术，其一是在与人谈话的时候要用你底眼睛伺察那个人；就如同耶稣会[③]员底训练中所教的一样：因为世上有许多聪明人他们是有隐秘的心而显露的脸的。然而这种伺察做起来有时需

---

① 原文作 and they are good but in their own alley，取譬于“地球”之戏，alley 即“球廊”，言善于揣摩某某数人之性格情感者如常作“地球”戏之人然，在其所熟悉之“球廊”上甚有能而另换一处则无能矣，故译者径取其意。

② Mitte ambos nudos ad ignotos，et videbis. 语本希腊哲人阿里斯提帕斯（Aristippus，公元前四世纪时人）。

③ 耶稣会即 Jesuits，为罗马教会中之一宗，创于十六世纪。

要恭顺地自敛其目，耶稣会中人底做法也是如此。

还有一术是，当你有紧急的请求，需要当时办理的时候，你要用别的言语娱乐你与之交涉的那人，使他不至于过于清醒，对于你底所求加以反对。我知道有一位职掌议事和秘书的官员，他来请求伊利萨白女王批准任何文件的时候，没一次不先引诱女王，使她谈论国事的。他底用意是这样一来，她就不很关心那些文件了。

同样的出人不意的举动就是当某人迫不及待，不能停下来仔细考虑所提的事件的时候，向他提议某事。

一个人假如要阻挠一种他恐怕别人将要漂亮有效地提出的事件的话，顶好他装出很赞同这件事的样子而自己把它提出，但是他提出的方式却是要与目的相反，正足以防止这事底通过。

正欲有言而突然中止，一如忽然制止自己似的，这足以使那与你交谈的人兴趣增加，更想知道你所说的事情。

当人家以为某种话是从你那里问出来的，而不是你自己乐意告诉的时候，这种话是比较有效的。因此，你可以为他人底问题设下钓饵，其方法就是装出一副与常日不同的脸色，为的好使别人有机会问你这改变底原因安在；就如同尼希米之所为："我素来在王面前没有愁容。"[①]

在难言与不快的事件上，最好是让那言语没有什么大价值的人先开口，然后再让那说话有力量的人装作偶然进来的样子，如此可使君上关于别人所说的事件向他发问：例如那西撒司要向克劳

① 古犹太先知尼希米(Nehemiah)放逐于波斯，欲回故土，遂故作戚容于波斯王亚达薛西(Artaxerxes)之前，王果见而问之，遂得归。事见《旧约・尼希米记》第2章第1节。

底亚斯报告梅沙利娜和西利亚斯底结婚事件时就是如此做的[①]。

在有些事件上若果有一个人不愿意把自己搅在里边的话，一种狡猾的办法就是借用世人底名义；譬如说“人家都说……”或“外面有一种传说……”是也。

我知道有一个人在他写信的时候，他总要把最要紧的事情写在附言里头，好像那是一件附带的事一样。

我还认得一个人，在他说话的时候，总要略过他心中最想说的话而先说开去，再说转来，说到他想说的事情就好像是一件他差不多忘了的事一样。

有些人想对某人施行某种计谋，他们就在这人会出来的时候，故意装出惊惶，好像那人是不意而来的样子；并且故意手里拿一封信或者做某种他们不常做的事；为的是那人好问他们，然后他们就可以把自己心里想说的话说出来了[②]。

狡猾又有一术，就是自己说出某种话来，这种话是要别的一个人学会而应用的，然后再借此为由，陷害其人。我知道有两个人[③]在女王伊利萨白之世争取部长底位置，然而他们依然交好；并且常常互相商量这事；其中的一个就说，在王权衰落的时代做一个部长

① 梅沙利娜(Messalina)为罗马皇帝克劳底亚斯(Claudius，自公元41年至51年为罗马皇帝)之后，淫纵擅权，秽乱无度，竟于公元48年乘帝出巡之时，强逼罗马美少年西利亚斯(Silius)与之结婚。那西撒司(Narcissus，本为奴，后得宠于克劳底亚斯，为秘书官，致巨富焉)欲以告帝，不敢直陈，先令帝所眷之妇人密诉其事，帝果召那而问之，遂杀梅沙利娜。

② 参看莎士比亚名剧《李尔王》(King Lear)第1幕第2景。

③ 据莱特，此二人或即罗伯·塞西尔爵士(Sir Robert Cecil)与汤玛斯·包德莱爵士(Sir Thomas Bodley)。

是一件不很容易的事，所以他并不怎么想这个位置。那另外的一个立刻就学会了这些话，并且同他底许多朋友谈论，说他在王权衰落的今日没有想做部长底理由。那头一个人抓住了这句话，设法使女王听见；女王一听“王权衰落”之语，大为不悦，从那次以后她再也不肯听那另一个人底请求了。

有一种狡猾，我们在英国叫作“锅里翻猫”的[①]，那就是，甲对乙所说的话，甲却赖成是乙对他说的。老实说，像这样的事若在两人之间发生，而我们要发现是谁先提出来的，是不容易的。

有些人有一种法子，就是以否认的口吻自解，从而影射他人；如同说“我是不干这个的”。例如梯盖利纳斯对布拉斯之所为一样，他说：“他并无二心，而唯以皇帝底安全为念。”[②]

有的人常备有许多故事，所以无论他们要暗示什么事，他们都能把它用一个故事包裹起来；这种办法既可以保护自己，又可以使别人乐于传播你底话。

把自己要得到的答复先用自己底话语说出一个大概来，是狡猾底上策之一；因为这样就可使交谈的人少为难些。

有些人在想说某种话的以前，其等待之久，迂回之远，所谈的别事之多，是可异的。这是一种很需要耐心的办法，然而用处也不小。

一个突然的，大胆的，出其不意的问题的确常常能够使人猛吃

---

① 莱特引旧注云：The turning of the cat in the pan 之 cat 乃 cate 之误，实即煎饼时巧妙翻饼之意。所以从今译者，一因原作者用 cat 而不曰 cate；二因“锅里翻猫”亦颇有奇趣也。

② Se non diversas spes, sed incolumitatem imperatoris simpliciter spectare. 语见塔西佗《编年史》第 14 卷第 57 章。梯盖利纳斯（Tigellinus）为罗马皇帝尼罗之宠臣，布拉斯（Burrhus）曾与塞奈喀同为尼罗之师，因欲约束尼罗使之改行从善，卒受谮而死。

一惊，并且使他坦露他心中的事。这就好像有人改了名姓在圣保罗教堂[①]走来走去，而另外的一个人突然来到他底背后用他底真名姓呼唤他，那时他马上就要回头去看，一样。

狡猾底这些零星货物与小术是无穷的，而把它们列举出来也是一件好事，盖一国之中再没有比狡猾冒充明智之为害更烈者也。

但是，世间确有些人，他们懂得事务底起因与终结，而不能够深入其中心，就好像一所房子有很方便的楼梯和门户，而没有一间好屋子一样。所以你可以看见他们在事件底决议中找出许多可以取巧规避的漏洞来而完全不能审察或辩论事务。然而他们通常却利用他们底短处，要令人相信他们是能够发号施令，善于替人作决断而不善于与人讨论的人。有些人做事底基本是在欺骗他人和（如我们现在所谓）在他人身上玩花样，而不在乎他们自己处理事务之坚实可靠的。然而所罗门有言，"智者自慎其步骤：愚者转向欺骗他人"[②]。

二十三　论自谋

蚂蚁是一种为自己打算起来很聪明的动物，但是在一座果园或花园里它就是一种有害的动物了。那深爱自身的人的确是有害于公众的。所以一个人应当把利己之心与为人之心以理智分开，对自己忠实，要做到无欺于人的地步，尤其是对他底君主与国家为

---

① 伦敦圣保罗大教堂旧址在莎士比亚，培根之时代为各种聚会娱乐之场，俨如市场。其处有固定之广告，有各种交易，并可以雇用仆役，或讨论政治焉。

② Prudens advertit ad gressus suos: stultus divertit ad dolos. 语本《箴言》第14章第15节。（官话本作："愚昧人是话都信，通达人步步谨慎。"）

然。把一个人底私利，作为他底行动底中心，是很不好的。那就完全和地球一样。因为只有地球是固定在自己底中心上的；而一切与天体有关之物则是依他物的中心而行动的，并且对这些别的物体是有利的[①]。对一切事物都拿自己做标准，这在一个君主方面是较为可恕的，因为君主们底自身并不就是个人而已，反之，他们底善恶乃是公众底安危之所系也。但是这种情形若在一位君主底臣仆身上或在一个共和国底公民身上有之，则是一件极坏的恶事。因为无论何事若经过这样的一个人底手里，他一定会把那些事为自己底私利而拗曲的；而这种行为一定常常是与他底主上或国家底利益违背的。因此，为人君或主政者应当选择没有这种性情或习惯的臣仆，除非他们底用意是要这种人办理细事，仅为工具者，那么是可以有例外的。为私底最大的弊害在使事务完全失宜。先顾臣仆之利，后及主上之利，这已经是很不合的了；然而有时竟以臣仆之小利而不顾主上之大利，这就是为害最烈了。这种情形正即是不良的官员、财吏、使节与将帅以及其他的奸臣污吏之所为；这种善于自谋的情形使他们取径不正[②]；顺循自己底小利与私怨，而破坏君主底重大事业。然而就最大多数言之，这般臣仆所得到的好处不过是与他们个人底幸运相当，但是他们为那点好处付作代价的弊害却就与他们的君主底祸福相当了[③]。又，“引火烧房但

① 培根之时哥白尼派天文学尚未大昌，仍被视为新说，此处即遵旧天文学之说法，以地球为宇宙中心者也。

② 原文又取譬于“地球”之戏，兹径译其意，以便读者。

③ 言此种小人营私舞弊，所获者仅个人之小利，而所牺牲者乃朝廷或国家之大事也。

图烤熟自己之鸡卵”，极端的自私者，其天性确有如此者；然而这样的人往往得主上底信任，因为他们所注意揣摩者就在如何逢迎主人而肥己身也：为了这两者之中的任何一项，他们都会抛弃主人底事务之利益而不顾的。

善于谋身的聪明，在它底许多种类中，都是一种卑污的聪明。它是那房屋将倒以前定会离开的老鼠底聪明。它是那驱逐为它掘穴造屋的穴熊的狐狸底聪明。它是那在要吞噬他物的时候落泪的鳄鱼底聪明[①]。但是尤可注意者，是那些“爱自己甚于任何旁人的人”[②]（如西塞罗论庞拜之言）[③]往往是不幸的。他们虽永远为自己而牺牲他人，结局他们却变为祸福之神底变化无常底牺牲品；而他们从前以为是以自己底善于谋身就已经把祸福之神底翅翼困缚住了的。

二十四　论变更[④]

一切生物底幼儿在最初的时候都不好看，一切的变更也是如此，变更者时间之幼儿也。虽如此，有如初创家业者总比后嗣为强，最初的先例（如果是好的）也是不常易以模仿及之的。因为在尚未

① 相传鳄鱼常作悲叹呜咽之声以诱擒行人，或于吞噬所获之物以前，竟落泪焉。参看莎士比亚历史剧《亨利第六》第 2 本第 3 幕第 1 景，第 226—227 行。

② Sui amantes sine rivali.

③ 庞拜即 Pompeius Magnus。生于公元前 106 年，初辅佐苏拉为大将，颇著战功，苏拉死后，握罗马兵权，靖海盗，大败旁图斯（Pontus）王密司锐达提斯，丰功伟绩，一时无两。后与恺撒争权，兵败逃埃及，为埃及人所杀（事在公元前 48 年）。

④ 原题为 Of Innovation。案 innovation 今义为“标新立异”，含有菲薄之意，而作者殊无此意，故从今译。本篇体裁为笔记式，作者采录关于“变更”或“革新”之正反两面之意见而比较之，其自己之主张则近乎折中，此意甚明，不必细论。

归正的人心上，“恶”是有一种自然的动力的，这种动力在继续中最强；而“善”所有的却是一种勉强的动力，那动力是在起始时最强的[①]。每一种药无疑地都是一种新创之事；不愿用新药的人就得预备着害新病；盖时间乃是最大的革新家也[②]。并且，假如时间会自然地使事物颓败[③]，而智谋与言论又不能使其改良，其结局将不堪设想了。习俗之所立，虽不优良，不失为适合时世，这是真的；又长期并行的举动好像是互有关联的，而新的事物则与旧者不甚契合；它们虽有用，可是因为与旧的事物不融洽，所以会引起纠纷。再者，新的事物好像异邦人，很受人艳羡，可是不大得人欢心。这些话当然都对，假如时间是停留不动的；可是时间是动转不停的，所以，固执旧习，其足以致乱与革新之举无异；而过于尊崇古昔者将为今世所僇笑也。因此，人们在更革之中最好能学时间底榜样。时间确常大事更革，但是它是以安详出之的，并且其来也渐，几乎是不为人所觉察的。如不然者，凡是新的事物都将被认为出乎意料的事物；有所改进就必有所损坏得益的人将以之为幸运，归功于时间；受损失的人则将以此为怨仇，而归罪于行革新之事的人了。还有，除非是极为必要而且显然有益的时候，最好不要在国家中试行新政；并且应当注

① 人性自经魔鬼诱惑而失其纯正之后，多趋于为恶，故其行为制度，愈继续则愈恶化；反之，为善须有决心，而决心于起始时最强，故云。

② 英国十八世纪政论家柏克(Burke)有言：“一个没有更新之术的国家就是一个没有保国之方的国家。”可与培根此言互证。

③ 参看培根《息教争议》(Of the Pacification of the Church)中此数语。

“腐败是环绕人底一切活动的咸海，时间是一条把鲜淡纯洁的水引入这咸海中的河，这个比喻真是不差。因此，人类若不把他们底勤劳、美德、智慧作桨，与时间底河流和趋势撑拒，则他们底一切组织和法度，无论是多么纯洁的，也都要腐化退步了”。

意，须是改革底必要引起变更而不是喜新厌故的心理矫饰出改革底必要来。并且，最后，应当注意者，革新底举动虽不一定要拒绝，却应当把它认为是一种嫌疑犯，不可率尔置信；并且，如《圣经》上所说，我们应当立足于古道然后瞻顾四周，见有正直的大道，然后行于其上[①]。

二十五　论敏捷

过于求速[②]是做事上最大的危险之一。它有如医家所谓的“前消化”或过速消化一样，一定会使人体中满含酸液[③]与各种难察的病根的。因此，不可以做事底时间之多寡为敏捷底标准而当以事业进展之程度为标准。譬如在赛跑中，速度并不靠步武之大与举足之高；同此，在事业上，达到敏捷的方法在乎专心治事而不在一次包揽许多事务也。有些人一心只要显露自己能在短时期内做许多事；或者把未办完的事设法掩饰成了结的样子，以图外表上显出他们是敏捷的人。然而以紧密的手段缩短做事的时间为一事，以省略的手段缩短时间为又一事也。类此，以数次会议办理的事务常是往返多次，无固定的处理之方者也[④]。我认得一位智者[⑤]，他在看见人家急

① 见《旧约·耶利米书》第6章第16节。

② 从拉丁文译本。

③ 从拉丁文译本。

④ 意谓若以求速之故，在讨论要务之中忽略某点，则于下次讨论其他要务之际，此点必又出现，而且吾人不得不讨论或解决之，如此则头绪纷乱，欲速而不达矣。

⑤ 莱特云：根据培根所辑之《古今谚语集》(Apophthegmes: New and Old, 1624)第76则，以为“智者”即阿密亚斯·波莱爵士(Sir Amyas Paulet)。培根曾于1576年，随之赴法云。另一说则以“智者”指英国十六世纪政治家瓦星干爵士(Sir Francis Walsingham)云。

欲达到一个决议的时候，常有一句成语，就是，“稍待一会儿，如此我们就可以早点完事了。”

在另一方面，真正的敏捷是一件很有价值的事。因为时间是衡量事业的标准，一如金钱是衡量货物的标准；所以在做事不敏捷的时候，那事业底代价一定是很高的。斯巴达人和西班牙人曾以迟缓著名；“让我底死亡来自西班牙”①；因为如果这样的话，那我底死亡一定是来得很慢也。

对于那些关于事务直接有所报告的人应当好好听取其言；如有指示当在报告之前说明，而不可在他们说话之中插嘴；因为被人搅乱自己谈话底次序的人将不免反复言之，并且在追忆欲说而经人打断话头的时候比他能顺着自己底路子说下去的时候将更为冗长可厌也，但有时常见抑制他人发言的人较发言者本身更为可厌。

重复言说多半是一种时间上的损失。但是再没有比常常重述问题底性质之更为节省时间者，因为这种办法把许多空虚无关的话语在将要说出之时都驱逐掉了。冗长而过细的言辞其适于敏捷就如同宽袍长裙之适于赛跑一样。序文、承转的套语②、自解的话以及其他关于一个人自身的言语都是大为浪费时间的东西；并且，它们虽然好像是出自谦虚而其实是架子排场。然而在他人有阻挠或反对之意的时候，却应当留神，不可过于直截，因为怀有先入之见的心智总是需要先容的言辞的，就好像一种要使药膏生效而先用的蒸罨剂③一样。

① Mi venga la muerte de Spagna. 意大利成语。

② 即从上一段到下一段之间之过节语。

③ fomentation.

最要者，次序、分配与选择乃是敏捷之所系，只要分析得不要过精就是了。因为那不善分析的人永不会治事而分析过细的人则永不会把事情办得清楚也。选择时间就等于节省时间；而不合乎时的举动则等于乱打空气。治事有三个部分；准备，讨论或审察，和完成。如果你要敏捷的话，在这三项之中，唯有中间的一项可以作为多人底工作，其头一项与末一项则当为少数人底工作。把要讨论的事先写个大要然后依这个所写的东西而商议，大多是很有助于敏捷的；因为即令所写的那些意见或计划被完全抛弃了，然而有所否定的决议总比漫无定见的谈论易于遵循；有如柴灰之比尘埃较能肥田也。

二十六　论伪智

从来有一种意见，以为法国人实际比外表聪明，西班牙人外表比实际聪明。但是不论两国之间的情形是否如此，人与人之间的情形却实是如此的。圣保罗关于敬虔有言："有敬虔的外貌，却背了敬虔的实意。"[①]同此，世间尽有人在聪明能力上没有什么作为或所为甚少，而外貌是很庄严的："以大力作细事。"[②]这些徒务形式的人有什么手腕并利用什么样的法术和机械，以使虚浮的表面竟如有深度有体积之实体，在一个有识见的人看来，真是一件可笑而堪入讽刺文章的事。有些人是很隐秘的，隐秘得好像他们底货

① 见《新约·提摩太后书》第3章第5节。

② Magno conatu nugas.

物非在暗处不拿出来给人看似的；他们并且好像常常心里有话而不肯明言似的；并且在他们心里明白所说的事自己并不甚知道的时候，他们却要装模作样，要让人家以为他们知道许多不能明说的事情。有些人借助于面容手势，他们底聪明是靠着姿势的；就和西塞罗说皮索[①]的话一样，当皮索与西塞罗答话的时候，他把一条眉毛耸到前额上，把另一条眉毛弯到下巴上去了；"你答道——你底一条眉毛耸到前额，另一条眉毛弯到下颏——你不是爱残酷的人"[②]。有些人以为用伟大的字眼儿，说话不容异议，并且继续下去，把自己不能证实的话视为无问题地真确，就可以成为智者。有些人对于任何他们所不懂的事物都装出瞧不起的样子，或者认为是无聊或离奇而蔑视之；为的是这样他们底愚昧就可冒充识见了。有些人总是有不同的见解的，他们通常往往以一种巧辩娱人，借此离开了本题；关于这种人盖利亚斯有言，"一个疯子，一个用字句上的穿凿而破坏大事的人"[③]。关于这一种人，柏拉图在他底《普罗塔高拉斯》一篇中，曾引入普罗第喀斯[④]一人，以为嘲笑之资。柏

① 皮索即 L. Calpurnius Piso，贪而酷，曾为马其顿总督，严刑重敛，民怨沸腾。于公元前 55 年卸任归罗马。西塞罗遂于罗马元老院中面劾之。其辞今尚存，名 In Pisonem. 本文所引即演说中语也。

② Respondes, altero ad frontem sublato, altero ad mentum depresso supercilio, crudel tatem tibi non placere.

③ Hominem delirum, qui verborum minutiis rerum frangit pondera. 据莱特，此语出自罗马文章大师昆悌廉(Quintilian，约生于公元 40 年)论塞奈喀之语，而非盖利亚斯(Aulus Gellius，117—180，罗马文法学者)之语。培根误记也。

④ 普罗塔高拉斯(Protagoras)与普罗第喀斯(Prodicus)均雅典知名之怀疑派学者，其时代约在公元前五世纪之末，四世纪之初。柏拉图名著对话之一篇即以普罗塔高拉斯之名名焉。

拉图使他说了一篇话,这一篇话从头到尾全是分别异同之辞。一般言之,这样的人在议论中,总是喜欢站在否定的一方面,并且希冀以能反对及预示艰难得名;因为各种提案一经否决就算完了,但是如果它们一被通过,那就需要新的工作了;这种的假聪明乃治事之大害也。总之,没有一个生意萧条的商人或倾家荡产的浪子,为了支持他们底财名,能像这种虚伪的人之为了保持他们底才名而有一般多的诡计也。假聪明的人也许可以设法得到名声;但是谁也顶好不要任用他们;因为,无疑地,为了治事,即令任用一个有点荒唐的人,也比用一个过重外表的人强也。

二十七　论友谊[①]

"喜欢孤独的人不是野兽便是神灵"[②]。说这话的人若要在寥寥数语之中,更能把真理和邪说放在一处,那就很难了。因为,若说一个人心里有了一种天生的,隐秘的,对社会的憎恨嫌弃,则那个人不免带点野兽底性质,这是极其真实的;然而要说这样的一个人居然有任何神灵底性质,则是极不真实的。只有一点可为例外,那就是当这种憎恨社会的心理不是出于对孤独的爱好而是出于一种想把自己退出社会以求更崇高的生活的心理的时候;这样的人

① 本文系应培根至友陶贝·马修(Toby Matthew)之特请而作者。二人之交谊曾经历多次之考验(二人各有升沉荣辱)而自始至终无缺陷亦无瑕疵。读本文者若明此事,则知文中所言非徒空论也。

② 语本亚里士多德《政治论》第1章第1节。亚里士多德之意盖以为人或恶劣而不适于社会,或大智大勇而无需乎社会,前者有似野兽,后者则类神灵也。

异教徒中有些人曾冒充过，如克瑞蒂人埃辟曼尼底斯[①]罗马人努马[②]西西利人安辟道克利斯[③]和蒂安那人阿波郎尼亚斯是也；而基督教会中许多的古隐者和长老则确有如此者。但是一般人并不大明白何为孤独以及孤独底范围。因为在没有"仁爱"的地方，一群的人众并不能算做一个团体，许多的面目也仅仅是一列图画；而交谈则不过是铙钹丁令作声而已。这种情形有句拉丁成语略能形容之："一座大城市就是一片大荒野"[④]；因为在一座大城市里朋友们是散居各处的，所以就其大概而言，不像在小一点的城镇里，有那样的交情。但是我们不妨更进一步并且很真实地断言说，缺乏真正的朋友乃是最纯粹最可怜的孤独；没有友谊则斯世不过是一片荒野；我们还可以用这个意义来论"孤独"说，凡是天性不配交友的人其性情可说是来自禽兽而不是来自人类的。

友谊底主要效用之一就在使人心中的愤懑抑郁之气得以宣泄弛放，这些不平之气是各种的情感都可以引起的。闭塞之症于人底身体最为凶险，这是我们知道的；在人底精神方面亦复如此；你可以服撒尔沙[⑤]以通肝，服钢以通脾；服硫华以通肺；服海狸胶以

① Epimenides the Candian，乃公元前六世纪中克瑞蒂(Crete)岛上之诗人及哲人。据传说彼曾于童时睡卧一洞中，经57年始醒云。

② Numa the Roman，乃罗马开国之第二位君主。据云彼常退隐于某洞中，从女仙埃基锐亚(Egeria)受指示云。

③ Empedocles the Sicilian，西西利之哲人，公元前五世纪中叶人。

④ Magna civitas, magna solitudo. 见培根所辑之《古谚集》(Adagia)第506页。据莱特，此语见于斯特拉保(Strabo，罗马地学家，一世纪时人)之地志16卷第738页。缘希腊小邦阿喀底亚(Arcadia)有城曰麦戛劳普利斯(Megalopolis)，译意即"大城"之意。某滑稽诗人见之遂作譬语如上。斯氏则因以形容巴比伦城云。

⑤ "撒尔沙"(sarsaparilla)，乃一种用于梅毒及风湿病之药。

通脑；然而除了一个真心的朋友之外没有一样药剂是可以通心的。对一个真心的朋友你可以传达你底忧愁、欢悦、恐惧、希望、疑忌、谏诤，以及任何压在你心上的事情，有如一种教堂以外的忏悔一样。

许多伟大的人主帝王对于我们所说的友谊底效用之重视在我们看起来实为可异。他们之重视友谊，至于往往不顾自己底安全与尊荣以求之。盖为人君者，由于他们与臣民之间地位上的距离的缘故，是不能享受友谊的——除非他们（为使自己能享受友谊起见）把某人擢升到他们底伴侣或侪辈底地位，然而这样做底结果往往是有不便的。像这样的人现代语叫作“宠臣”或“私人”；好像他们之所以能到这种地位仅仅是由于主上底恩意或君臣之间的亲近似的。然而罗马语中的字眼才能算是把这种人底真正用途及其擢升之由表达出来了；罗马语把这种人叫作 Participes curarum“分忧者”①；因为真能使君臣之间结如斯之友谊者，正即此事也。我们又可以看到像这样的事情并不限于懦弱易感的君主，即从来最有智有谋的君主，亦往往有与臣下中某人结交，呼之为友，并使旁人亦以君王之友人称之者；君臣之间所用的这种称谓就和普通私人之间所用的一样。

苏拉，当他为罗马底独裁者的时候，把庞拜（即后来被人称为“伟大的”庞拜者）擢升到很高的地位以至庞拜自诩为苏拉所不及。因为有一次庞拜为他底一位朋友争执政官之职，与苏拉所推举之人竞选，竟而获胜。在苏拉对此表示不满而开始争吵的时候，庞拜直截反唇相向，叫他不要多言，“因为拜朝日的人多过拜夕阳的

① 据莱特注，此号乃罗马皇帝泰比瑞亚斯赐予其宠臣西亚努斯。

人”。在恺撒则有代西玛斯·布鲁塔斯[①]，其影响之巨，竟使恺撒在遗嘱中立他为次承继人，仅次于恺撒底孙外甥[②]。而这人也就是有能力诱致恺撒于死地的人。因为在恺撒为了一些不祥的预兆，尤其是克尔坡尼亚[③]底一场噩梦的缘故而想使参议院先行散会，改期再开的时候，布鲁塔斯拉着他底胳膊，轻轻地把他从椅子上拉了起来，并告诉他说，他希望恺撒不要叫参议院散会，等恺撒底夫人做一场好一点的梦之后再行开会。安东尼在一封信里（这封信在西塞罗底攻击演说之一中曾经一字不移地引用过）曾呼代西玛斯·布鲁塔斯为“妖人”[④]，好像他用邪术迷惑了恺撒似的，他底得宠之深可见矣。阿葛瑞帕[⑤]虽然出身微贱，但是奥古斯塔斯却把他升到很高的地位，以致后来当奥古斯塔斯以他底女儿玖利亚[⑥]底婚事问麦西那斯[⑦]的时候，麦西那斯竟敢说“他必须把女儿嫁给阿葛瑞帕，否则就必须把阿葛瑞帕杀了。再没有第三条路可走，因为他把阿葛瑞帕已造就得如此之伟大了”。在泰比瑞亚斯一方面西亚努斯升到很高的位置，竟至他们二人被称并被认为一双

① Decimus Brutus，曾在恺撒军中为将，甚见宠信，然卒加入反对党之阴谋，置恺撒于死地。

② 指奥克塔维亚努斯，即后之奥古斯塔斯大帝。按大帝生母名阿梯亚（Atia），其母玖利亚（Julia），乃恺撒之姊也。

③ Calpurnia，恺撒之妻。

④ venefica.

⑤ Agrippa，生于公元前 63 年。为罗马名臣之一。少时曾与奥古斯塔斯同学，唯出身殊寒微云。

⑥ Julia，奥古斯塔斯大帝之女，生于公元前 39 年。后以淫乱为帝放逐于海岛而死。

⑦ Maecenas，奥古斯塔斯大帝之密友与能臣，以多才多艺，扶助文人艺士扬名。

朋友。泰比瑞亚斯在致西亚努斯的一封信里写道："为了我们底友谊的缘故，我没有把这些事对你隐瞒"[①]，并且整个的参议院给"友谊"特造了一座祭坛（就好像"友谊"是一位女神一样）以表扬他们二人之间的很亲爱的友谊。此类或胜乎此的例子又可于塞普谛米亚斯·塞委拉斯与普劳梯亚努斯[②]底友谊中见之。因为塞委拉斯竟强迫他底儿子娶普劳梯亚努斯之女为妻；并且往往袒护普劳梯亚努斯种种欺凌皇子的行为；他并且以这样的言辞下诏于参议院："朕爱其人如此之深，愿其能后朕而死也。"假如这些君王是图拉真[③]或马喀斯·奥瑞利亚斯[④]一流的，那么我们可以认为像上述的举动乃是出自十分良善的心田的；但是这些君王都是很有智谋，精神强健而严厉，并且是极端爱己的，然而他们竟然如此，这就可以证明他们底幸福虽然已达人间之极峰，但是他们对之，仍不满意，觉得若无朋友使之圆满，则这种幸福终是残缺不全也。犹有甚者，这些君主都是有妻有子有甥侄的人，然而这些人竟不能使他们有朋友之乐。

康明奈亚斯[⑤]关于他底第一位主上，公爵"勇敢的"查理[⑥]，所

① Haec pro amicitia nostra non occultavi.

② 普劳谛亚努斯（Plautianus）为禁卫军统领，深得帝之信任，掌握大权，代行号令者逾十年之久，后其女竟为太子之妃，众以为其权势更固矣，不知宫中之仇视及刺激使普深自不安，竟生篡窃之意，谋泄，帝虽爱之而无可奈何，终赐死。

③ Trajan 于公元 98 年至 117 年为罗马皇帝。雄才大略，武功极著，同时对于文治亦极注意，为罗马有数贤君之一。

④ Marcus Aurelius 于公元 161 年至 180 年为罗马皇帝。才兼文武，道德崇高，后世尊为圣主。

⑤ 即 Philip de Commines，法国历史作家，生于 1446 年。

⑥ Charles the Hardy 亦名 Charles the Bold 为伯干地（Burgundy 今法国东南部）大公，生于 1433 年，卒于 1477 年。与法王路易十一为敌，相持多年。

说的话是不可忘的，就是，他不肯把他底秘密与任何人共之，尤其不肯把那最使他为难的秘密告人。于是康明奈亚斯继续又说道："到公爵底末日将近的时候这种秘而不宣的性情不免稍损他底理智。"其实，如果康明奈亚斯乐意的话，他对于他底第二位主上，路易十一[①]，也大可下同样的断语，因为路易十一底好隐秘确是他自己底灾星。毕达哥拉斯底格言是难解而真确的；他说，"不要吃你底心"[②]。确实地；说得厉害一点，没有朋友可以向之倾诉心事的人们可说是吃自己底心的野人。有一件事却是很值得惊奇的（我把它说了出来就此结束关于友谊底第一种功效的话语），那就是，一个人向朋友宣泄私情的这件事能产生两种相反的结果，它既能使欢乐倍增，又能使忧愁减半。因为没有人不因为把自己底乐事告诉了朋友而更为欢欣者；也没有人因为把自己底忧愁告诉了朋友而不减忧愁者。所以就实际的作用而言，友谊之于人心其价值真有如炼金术士常常所说的他们底宝石[③]之于人身一样；这宝石，依术士们底话，是能产生种种互相反对的效力，然而总是有利于天禀的。然而，即令不借助于术士，在普通的自然现象中，也可以看到这种情形很明显的肖像。因为物体相合则足以助长并滋养任何天然的作用，又可以削弱并挫折任何暴烈的外来打击也：物体如此，人心亦是如此。

① Louis XI，自1461年至1483年为法兰西王。残酷狡猾，懦而无信，然卒能消当时贵族之威势，奠定法兰西王国之基础，乃有功于国之主也。

② Cor ne edito.

③ 指中世纪炼金术士所谓"圣人石"（Philosopher's stone），据云得此石者可以延年却病，点铁成金云。

友谊底第二种功用就在它能卫养并支配理智，有如第一种功用之卫养并支配感情一样。因为友谊在感情方面使人出于烈风暴雨而入于光天化日，而在理智方面又能使人从黑暗和乱想入于白昼也。这不仅指一个人从朋友处得来的忠谏而言；即在得到这个之前，任何心中思虑过多的人，若能与旁人通言并讨论，则他底心智与理解力将变为清朗而有别；他底思想底动作将更为灵活；其排列将更有秩序；他可以看出来把这些思想变成言语的时候它们是什么模样；他终于变得比以往的他聪明，而要达到这种情形，一小时底谈话比一天底沉思为效更巨——这些都是没有疑义的。塞密斯陶克立斯对波斯王的话说得极是。他说："言语有如张挂展览的花毡，其中的图形都是显明的；而思想则有如卷折起来的花毡。"[①]友谊底这第二种功用（就是启发理智），也不限于那些能进忠言的朋友（他们当然是最好的朋友了），即令没有这样的朋友，一个人也能借言谈底力量自己增长知识，把自己底思想使之明白表现，并且把自己底机智磨砺得更为锋利，如磨刃于石，刃锐而石固不能割也。简言之，一个人，与其使他底思想窒息而灭，毋宁向雕像或图画倾诉一切之为愈也。

现在，为充分说明友谊底这第二种功用起见，我们再一谈那个显而易见，流俗之人也可以注意到的那一点，就是朋友底忠言。赫拉克里塔斯在他底隐语之一中说得很好，"干光永远最佳"[②]。一

① 塞密斯陶克立斯（Themistocles）雅典人，约生于公元前514年，以筹建雅典海军，抗拒波斯军著名。

② Dry light is ever the best. 赫拉克里塔斯（Heraclitus）为公元前六世纪时希腊哲人之一，以奥秘难解著。此处"干"字当作"纯"或"清"解。培根引用其语，意谓吾人平日之推理，恒为先入之见所左右而不得其正也。

个人从另一个人底诤言中所得来的光明比从他自己底理解力，判断力中所出的光明更是干净纯粹，这是无疑的：一个人从自己底理解力与判断力中得来的那种光明总不免是受他底感情和习惯底浸润影响的。因此，在朋友所给的诤言与自己所作的主张之间其差别有如良友底诤言与谄佞底建议之间的差别一样。因为谄谀我者无过于我[①]；而防御自谄自谀之术更无有能及朋友之直言者也。诤言共有两种：一是关于行为的，一是关于事业的。说到第一种，最能保人心神之健康的预防药就是朋友底忠言规谏。一个人底严厉自责是一种有时过于猛烈，蚀力过强的药品。读劝善的好书不免沉闷无味。在别人身上观察自己底错误有时与自己底情形不符。最好的药方（最有效并且最易服用的）就是朋友底劝谏。许多人（尤其是伟大的人们）因为没有朋友向他们进忠告的缘故，做出大谬极误的事来，以致他们底名声和境遇均大受损失，这种情形看起来是很可惊异的。这些人是，有如圣雅各所说，“有时看看镜子，而不久就会忘了自己底形貌的”[②]。讲到事业方面，一个人也许以为两只眼所见的并不多于一只眼所见的；或者以为局中人之所见总较旁观者之所见为多；或者以为一个在发怒中的人和一个默数过二十四个字母的人一般地聪明；或者以为一枝旧式毛瑟枪，托在臂上放和托在架上放一样地得力；他可以有许多类此的愚蠢骄傲的妄想，以为自己一身就很够了。然而能使事业趋于正轨者还数忠言。又，假如有人想采纳别人底忠告，而愿意零碎采纳，在某一

① 对我最有力之谄谀者即我自身也。

② 见《新约·雅各书》第1章第23节。

件事上问某一人，在另一件事上问另一人，这样的办法也好（这就是说，总比他全不问人的或者好一点）；可是他冒着两种危险；一是他将得不到忠实的进言；因为所进的言论必须是来自一位完全诚心的朋友的才好，否则鲜有不被歪屈而倾向于进言人之私利者也。另一种危险是他所得的进言，将为一种有害而不安全的言论（虽然用意是好的）一半是招致祸患的而一半是救济或预防祸患的；有如你生病请医，而这位医生是虽被认为善治你所患的病症，却是不熟悉你底体质的；因此他也许会使你目前的疾病可以痊愈而将危害你健康的另一方面；结果是治了病症而杀了病人。一个完全通晓你底事业境遇的朋友则不然，他将小心注意，以免因为推进你目前的某种事业而使你在别的方面突受打击。所以最好不要依靠零零碎碎的忠告；它们扰乱和误引底可能多于安定和指导底可能也。

在友谊底这两种高贵的功效（心情上的平和与理智上的扶助）之后还有那最末的一种功效：这种功效有如石榴之多核。这句话的意思就是朋友对于一个人底各种行为，各种需要，都有所帮助，有所参加也。在这一点上，若要把友谊底多种用途很显明生动地表现出来，最好的方法是计算一下，看看一个人有多少事情是不能靠自己去办理的：这样计算一下之后，我们就可以看得出古人所谓"朋友者另一己身也"的那句话是一句与事实相较还很不够的话；因为一个朋友比较一个人底己身用处还要大得多。人底生命有限，有许多人在没有达到最大的心愿——如子女底婚事，工作之完成，等等——之前就死了。要是一个人有了一位真心的朋友，那么他就大可安心，知道这些事件在他死后还是有人照料的。如此，一个人在完成心愿上简直是有两条性命了。一个人有一个身体，而这个身体是限于一个地方的；但是假如他有朋友，那么所有的人生大事都可算是有人办理了。就是他自己不能去的地方，他底朋友也可以代表他的。还有，有多少事是一个人为了颜面底关系，不能自己说或办的！一个人不能自承有功而免矜夸之嫌，更不用说是不能表扬自己底功绩了；他有时也不能低首下心地去有所恳求；诸如此类的事很多。但是这一切的事，在一个人自己底嘴里说出来未免赧颜的，在朋友嘴里说出来却是很好。类此，一个人还有许多身份上的关系，是他不能弃置不顾的。例如，一个人对儿子讲话，就不能不保持父亲底身份；对妻子讲话就不能不保持丈夫底身份；对仇敌讲话就不能不顾虑自己底体面：但是一个朋友却可以就事论事，而不必顾虑到人底方面。这一类的事情要一一列举出来是说不完的；要之，一个人若是有某种事自己不能很得体地去做时，我对他有一条规则可说，就是，他如果没有朋友的话，那么他只有"下台"之一法。

二十八　论消费

财富底用处是消费，而消费底目的是为了光荣或善举。因此特别的消费当以其原因之价值为度；盖为了国家，和为了天国一样，也可以自甘贫乏的[①]。但是普通的消费则当以一个人底财产为度；并且要管理得宜，务使消费不要超出收入；并且要勿受仆役

---

① 拉丁文译本云："自安的贫困有时是由于爱国心而非仅为天国者。"关于天国与人间之财富之关系，有如下之寓言："耶稣对门徒说，我实在告诉你们，财主进天国是难的，我又告诉你们，骆驼穿过针的眼，比财主进神的国还容易呢。"——《马太福音》第19章第23—24节。培根所指即此语也。

底欺骗；还得观瞻极佳，务使实付之款比外人底估计为少。无疑地，假如一个人仅仅要出入相当，不至贫乏的话，他日常的支出也应当仅及他底收入底一半；若是他要变为富有的话，那他底支出就应当只有收入底三分之一。即是很大的人物而躬自检点自己底财产也不算是一件自卑自贱的行为。有些人不肯如此做，其原因不仅是大意，也有因为恐怕检点底结果发现自己已经破产而生烦恼者。但是如果身体上有了创伤，不检验是不会好的。那完全不会检点自己底财产的人务须要用人得当，还得常常换他们；因为新用的人比较胆小而计谋少一点。那不能常常检点他底财产的人应当把出入底一切数目都规定了。

一个人如果在某一项上消费多，则他必须要在别的一项上节省。例如他在吃喝上爱花钱，那么他就应当在衣着上节省；要是他在住屋上爱花钱，他就应当在马厩上节省，皆是也。因为那在每一项上都是花钱很多的人是难免堕入逆境的。一个人在清偿债务的时候，如果过于求速，要一举还清，也会和久欠不还一样地有害的。因为急于求售和多欠利息是一样地不利也。再者，一举而还清了债务的人是会又走入借债的路上去的：因为他一旦忽然发现自己没有债务底困难的时候，就会故态复萌的：但是那一点一点地还清债务的人借此可以学会一种节俭的习惯，他底心理和他底财产将同受其益。有财产需要补救的人是不能轻视小节的，这是一定的；并且，就一般而言，与其卑躬屈节以求小利还不如减少零星的花费较为得体。一个人底经济担负如果是一起始就要长久继续下去的，那他就要很小心，不可贸然担承：但是在那些只有一次没有下次的消费上，则不妨较为大方一点。

二十九　论邦国底真正伟大之处[1]

雅典人塞密斯陶克立斯在某次宴会上有人想请他弹琵琶。他说他不会弄琴可是会把一个小城弄成一座大邦[2]。这句话因为过于归功自己，所以是骄傲不逊；但是如果一般地用在别人身上，则可算是很庄肃贤明的评论。这句话（再用比喻底说法引申一下）就可以把从事国政者之中两种不同的才能表现出来。因为，如果把议事和执政的各官真正地观察一下，其中也许可以发见（虽然这是很稀有的）几个能使小国变为大邦，而不能弄琴的人；同时，在另一方面，却可以发现许多巧于弄琴可是不但不能使小国变为大邦，而且是有相反的天才的人，他们是能把一个伟大而兴盛的国家带到衰败凋零的地步的。并且，那些堕落的技巧智能，许多公卿大夫借之以邀宠于主上钓名于流俗者，确是除了"弄琴"之名，不值得更好的名称的：因为这些技巧智能不过是一时欢乐之资，在会者本人虽可借以炫耀，而于他们所事的国家之幸福与进步，则无所裨益也。当然，也有些公卿大夫够得上一个"能"字的（即所谓"干才"）[3]。

① 本篇曾被作者编入拉丁文本《广学论》第8卷第3章，题目为"论伸张帝国强土之道"。莱特云，本篇开端似即培根于1608年所著之"论不列颠王国真正伟大之处"。该文并未完篇，改作而成本篇云。

② 塞密斯陶克立斯（Themistocles），约生于公元前514年，才高志大，曾以力主雅典当建造强有力之海军及指挥得宜，巧于用兵之故，大败波斯征希腊之师，雅典遂以蕞尔小邦，称雄海上，皆塞之功为多。后因受谗畏祸而逃于波斯，卒于公元前449年。本文所引之语当即指波斯希腊之战（公元前480年）及其影响也。

③ 原文用拉丁语 negotiis pares。

他们能够调理国政，不使陷于危难和明显的困境，可是若要把国家在力量、财富、国运上都增强长大，则他们断断无此能力。现在我们不管做事的人怎么样，且一谈事务底本身；就是，国家底真正伟大之处以及达到这种情形的方法。这是一个值得雄王英主常常考虑的题目；为的是他们既可以不至于因为过于相信自己底力量而多事妄为，虚耗实力；又可以不至于因为过于卑视自己底力量而屈尊以从怯懦畏葸的计议也。

一个国家底疆土之大小是可以测量的；其财赋收入之多少是可以计算的。它底人口可由户口册卷而得见，城镇之多少及大小则可由图表而知之。然而在人事中没有比关于一国底力量的真正估计推断更为易于错误的。基督把天国不譬做任何巨大的果核或种子而譬做一粒芥子[①]；即是一种最小的种子，但是却有一种迅速发芽及长大底特性与精神。类此，有些国家底疆土很大，可是不能伸张国力或领袖他国；又有些国家幅员很小，有如一种躯干微小的植物，然而却能为强大的帝国之基础。

坚城、武库、名马、战车、巨象、大炮等等不过是披着狮子皮的绵羊，除非人民底体质和精神是坚强好战的。不特如此，若是民无勇气，则兵士数目之多是无关紧要的，委吉尔所谓“一只狼从不介意有多少只羊”者即指此也。在阿比拉(Arbela)平原中的波斯军有如一片人海，竟使亚历山大军中的将领不免惊惶；因此他们来到亚历山大面前，并建议在夜间进攻；但是他说：“我不愿偷取胜利。”

① 《马太福音》第13章第31—32节。“天国好像一粒芥菜种，有人拿去种在田里。这原是百种里最小的，等到长起来却比各样的菜都大，且成了树，天上的飞鸟来宿在它的枝上”。

结果是容容易易地打败了敌人[①]。阿米尼亚王蒂格拉奈斯率四十万大军驻于一座山头，当他看见那不过一万四千的罗马军向他进攻的时候，他就说笑话道："那些人若是使节则太多，若为战斗而来则太少了。"但是，那天底太阳落之前，他已经发现这些人很够追逐他并大戮他底军队了[②]。关于数目不敌勇气的例子是很多的：因此我们不妨断言，任何国家若要伟大，其主要之点，就在要有一个善战的民族。"金钱是战争底筋肉"，这是句平常的老套，然而若是人民卑污淫靡，其两臂底筋肉无力，则金钱也不能算是战争底筋肉了。因为索伦对克瑞萨斯（当克瑞萨斯为了炫示他底富有起见把他底藏金给索伦看的时候）所说的话是说得很好的。"陛下，若是另一人前来，他底铁胜于陛下底铁，那么他就要变成这些金子底主人了"[③]。所以任何君王或国家，除非自己底国民组成的军队是优良骁勇的话，最好不要对自己底力量估价过高。在另一方面，那些有强悍好战的臣民的君王则应当知道自己底力量——除非这些臣民在别的方面是有缺陷的。至于用金钱募集的客军（那就是自己

---

① 阿比拉为叙利亚（Syria）名城。阿比拉之战在公元前 330 或前 331 年，亚历山大大帝大败波斯王达拉亚斯（Darius Codomannus）于此。

② 蒂格拉奈斯（Tigranes），于公元前 96 年即位，拥有全部叙利亚王国，自幼法拉底河（Euphrates）以至于海。本文所叙之战事发生于西部阿米尼亚（Armenia）都城蒂格拉诺塞塔（Tigranocerta）附近，罗马名将卢库拉斯（Lucullus）大败蒂格拉奈斯于此，事在公元前 69 年。

③ 索伦（Solon），古希腊之立法名贤，约生于公元前 639 年，卒于前 559 年。

克瑞萨斯（Croesus），利第亚王国（Lydia）之末代国王，于公元前 560 年即位，于 546 年为波斯王塞剌斯（Cyrus）所败，被俘，国灭。方其盛时，兵强地广，财宝无数，有天下第一富翁之号云。

底臣民不可靠的时候的助力)[①],所有的先例都证明任何倚仗客军的政府或君主虽然可以得意一时,如鸟之张翼,然而不久将不免于铩羽也。

犹大和以萨迦底命运是永不会相合的,同一个民族或国家不会既是幼狮而又是负重的驴子一样[②];再者,一个困于租税的民族而要变为武勇好战,这也是不可能的。经国民同意而征收的租税比仅由掌权者片面征收的租税,减人勇气较少;荷兰底国税就是一个很明显的例子[③];在某种程度上,英国底特税也可算是一个例子[④]。读者必须注意我们现在所论的是心胆的问题而不是钱包的问题。一样的赋税,不论是经国民同意与否,对于钱包的作用是同一的,但是对于人民底勇气,其作用可就不同了。因此你可以断定,凡是困于租税的人民是不适于建立帝国的。

凡是志欲强大的国家应当小心,不可使国内的贵族和绅士阶级繁殖过速[⑤]。因为这种情形将使平民变为农奴村夫,使他们意志沮丧,实际上成为上流阶级底奴仆而已。这就好像你在丛林中可以见到的情形一样;假如你把小树留得过密,那么你就永不会有清清楚楚的丛林,而只能有矮树野薮。类此,在国家之内,如果上流阶级人数过多,则平民必降为卑下,其结果将至于一百个头颅没

---

① "客军"(mercenaries)即以金钱雇佣之异籍军队。中世纪末及文艺复兴时期之意大利此制最流行。此辈为利而战,贪得无厌,忘恩背信,视为固然,故作者云云。

② 犹太人之先祖雅各临终时召诸子于床前,并预言各族之品格与命运,谓犹大乃幼狮,以萨迦乃强壮之驴云云。见《创世记》第49章。

③ 荷兰于十七世纪时因反抗西班牙战争,需费浩繁之故,各项货物曾征收重税。

④ 即国会议决通过之租税或征收。

⑤ 参看第14篇。

有一个佩戴盔的；尤其对于那为军队之神经系统的步兵为然；如此的国家将有很大的人口而很小的力量了。我所谈的这一点，若要找个例子来证明它，那么最好是把英国和法国比较一下：两国之中，虽然英国在疆土和人口方面都不及法国，然而和法国敌对起来，却居然不止是个敌手；这就因为英国底一般民众能成为优良的兵士，而法国底乡农则不能也。在这一点上英王亨利第七底法度（关于这个法度曾在拙著《亨利第七本纪》中详言之）真是用意深远，值得钦佩的[①]。他把田庄农舍都规划齐一了。所谓规划齐一者，就是依他底规定，凡是田庄农舍必须要受一定限度的田地底维持，这限度就在要使那田庄农舍里的人能以生活裕如不至沦入贱役；他这种制度又使耕田的人就是田底主人而非仅仅是雇佣之徒。这样就可以达到委吉尔所形容的古意大利底性质了：

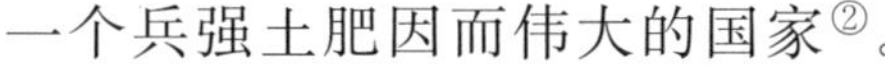

一个兵强土肥因而伟大的国家[②]。

还有一种情形（这种情形据我所知几乎是英国特有的，除了或者在波兰以外，别处恐怕是遇不到的）也是不可忽略的：就是服侍贵族和绅士的都是自由人；而这些人在武事上毫不劣于中产的平

---

① 培根在其《亨利第七本纪》中略谓当亨利之时，英国农业制度变化，小田舍为大地主所吸收，种植为畜牧所代，结果“人口减少，以致城市教会及教税等均受不良之影响”，而同时国家之收入亦为之减少。为救济此种情形起见，政府遂令全国农家约有 20 英亩或 20 英亩以上之田者，须永远维持其现状，不得荒废云云。培根评论此令，认为维持此种标准的农家之举实系良法，因其“使一部分健壮之民众不至陷于穷困无告之境，同时又使国中一大部分之良田保存于中流民众之手，此辈民众乃上流社会与贫农间之一种要素也”。不特如此，此法一行英国之武力亦随之增加，盖“军队之主力在步兵，而欲有良好之步兵则必须先有在自由及小康之环境中长育之人民而不可以卑贱贫困之徒充之也”。

② Terra potens armis atque ubere glebae.

民。因此，贵族和上流人士底生活中那种种的荣华豪气，宾客之盛，礼仪之隆，一旦成为风习之后，的确都是很能引人到武功底伟大上去的。反之，贵族与上流人士底生活若是吝啬隐秘，则将使国内底武力大为削弱。

无论用何种方法，务须使尼布甲尼撒梦中所见的王国底躯干强大到能够支持枝叶的程度[①]；这句话底意思就是，皇帝或政府底本族臣民同他们统属治理的异族人民比起来，其多寡须有正当的比例。因此，所有那些使异族人容易入籍归化的国家都是适于成为帝国的。若以为小小的民族，因其智勇绝伦，竟足以征服并保有过大的国度，这种事短时间是可能的，但是这样的国度不久将会突然灭亡的。斯巴达人对于入籍一事过于严密；因此，当他们守着自己底小小的国境的时候，他们底地位是很巩固的；但是到了他们底国境扩张，枝叶变得为躯干所不能支持的时候，他们就突然覆亡，如风吹果落一样。在入籍的这一点上，从来没有一国如罗马之易于容纳异族者。因此罗马人底结局也因之而很好；因为他们成了世界上最伟大的帝国。罗马人底办法是不仅把国籍权（他们叫作市民权）给予愿入籍的人而且是把这种权益极为充分地给予他：这就是说，他们不但把交易权，婚娶权和承继权给予愿入籍的人而且还把选举权和任官权给予这种人。并且这种的授权其受者不限于个人，一个家族也可以受这些权利；不但如此，一城的人，有时一国的人也可如此得享罗马公民底权利。此外再加上罗马人移民殖民

① 尼布甲尼撒（Nebuchadnezzar），为巴比伦王（约在公元前七世纪），曾梦一大树枝叶削尽，仅留残株于地中。犹太先知但以理为解此梦，言其预示不久王将失国云云。见《但以理书》第4章。

底习惯，由于这种习惯罗马这个植物就由本土而移植到异乡底土壤中了。把这两种制度加在一起，你尽可以说并不是罗马人发展到全世界去，而是全世界发展到罗马来了；而这种情形确是大国之道[①]。我曾对西班牙感觉惊异，就是道地的西班牙人如此之少，而何以他们能够占据并统辖这么大的属地呢？但是西班牙本国底疆土的确是一棵大树，较之罗马和斯巴达初起的时候，优胜得多了。并且，虽然他们没有容易准人入籍的惯例，可是他们有仅次于这个惯例的办法；就是，在他们底普通兵士组成的军队中所用的人是差不多毫无本国人与异族底分别的；不但如此，有时在他们底最高将领中也有异族人。又，就西王腓力普所颁的特诏看来，他们现在对于本国人口不足的这种情形似乎是很感觉到的[②]。

坐着做的，户内的技艺，以及精密的制造（需用手指之巧而不需用臂力之强者）在本性中就与好战的心理不合，这是无疑的。一般言之，所有好战的民族都有点游荡，爱危险甚于爱劳作。如果我们要他们仍旧保持那种武勇的精神，那我们就不可过于禁制或改移他们底好尚。因此，古代的斯巴达、雅典、罗马，以及其他的国家都蓄养奴隶，让他们担任那些劳作，这是他们那些国家底一个大便

① 罗马之充分的公民权包含四种。（一）选举权（jus suffragii），（二）任官权（jus honorum），（三）婚娶权（jus connubii），（四）财产权或交易权（jus commercii），即依法获得，或转移或保持财产之权也。有婚娶权者方可有正式之婚姻，否则其子女之社会阶级将受影响。此种市民权或公民权初为罗马贵族（the patricians）所独占，有时亦及于有功有能之人，后经长期斗争始普及于一般平民（the plebians）。至罗马皇帝卡剌卡拉时，遂将此权赐予罗马帝国中之一切自由民焉。

② 腓力普指西王腓力普第四（Philip IV）。莱特引埃力斯（Ellis）注云“腓力普登极之后不久，即颁特诏（Pragmatica），欲实行内阁之某种决议，并以给予优待之方法鼓励婚姻，有子女六人者更可多得优待云”。

宜。但是蓄奴之制已由基督教底教律而大部废除了。最和蓄奴制相近的办法就是把那些技艺大部留给异族人去做(异族人为了这个缘故也易在所在国里容身)而把本国人中一般民众底大多数限于三种工作或职业——耕者,自由的仆役;从事强力健壮的工作的工匠,如铁匠、泥匠、木匠等等:正式的军人还不算在内。

但是,最要者,若欲国家强大,威权伸张,则一国之人务须把军事认为举国唯一的荣誉、学问和职业。因为我以上所说的那些事不过是军事底准备而已;但是若没有目的和行动,则准备又有何用?罗缪剌斯[①]死后(这是人家传说或寓言的)给罗马人送来了一个忠告,教他们最要留心武事;若果他们这样做,他们将成为世界上最大的帝国。斯巴达底国家结构是全然(虽然不甚巧妙地)[②]以武事为目的准则而建造组织成的。波斯人与马其顿人在很短的一瞬间有过这样举国皆兵的情形。高尔人、日耳曼人、戈斯人、萨克逊人、诺曼人和其他的民族在某一时代都有过这样的情形[③]。土耳其人在如今还是这样的情形,虽然已经大为衰颓了。在欧洲的基督教国中,有这种情形的国家实际只有西班牙一国。但是无论何人,其所最得力者就是平日所最致力者,这个道理太明显了,不

① 罗缪剌斯(Romulus)据古代传说乃罗马之始祖,罗马城之创造者。后人奉之为神。

② 言其方法不巧,非谓其立意不佳也。

③ 高尔人即 Gauls,法国古代之民族。戈斯人即 Goths,条顿民族之一族,于第三四世纪时曾蹂躏罗马帝国之大部分者。萨克逊人即 Saxons,亦条顿民族之一支。于六世纪中征服英国之萨克逊族原居于今德国及丹麦之北部;诺曼人亦条顿民族,原居北方(即今之斯堪的奈维亚 Scandinavia)后移殖法国之北部沿海一带(即今之诺曼底,Normandie),于十一世纪中征服英国。

必多说，我们只有略加指点就行了：就是，不干脆尚武的国家是不必希望会突然变为强大的。在相反的一方面，那些长期尚武的国家（如罗马人和土耳其人之所为）将成大业立奇功，这是历史底最可靠的教训。那些仅仅在某一时期曾经尚武的国家却也曾多半变为强大，而这种强大的情形，是到了后来他们对武事的崇尚与运用已经衰颓的时候，仍然为他们底支持物的。

同这一点相连的还有一点，就是，一个国家顶好有一些法律或风俗，这种法律和风俗要使他们有作战的正当理由（或至少有所借口）才好。因为人性之中自有一种天赋的公道，除非有一点争战底根据或理由（至少是勉强可以算做理由的话头），他们是不肯加入那凶险甚多的战事的。土耳其的君主为了作战，常以传播他底宗教为理由：这是一种很方便的，随时可以利用的理由。罗马人虽然在开疆拓土底事业已经成功之后，把这种事认为是统兵将帅底大荣耀，然而他们从未把开拓疆土一事认为起衅底好理由。因此，凡是志在强大的国家，第一应当有这点性质，就是，对于别国底侮辱伤害，要敏感，无论这种侮辱伤害是加于边邻，或施于本国底商人或使节的；并且对别人底撩拨，不可纵容过久。第二，他们应当常常准备着对他们底与国或同盟加以援助，如罗马人从来之所为一样；罗马人底办法是这样的，假令有一国与罗马之外的许多国家也曾缔结盟约互为保障，到了有敌国来犯的时候，并曾向这各国分头乞援，罗马人总是首先赴援，不让别的任何国家有这种荣誉。至于古人为了拥护一党一派或实质相同的政体而起的战争，我不懂那是有什么正当理由的：例如罗马人为了希腊底自由而战，斯巴达人和雅典人为了建

立或倾覆民主政治和寡头政治而战[①]，又如某一国底人，假借公道或人道底名义，来解除他一国中的专制与压迫，诸如此类者皆是也。总之，凡是不准备有了正当理由就立即动兵的国家，不必希冀强大也。

不论是个人底身体或国家底团体，如不运动则其体不强：而对于一个王国或共和国，一个有理由有光荣的战争乃是一种真实的运动，这是无疑的。内战真有如患病发热；但是对外作战则有如运动发热，是可以保持身体健康的；因为在一种偷惰的和平中，民气将变为柔靡而民德将变为腐败也。但是，不管为了幸福是怎么样，为了国家底强大起见，国民大部分常常从事武备是很有利的；一个常在行动中的，久经战阵的军队底力量（虽然这种力量是代价很高的），正即是使我在所有的邻国中能有发号施令之权（或者至少能有这种名誉）的工具也；西班牙就是一个很明显的例子，西班牙在欧洲各处差不多长期驻有精兵，已经约有120年之久了。

一个国家若能成为海上底主人就等于已成了一个帝国。西塞罗致书阿蒂苦斯论庞拜对恺撒的军事准备时说道："庞拜所遵循的是一种真正的塞密斯陶立克斯式的策略：他以为那掌握海权的人，

① 马其顿王腓力普侵陵希腊诸邦，欲臣服之，于是罗马以维护希腊诸邦之自由为名而出师焉。是为罗马人干预希腊内争之始。腓力普与罗马人之战争共有两次：第一次起自公元前215年终于前205年。第二次起自公元前200年终于前197年。在马其顿兴起以前，希腊各邦中政治派别均有二，一主少数专政（即所谓寡头政治），一主多数民权（即所谓德谟克拉西）。照例寡头政治派希冀斯巴达之援助，而民权治政派希冀雅典之援助，雅典与斯巴达之兵争多为此也。

就是掌握一切的人"[1]。无疑地，如果庞拜不因一时自大轻敌而舍舟从陆，他一定会使恺撒疲于奔命的。海战底重大影响是我们看得见的。埃克兴之战决定了罗马帝国之谁属[2]。勒盘陶之战制止了土耳其人底强横[3]。海战为全部战争之最后决战者其例甚多。这种情形固然是君主或国家们把一切都凭海战来决定底结果，然而这点是确定的，就是握有海上霸权的一方是很自由的，在战争上它是可多可少，一随己意的。在相反的一方面，那些陆军最强的国家却往往感受极大的困难。无疑地，在今日，我们欧洲的诸国中，海上的势力（这种势力是大不列颠底主要的天赋优点之一）是一种很大的长处；一则因为欧洲底各国，大多数不是纯粹内陆的，而是国境底大部分临着海的；再则因为东西印度底财富底大部分似乎是唯有握着海上底霸权的人才能得着的。

与古代底战争所给予人的光辉荣耀相形之下，近代底战争简直是在黑暗中打的。为鼓励士气起见，现在也有些爵位勋章等等，然而这些东西是杂乱地颁发，无分军人或非军人的；此外也许还有

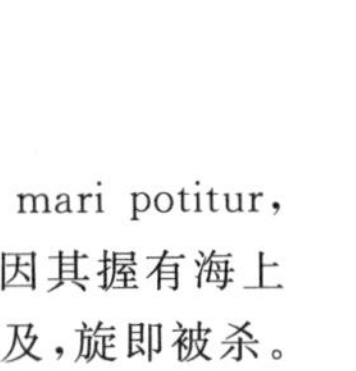

① Consilium Pompeii plane Themistocleum est; putat enim, qui mari potitur, eum rerum potiri. 恺撒与庞拜最后相争时（公元前 48 年）起初庞拜胜利，因其握有海上霸权也。后于法塞拉斯（Pharsalus 或 Pharsalia）陆战，庞拜大败，遂逃埃及，旋即被杀。西塞罗与罗马内战时本庞拜一党，后经恺撒特赦，复至罗马为官。阿蒂苦斯即 Atticus，为塞之良友。二人通信之书简集始于公元前 68 年至西塞罗死方止，乃古代欧洲文学之巨珍。

② 埃克兴（Actium）为希腊西海岸之一海角，公元前 31 年奥克塔维亚努斯破安东尼之舰队于此，遂统一罗马之统治，建立帝国，即后之称为奥古斯塔斯大帝者是也。

③ 勒盘陶（Lepanto），为希腊西部海峡之一。公元 1571 年，奥地利大公约翰（Don John of Austria）率天主教庭，西班牙，及威尼斯之联合舰队大破土耳其之水师于此，土耳其在欧洲之势力从此遂衰。

些楯上的铭语，伤兵病院，诸如此类的东西。但是在古时，那在战胜地点树立的纪念品，追悼的颂辞，以及纪念阵亡将士的碑坊，奖给个人的花冠，大元帅底名义（就是后来的各国君主所借用的）[①]，凯旋将帅底胜利游行；兵队复员时的重大犒赏；这都是能引起人人底勇气的事物。但是，最重要者，莫过于罗马人底凯旋式，这种凯旋式并不仅是仪式或夸耀，而是一种极其聪明伟大的制度。因为它里面包含三样事情；在将帅方面是尊荣；在国库方面是由战利品而增进了财富；在军队方面是赏赐。不过那种尊荣也许是不适于君主国的；除非把它归之于君主本人或他底子嗣们，如后来的罗马皇帝们之所为一样，他们把自己或子嗣曾经亲自参加的战役底凯旋式[②]由自己或子嗣包办了，而在臣子得来的胜仗中，则仅对统兵将帅予以庆功的衣服和勋章。

总之；如《圣书》所说，谁也不能因为用了心思的缘故而对这个小结构——人体——加高一寸[③]；但是在大结构如王国或共和国中，则为君主者或执政者可以使他们底国家增强滋大的；因为如果他们肯把我们上面论及的法令，宪章，习俗试行国内，则他们是可以给后世或继位者种下强大之因的。然而这些事普通多不受人注意，一任其自己随时运而晦明焉。

---

① 英语“皇帝”（emperor）一字，来自拉丁语 Imperator，本“大元帅”之义，奥古斯塔斯大帝首用此号，以表明仍系军事领袖而非“独裁者”之意，后遂转为“皇帝”之义。

② 罗马古俗，将帅凯旋有时可以举行凯旋游行，穿行全城，至久辟特庙而止。在此种游行中，被俘之酋长王公将帅等皆须参加作囚人状，被获之战利品亦持于队中，供市民观览焉。

③ 《马太福音》第6章第27节，及《路加福音》第12章第25节。

三十　论养生[①]

养生有道，非医学底规律所能尽。一个人自己底观察，他对于何者有益何者有害于自己的知识，乃是最好的保健药品。但是在下断语的时候，如果说："这个与我底身体不合，因此我要戒它"，比说："这个好像于我没有什么害处，因此我要用它"较为安全得多。因为少壮时代底天赋的强力可以忍受许多纵欲的行为，而这些行为是等于记在账上，到了老年的时候，是要还的。留心你底年岁底增加，不要永远想做同一的事情，因为年岁是不受蔑视的。在饮食底重要部分上不可骤然变更，如果不得已而变更的话，则别的部分也须要变更，以便配合得宜。因为在自然界的事体和国家的事务上都有一种秘诀，就是变一事不如变多事的安全。把你平日饮食、睡眠、运动、衣服等等的习惯自省一下，并且把其中你认为有害的习惯试行逐渐戒绝，但是其办法应当这样，如果你由这种变更而感觉不适的时候，就应当回到原来的习惯去；因为把一般认为有益卫生的习惯和于个人有益，于你自己底身体适合的习惯分别起来是不容易的。

在吃饭、睡觉、运动的时候，心中坦然，精神愉快，乃是长寿底最好秘诀之一。至于心中的情感及思想，则应避嫉妒，焦虑，压在心里的怒气，奥秘难解的研究，过度的欢乐，暗藏的悲哀。应当长

① 培根体气不甚强健，故平日对于卫生甚为注意。本篇所论甚为切实中肯，盖经验之谈，非空论也。

存着的是希望，愉快，而非狂欢；变换不同的乐事，而非过餍的乐事；好奇与仰慕，以保有新鲜的情趣；以光辉灿烂的事物充满人心的学问，如历史、寓言、自然研究皆是也。如果你在健康的时候完全摒弃医药，则到了你需要它的时候将感觉医药对于你底身体过于生疏不惯。如果你平日过于惯用医药，则疾病来时，医药将不生奇效。窃以为与其常服药饵，不如按季节变更食物，除非服药已经成了一种习惯。因为那些不同的食物是可以变更体气而不扰乱它的。对于身体上任何新的症候都不可小视，须要向人求教。在病中，主要的是注意健康；在健康的时候，主要的是注意活动。因为那平日使自己底身体习于劳动的人在大多数不很厉害的疾病中只要节饮食，多调养，就可以好了。塞尔撒斯[①]教人养生长寿之道，最要的一端就是一个人应当把各种相反的习惯都变换着练习练习，但是在轻重之间却应当稍重那有益于人的一端；禁食与饱食都应当练习，但是宁可稍重饱食；警醒与睡眠都应当练习，但是宁可偏尚睡眠；安坐与运动都应当练习，但是宁可着重运动；诸如此类。塞尔撒斯要不是一位医生而兼哲人的话，专以医生底身份他是永不会说出这种话来的。如他所说的办法，将使天生的体质既可以得滋养又可以增力量也。

医生之中有些是对于病人底脾气很纵容迁就的，以致不能迅收治疗之效；又有些人则是照治病底学理行事，十分谨严，以致对于病者底实情不充分注重。选择医生的时候顶好请一位性情适中

① 塞尔撒斯(Celsus Aulus Cornelius)，古罗马之科学家，医药论者。生于公元前53年。

的；或者，如果一个人没有这样的性情的时候，则在两种人里各取其一而调和之。又在请医生的时候，固然要请那出名的好医生，也不可忘了请那个最熟悉你底体格的医生也。

三十一　论猜疑

心思中的猜疑有如鸟中的蝙蝠，他们永远是在黄昏里飞的[①]。猜疑确是应当制止，或者至少也应当节制的，因为这种心理使人精神迷惘，疏远朋友，而且也扰乱事务，使之不能顺利有恒。猜疑使为君者易行虐政，为夫者易生妒心，有智谋者寡断而抑郁。猜疑不是一种心病[②]，而是一种脑疾，因为即在天性极为勇健的人也会生猜疑的思想的，例如英王亨利第七是也。世间从没有比他再多疑的人，也没有比他更勇健的人。在像他这样的气质中猜疑是不能十分为害的，因为有这种气质的人对于种种的猜疑多半不会贸然接受，而一定要先考察考察其是否可能的。但是在天性多畏的人则猜疑之滋长太快。使人甚为猜疑者，无过于自己所知甚少；因此人们应当设法多知道事情以释疑，而不应当想窒息疑念也[③]。

人们究何所求？难道他们以为他们所用和所交的人都是圣人么？难道他们以为这些人不会为自己打算，并且不是忠于己胜于

① 意谓疑忌之心多藏于心中，其表现极不明显公开，如蝙蝠之昼伏夜出也。蝙蝠非鸟，今虽初受书之童子亦知之，然此无关宏旨，不必细论。

② 心为勇气之城府，脑为智谋之枢纽，故云。观下例自明。

③ 人之所知愈少则所疑愈多，故最佳之释疑之策在乎多知，而不当以闭塞为聪明，勉强祛除疑念，盖此法徒令疑心潜滋暗长，为祸更烈，犹救火者须曲突移薪，若仅事覆盖掩灭，则火势虽可暂杀而一旦爆发则将不可收拾也。

忠于人的么[1]？因此，为调剂疑念起见，最好的办法是把所疑者姑认为真而同时又严加节制，一如这些疑念是完全不真似的[2]。因为一个人应当预先防范，如果所疑是真，则自己不受其害，疑念之利用应限于此。自己心理上所生的疑念不过是蜂虿之嗡嗡而已；但是由别人底报告，潜愬而有意助长或产生的猜疑则是有毒刺的。无疑地，在猜疑之林中，最好的清道方法就是开诚布公地与所疑的一方相见，如此，关于对方你一定可以知道得比以前多，而同时又可使对方留意以免更有启人猜疑的地方。但是这种办法对于性格卑污的人是不可行的；因为，这样的人，如果发现他们有一次受疑，则将永远作伪也。意大利人有言："疑心解除忠实底责任"[3]。这好像疑心给了忠心一张护照许他离去似的；实则疑心应当更燃起忠心之火以自祛嫌疑也。

三十二　论辞令

有些人在他们底谈论中喜欢以反复善辩见称为有才，却不甚注意以能辨真伪而见称为有识；好像知道应当说什么而不知道应当如何思想是一件可称赞的事情似的。有些人善于谈论某种平常习见的题目，可是缺乏变化；这种贫乏大半令人生厌，而一旦被人发见，则是可笑的。辞令中最可贵者是引起他人底话头的话；以及

① 言人莫不为己谋者，而多疑之人则忘却此点也。

② 言为调剂疑念起见，最好在实际上筹安全之策而在心理上持之以镇静，若无其事也。

③ Sospetto licencia fede.

能节制自己底言语并转移到别的题目上去的那种话；如果能这样，那么这说话的人就可算是舞蹈底领袖了[①]。在言谈之中，最好是有所变化。在当前的所谈之中参以辩驳，在叙事中夹以议论，发问中杂以发抒己见，诙谐中和以庄语，因为一个人若是总在谈论一个题目，如今语所谓"鞭策过度"[②]，则将使人厌倦也。至于诙谐的话，则有几种题目，应当避免，不可涉及者，如宗教、国事、要人，任何人目前的要务，以及任何值得怜悯的事情皆是也。然而有些人却一定要锋锐辛辣，伤人之心，以为不如此则他们底机智是迟钝了；这是一种应当制止的脾气：

童子，少使刺棒，多拉缰绳[③]，

即此之谓也。一般言之，人们应当辨别出来咸与苦之间的不同。那喜欢讽刺，使别人怕他底语锋的人，将不能不因此而怕那人底记忆，这是一定的[④]。多问的人将多闻，而且多得人底欢心，尤其是如果他能使他底问题适合于被问者底长技的时候为然；因为这样他就可以使他们乐于说话，而他自己则可以继续地得到知识也。但是他底问题却不可烦琐惹厌；因为那就成了审问者的问题了。一个人还应当注意，务使他人有说话底机会。不但如此，如果有人

① 此处以跳舞作譬，言如此之人乃真善于辞令，能领导并指挥谈论，一若善舞者之能领导全场也。

② 原文作 to jade anything too far。原意即骑马时不顾马力，使之疲于奔命之谓。此处用以譬喻某种哓哓不休，不顾听者厌倦之人。

③ Parce, puer, stimulis, et fortius utere loris。语出罗马诗人奥维德（Ovid，公元前 43 年—公元 18 年）之《变形记》（Metamorphoses）卷 2，127 行。"刺棒"即用以驱迫牛马之短棒也。

④ 意谓出语锋锐，使人畏惧之人，固可快意一时，然久后必受其祸，故于理不能不畏惧其听者也。

要霸占一切说话底时间，就应当设法把这种人移开而使别的人开言，就好像乐师们看见有人跳“欢乐舞”跳得过久的时候的所为一样[①]。假如别人认为你知道的事情而你假作不知的话，则以后你所真不知道的事情，人家也要以为你是知道的[②]。关于自己的话应该少说，而且应当谨慎择言。我认得一个人，当他说及他所看不起的某人的时候，常说“他一定是个智者，因为他关于自己有那么多的话说”。一个人称扬自己而不显丑态的唯一的时候，就在他称扬别人底长处的时候，尤其是在所说的长处是与他自己可说是有的那种长处一类的时候。伤及他人的话应当少说，因为谈论应当像一片广田，人可以在里面东西行走；而不应当像一条大道，直达某家底门口也。我知道有两位贵族，都是英国西部的人；其中的一位喜欢菲薄他人，但是在家中宴客的时候却总是肴馔极丰的；另外的一位常常问那些曾经与宴的人，“老实告诉我，在他底席上没人受他底嘲弄或玩笑吗”？对这个问题那做过客的人就答道：“有某事某事在席上发生了。”于是这位贵族就说：“我早就料到他一定会把一桌好筵席弄坏的。”慎言胜于雄辩，用适当的话向我们与之交涉的人谈话是比我们言辞优美，条理井然还要紧的。一个人若会说一篇滔滔不绝的言辞，而不善于问答，则显得他底说话迟滞；若善于应答而不能作持久而有始终的言辞，则显得其人底言语之浅薄无力。这就如我们在动物界所见的一样，最不善走者却最敏于转身，如猎犬与野兔间之分别是也。在说到正题以前叙述许许多

① “欢乐舞”即 gailliard，培根时流行之一种舞蹈。

② 意谓若不炫才逞能，而能寡言守默，则他人将视为“大智”，其受人尊敬或竟超过本身所有之知识之限度也。

多的枝节话是可厌的；若全然不顾枝节，则又太率直了。

三十三　论殖民地[①]

殖民地是古昔的，初民的，英雄的工作之一。当世界还在年少的时候，它生了许多的子女；但是它现在老了，所生的子女也就少了[②]，因为我不妨说新的殖民地乃是旧有的国家底子女也。我以为一个殖民地最好是在一片处女地上；那就是说，在那个地方殖起民来，无须乎因为要培植新者因而拔除旧者。因为否则不算是殖民，倒成了灭民了。培植一个新国家有如造林：必须先打算好了预备折本二十年，到末了再获利。大多数的殖民地之所以毁灭，其主要的原因就是在殖民事业之初年底卑污而且欲速的取利。当然，如果迅速的利润能与殖民地底利益相符，那自然是不可忽视的，但应以此为限，不可多求。

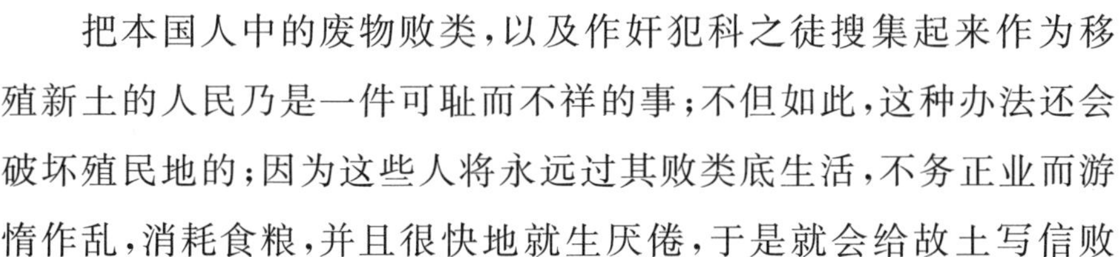

把本国人中的废物败类，以及作奸犯科之徒搜集起来作为移殖新土的人民乃是一件可耻而不祥的事；不但如此，这种办法还会破坏殖民地的；因为这些人将永远过其败类底生活，不务正业而游惰作乱，消耗食粮，并且很快地就生厌倦，于是就会给故土写信败

① 原题为 Of Plantation，以移植植物为喻，故从今译。

② 此语在今日视之，似乎不确，然培根之时，大英帝国方在萌芽（英国政府在1606年始封美之委吉尼亚州为属地，距培根受封为男爵之时仅3年也）。而西班牙帝国则似已根深蒂固，然以与古昔埃及，巴比伦，希腊，罗马……之发展相较，似仍有逊色。实则往古殖民，乃某一民族遵陆路或越海峡之逐渐的发展，与近代以国家为主体，规模宏大，需要严密组织之殖民，乃两种不相同之事业也。培根所论尚系近代殖民事业初期之情形也。

坏殖民地底名誉[①]。用作移民的人民当是园丁、耕者、工人、铁匠、木匠、细木匠、渔夫、猎鸟者,以及少数的药剂师、外科医生、厨师、面包师。在欲殖民的国土中,第一先要各处考察,看那个地方天然野生的有何食物,如栗子、胡桃、波罗蜜、橄榄、枣、李、樱桃、野蜂蜜之类,并且利用这些东西。然后再看那个地方有什么食物可以迅速生长,在一年以内可以成熟者,如防风草、胡萝卜、芜菁、洋葱、莱菔、菊芋[②]、玉蜀黍等等是也。至于小麦、大麦、燕麦,它们需要的劳力太多;但是你却不妨先种点豌豆、大豆,一则因为它们所需的劳力较少,再则因为它们既可以制面包,也可以当菜吃。类此,稻米底收获是很大的,并且它也是一种的菜[③]。尤要者,应当在殖民之始带多量的饼干、燕麦粉、面粉等等到殖民地去,直到能得到面包为止。至于家畜家禽之类,主要地应当带那些不易生病而繁殖最速的去;如猪、山羊、雄鸡、雌鸡、火鸡、鹅、家鸽以及这一类的生物是也。

殖民地底食物之消耗,应当和一个被围的城里一样;就是说,每人应有规定的消耗量。那作为园圃或麦田的土地,其最大的部分应当为输入公仓之用;所收的农产物应当先储藏在这些公仓里,然后按固定的数量分配:此外却还应当有些田地,可以让任何私人为自己而耕种。同样,也应当留心殖民地底土壤适于出产何种物

① 此段自属本诸经验极有见地之言,唯“废物”与“匪徒”不可等量齐观,亦有在本国潦倒不堪,被人认为“废物”而在新土发奋有为,成大事业者,故此事未可一概而论也。

② Artichoke of Jerusalem,一种近似百合之菜。

③ 欧人多于菜中用米,非如我国之以米为饭也。原文 meat 意谓“食物”,但若直译,则成赘语,故从今译。

品，好让这些物品可以在某方面稍为减轻殖民地底担负（只要，如以上所说，不因为时机未熟的缘故而为害于首要的事业就行了），如委吉尼亚[①]底烟叶是也。在许多地方森林是只会多而不会少的，因此木材也可算是上述的物产之一。如果有铁矿底矿苗，并且还有河流，可以令人在河边上设起磨来的话，那么在森林多的地方铁就是一种可贵的产物了。在气候适宜的地方，煮盐是应当试办的。类此，苧麻之属，如果有之，也是一种可贵的物品。在富有松杉的地方，沥青和焦油是不会缺乏的。同样地，药材、香木这一类的东西，只要出得多，一定是可获大利的。可用做肥皂的碱灰，以及其他可以发现的物品，也都是可以借之得利的。但是不可过于注重矿产；因为关于矿产的希望是很不可靠的，而且常使移民在别的方面成为懒惰。

至于统治之事，最好使一人掌权，而由若干议事官辅佐之：并且最好让他们有施行有限度的戒严法令之权。尤要者，让人们受益于居于荒野的心理，而心目中永远保持着敬上帝和为上帝服务的观念[②]。殖民地底政府不可依靠过多的居留在母国的议事官和司长，委员之流，这些人底人数应该适中才好；而且这些人顶好是贵族，绅士，而不是商人，因为商人总是重目前之利的[③]。直至殖民地根深蒂固以前，最好不要以关税来束缚它[④]；不但要不受关税

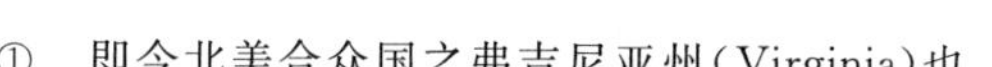

① 即今北美合众国之弗吉尼亚州（Virginia）也。

② 意谓人在荒野，则戒慎恐惧之念生而敬天地畏鬼神矣。

③ 东印度公司之历史可为此语佐证。盖公司中之董事常有压迫在当地公司服务者，使其唯利是图之举也。

④ 培根尝建议于英王詹姆斯第一，请其允许英国在爱尔兰之移民有出入口贸易之自由及在爱尔兰森林中樵采之权云。

底束缚，还要使殖民地底人有把他们底物产运到可以获利最丰的地方去底自由——除非是有特殊理由应当防止这种情形。不要太快地一批又一批地送移民到殖民地去，以致有人满之患。反之，应该留意殖民地底人口之减少而按比例补充之；但是务要使殖民地底人可以安居乐业，而不可使他们因为人数过多而陷于贫乏。

有些殖民地，因为建筑在海滨河岸，沮洳不良之地的缘故，其居民底健康曾大受危害。因此，虽然在起初你无妨在上述的那种地方建筑，以避运输上及其他的不便，但是此后为长久计，应当往河岸之上的高处建筑，而不可沿河建筑。殖民地的人并且还应当存储多量的食盐以便于必要时腌藏食物，毋使腐败，这也是与他们底健康有关的。如果你在有野蛮人的地方殖民，不要仅仅以不值钱的零碎物件或玩具得他们底欢心，应当以公道与恩惠待他们，而同时妥为防备；也不可帮助他们攻袭他们底敌人以取悦于他们，唯在他们受敌人攻击的时候帮他们自卫，那是不错的：此外还应当常常在他们之中选派若干送到殖民底本国去观光，好让他们可以看见比他们自己底生活情形好的生活情形，并且在回来的时候称扬这种情形。殖民地底力量增强之后，就可以不但移殖男子，妇女也可以去了；这样那殖民地就可以世代繁衍下去而不至于永远由外面补充了。在一个殖民地已经有进展的时候而弃绝之乃是世界上最大的罪恶，因为这不仅是一种耻辱，而且是一种残杀了许多可怜人的杀人罪也①。

---

① 意谓此种事不仅有伤国体，而且实际上使多数移民之生命财产失去保障，或不得不中止已有根基之事业，直等于残杀无辜也。

三十四　论财富

对于财富我叫不出更好的名字来，只能把它叫作“德能底行李”。罗马话里的字眼更好——impedimenta（障碍物、辎重、行李）[1]。因为财富之于德能正如辎重之于军队。辎重是不可无，也不可抛弃于后的，但是它阻碍行军；并且，有时候因为顾虑辎重而失却或扰乱胜利。巨大的财富并没有什么真实的用处，它只有一种用处，就是施众，其余的全不过是幻想而已。所以所罗门说：“大富之所在，必有许多人消耗之，而它底主人除了能用眼睛看它以外，还有什么享受呢？”一个人底财富达到了某种限度之后，便为个人底享受所不能及，他可以储藏这种财富，他可以分配并赠送它；或者因此而出名；但是于他本人，这些财富是没有实在的用处的[2]。不见世人对于小小的石头或稀有之物予以多大的虚价吗？又不见世人担任多少为虚荣的工作，为的好让巨大的财富似乎有用么？但是你也许说，这种财富可以买通关节，使人出于危险或困难。如所罗门说的：“在富人底想象中，财富有如一座坚城。”这话却是说得极妙，因为这在想象中是如此，在事实上则未必然也。因为“多财”所卖之人的确是多于买活的人也[3]。不要追求炫耀的财富，仅寻求你可以用正当手段得来，庄重地使用、愉快地施与、安然

① impedimenta 此字原意为“障碍物”，后转为“辎重”、“行李”。

② 意谓富至某种程度以后，衣食住行之实际需求与享受，俱可满足，则其余之财富不过为虚荣与空名，与实用无关也。

③ 因财富而招祸者多于以财富救难者也。

地遗留的那种财富。然而也不要有一种遁世的或乞僧式的对财富的轻视。应当善为分别,如西塞罗关于拉比瑞亚斯·波斯丢玛斯[①]之言是也。"他对财富底追求,显得他所求者并不是为满足贪婪,而是要得到一种为善的工具"。还应当听从所罗门之言,不可急于敛财致富;"欲急速致富者将不免于不义"[②]。

诗人们底寓言说,当普卢塔斯(就是财神)为久辟特(天帝)所派遣的时候,他步武蹒跚,行走迟缓;但是当普卢陶(阎罗)派遣他的时候,他就跑得很快。这个寓言底意思就是,用善良的方法和正当的工作得来的财富是来得很慢的;但是由别人底死亡而来的财富(如遗产、承继等)则是骤然落在身上的。但是若把普卢陶当作魔鬼,这个寓言也用得上[③]。因为当财富是从魔鬼那里来的时候(如由诈欺、压迫和其他不正当的手段而来的财富是也),他们是来得很快的。致富之术很多,而其中大多数是卑污的。吝啬是其中最好的一种,然而也不能算纯洁无罪;因为吝啬底手段使人不肯施舍救贫。发展地中的产物是最自然的致富术,因为这些产物是我们大家底母亲——大地——底赏赐,但是用这种方法发财是很慢的。然而若是有钱的人肯屈就农牧矿产之事,则其财富底倍增是

① In studio rei amplificandae apparebat, non avaritiae praedam, sed instrumentum bonitati quaeri. 波斯丢玛斯(Rabirius Posthumus)系出罗马名族,初仕于埃及王陶勒美,奥莱特斯之朝,其职位略同于财政总长。后以征敛过苛被控下狱。旋越狱逃至罗马。复以与加比尼亚斯(Gabinius 曾为叙利亚总督)在埃及苛敛之案株连被控。其辩护人即西塞罗。波斯丢玛斯卒被判有罪。然作者所引者,西塞罗之言,非以波为无罪也。

② Qui festinat ad divitias, non erit insons.

③ 普卢塔斯(Plutus),为罗马人之财神,久辟特即天帝,见前注。普卢陶(Pluto)为幽冥之主。后世常以普卢陶与耶教之魔鬼混为一谈,故云。

非常厉害的。我从前认得一位英国底贵族，他底钱财是时人中最多的；他是一位大草原主人、大牧场主人、大森林主人、大煤矿主人、大铅矿主人、大铁矿主人和许多其他类此的产物底主人。因为这个缘故，土地之于这位贵族直如一片大海，因为它给他的进款是源源而来，永不枯竭也。

有人说，他自己致小富的时候很难，致大富的时候很容易，这话是很真的，因为一个人如果已经富有到可以坐待市场好转，并且作成常人无钱办理的交易，又能与年轻一点的人底事业合作的时候，他底财富是非大增不可的。

由普通的各种生意和职业得来的财富是诚实的，其增加底主要原因有二，一是勤勉，二是在交易上正直公平的好名誉。那用奸诈的手腕做成的生意其所获的利益却是比较可疑的：如乘人之急需而抬高价格，贿赂某人底仆役和亲幸，用诡计使别的较为公道的商人无从与之接近，而你得以与之做成生意，诸如此类，都是奸诈卑劣的。至于那断断论价，购买贱货，而目的不在自己保有这种货物，却在重售于他人的事情，乃是榨取现在的售者与以后的购者双方的。合股的生意，如果所托的人选择得当，是很能致富的。放高利债乃是获利底最可靠的方法之一，虽然它是最坏的方法之一：因为这种方法，可说是使放债的人借他人底汗流满面而果自己之腹的[①]；不但如此，这种人并且是在安息日耕田的[②]。然而放高利债

① “借他人之汗流满面”原文仿拉丁本《圣经》中语作“in sudore vultûs alieni”，即《创世记》第 3 章第 19 节中上帝对亚当之语也。“你必汗流满面才得糊口”。

② 安息日当休息以仰体上帝创造世界及人类之恩惠。于斯日耕作者自系不顾天理，唯利是图之贱丈夫也。

虽是很靠得住的致富术，这种方法也不无缺陷；因为介绍人和中人之流常常为了自己底利益会替信用不佳的人夸其财富的。在某种发明或特权上占有优先权，这种幸运有时能使人奇富，如加那利群岛[①]之第一个糖业家是也。因此，如果一个人能做真正的论理学家，就是，既有发明之才，又有判断之能力[②]，他是可以成大富的；尤其是在好的时代为然。专靠固定的收入的人是不容易致富的；把一切财产都搁在经济冒险上的人往往会倾家荡产的；因此最好能有以某种固定的收入为冒险事业底防卫，以便如有损失，可有相当的支持。专利与独家承售某货之事如没有束缚，是很好的致富之术，尤其是做这种事的人若能知道某种货物将要有广大的需求因而预为购存的时候为然。由服务而得来的财富，虽然来路最为高尚，然而这种财富假如是由谄谀逢迎以及其他的奴婢行为而得来的，则可算是一种最卑劣的财富了。至于图谋遗嘱及遗产监理权之事（如塔西佗关于塞奈喀的话："无子嗣者和他们底遗产都被他捉住，如入网中"[③]）。则较上述之事更为卑劣；因为在这种情形里，人们所卑躬屈节以奉承的人乃是卑贱之流，不如在服务中所奉承的人乃是王公贵人也。

不要相信那些表面上蔑视财富的人；他们蔑视财富的缘故是因为他们对财富绝望；若是他们有了财的时候，再没有比这般人爱

① 加那利群岛即 The Canary Islands 或 Canaries，在非洲西北海中，属西班牙。

② 参考培根在《广学论》第 2 卷中之言：

人之智术可依其目的而分为 4 种：盖人之工作或以发现所寻求及所料及之事物为目的；或以判断上述之发现为目的；或以保持此种判断为目的；或以传授所保持之判断为目的也。

③ testamenta et orbos tanquam indagine capi. 见《编年史》第 13 卷第 32 章。

财的了。不要爱惜小钱；钱财是有翅膀的，有时它自己会飞去，有时你必须放它出去飞，好招引更多的钱财来。人们通常把钱财或留给亲属，或留给公家；在两方面都以适中的数目为收效最好。给子嗣留一分大家业而如果他于年龄和识见上都不坚固的话，则这分家业无异于一种鸟饵[①]，是诱致一切的鸷鸟使之环聚于你底子嗣之旁以图捕噬的东西。类此，为虚荣而赠与的捐款、基金等，有如没有盐的祭品[②]；并且不过是"施与"之粉刷过的坟墓[③]，不久就会从内部腐败起来的。因此，不要以数量为你底赠与底标准，而应当使之适度[④]。再者，也不可把捐款于慈善事业的事情延迟到死后；因为，假如把这件事正当地考虑一下，则可以看得出这样做的人实是慷他人之慨，所花的乃是别人底钱而不是自己底钱也。

三十五　论预言

此处所欲论说者既不是神灵底启示，也不是异教底谶语，也不

① 原文作 lure，乃养鹰术中所用之物，状类鸟雀，饰以羽毛或革条，驯鹰者以此训练新鹰，训练完成后，鹰见此物即归。

② 培根时有萨吞其人者，曾留赠巨款为建设一医院之用。培根曾为此事上书于英王詹姆斯第一。书中有云：

> 臣闻古犹太之教义中有一条，禁止有任何不加盐之祭献；其意义除属于宗教仪式者外尚有此义，即上帝对人，并不以单纯的好意为满足，必须此人尚有精神上之明智以辅佐其好意，使之免于腐败或歪曲方可。盖在《圣经》中，食盐乃象征明哲与久远之物也。

③ 语本《新约·马太福音》第 23 章第 27 节："你们这假冒为善的文士和法利赛人有祸了。因为你们好像粉饰的坟墓，外面好看，里面却装满了死人的骨头和一切的污秽。"

④ 意谓不可徒以捐赠巨金为荣，而当以捐赠之目的与款项支配使用之得宜为标准也。

是天然底朕兆，而仅仅是关于有凭有据，而所言之事其缘由不明的预言。女巫对扫罗说："明日你和你众子必与我在一处了。"[①]荷马有如下的诗句：

> 然而伊尼埃斯一族将统治各处的海岸，他底子与孙，以及他子孙底子孙。

好像是关于罗马帝国的一个预言[②]。悲剧作家塞奈喀有这么几句诗：

> ——后世将有一时
> 海洋将解开天然的束缚，
> 有一片大陆将开放呈露，
> 蒂夫思将发现新的世界，
> 土勒将不再为地极之国[③]：

这好像是关于美洲之发现的一种预言。波利克拉特斯底女儿梦见

---

① 以色列王扫罗(Saul)将与非利士人战之前夕，化装至隐多珥(Endor)见女巫，命其召鬼以问吉凶。女巫召先知撒母耳(Samuel)之灵至，告以上帝将令扫罗全军覆没云云。见《旧约・撒母耳记》上第28章。

② At domus Æneae cunctis dominabitur oris,
Et nati natorum, et qui nascentur ab illis；语出委吉尔史诗伊尼埃德，系改荷马诗句而成者。原句云"伊尼埃斯及其后世将为脱洛亚人(Trojans)之王"。

③ ——Venient annis
Saecula seris, quibus Oceanus
Vincula rerum laxet, et ingens
Pateat tellus, Tiphysque novos
Detegat orbes nec sit terris
Ultima Thule：
蒂夫思(Tiphys)，为希腊神话中著名之船只——阿高(Argo)——之领船者。土勒(Thule)，古人以为极远之国。

久辟特替他父亲洗浴，阿波罗给他涂膏油，其后波利克拉特斯果于露天下被钉于十字架上，在那里太阳使他遍体流汗，雨露洗他底身子[①]。马其顿王腓力普梦见他把他妻子底肚子封了起来，醒后自己解释，以为他底妻子将不能生育；但是预言者阿利斯坦德却对他说他底妻子是怀孕了，因为一般人对于空着的瓶缶之类是不会封塞的。曾在马喀斯·布鲁塔斯的帐中出现的一个鬼影对他说道："你在非力帕又要遇见我的。"[②]泰比瑞亚斯对加尔巴曾说："加尔巴，你也会尝着帝国底滋味的。"[③]在外斯帕显底时代在东方流传着一种预言，说是从久地亚出来的人君，将统治全世界。这个预言虽然也许是为救主耶稣而发的，塔西佗却以为是指外斯帕显的[④]。道密先在被杀之前一夜，梦见从自己底颈项上长出了一颗金的头颅；果然他底承继者造就了多年的黄金时代[⑤]。英王亨利第六当亨利第七方为幼童，给他进水的时候，对人说："这孩子就是将来要享受我们现在所争的王冠的

① 波利克拉特斯(Polycrates)公元前六世纪时撒木斯(Samos)之主，声势极盛，后于公元前522年为萨底斯(Sardis)总督奥洛埃特斯(Orestes)诱擒，钉于十字架而死。事见希腊史家赫洛达塔斯(Herodotus)之书。

② Philippis iterum me videbis。马喀斯·布鲁塔斯(Marcus Junius Brutus)，罗马贵族派中人，通文艺，喜哲学，而政治眼光似不甚远大。氏初为庞拜一派，后受知于恺撒，极见信任。然终从凯西亚斯(Cassius)之劝，加入阴谋，刺杀恺撒后恺撒侄孙奥克塔维亚努斯与安东尼兴兵为恺撒复仇，战于非力帕(Philippi)。初战布鲁塔斯得胜，次战兵败，遂自杀。帐中见鬼之说，可参看莎士比亚名剧，《恺撒》(Julius Caesar)第4幕第3景。

③ Tu quoque, Galba, degustabis imperium.

④ 语见塔西佗《罗马史》第5卷第13章。外斯帕显曾在东方与犹太人作战，故云。

⑤ 道密先见本书第69页注③。

人。"[①]从前我在法国的时候曾从一位辟纳医生那里听来一个故事，他说法国底太后(她是很信法术的)曾把先王(她底丈夫)底生辰用了一个假名字，拿去叫人推算；那术士论断说，这人将于决斗中被杀。王后听了这句话大笑，以为他底丈夫是不会有人向之挑战或要求决斗的。但是他后来竟于马上比枪的游戏中被杀，因为芒高末瑞底枪头破裂处的木刺误入其半面甲内也[②]。

我在年幼的时候，正是伊利萨白女王春秋鼎盛的时候，那时我听过一个很普遍的预言，它说：

麻织成线啦，
英国就"干"啦。
(When hempe is sponne,
England is donne.)

这个预言底意思大家多以为是这样的，把英国君主底名字底头一个字母排列起来，就成了 hempe 这个字，等到这几位君主(就是 Henry, Edward, Mary, Philip 和 Elizabeth)底朝廷完了之后，英国便要大乱。这种情形，感谢上帝底恩典，并没有实现，仅仅在英国底国名上算是证实了而已；因为当今主上底尊号不复是英格

① 亨利第六为英王，性仁慈虔诚，而柔懦寡断，无治国之才，英国玫瑰战争即起于其朝，卒被弑。亨利第七初为瑞其蒙公爵(Duke of Richmond)，后于 1485 年破理查三世之军，理查死于阵中，亨利遂即位，为提乌多王室(Tudor)之第一位君主。参看莎士比亚史剧《亨利第六》第 3 部第 4 幕第 6 景。

② "法国底太后"即凯塞林 · 第 · 麦地奇(Catherine di Medici)。其夫即亨利第二，法国英主之一(于 1547 年即位，卒于 1559 年)。芒高末瑞(Montgomery)为亨利第二之苏格兰卫兵队长，乃有名之武士。骑马比枪之戏中世纪盛行之。

兰王而是不列颠王了[①]。在 1588 年以前，也有个预言，这个预言底意思我不很明白。

有一天将要看见

在报与迈之间

挪威底黑色舰队。

等这个去了之后，

英国啊，用石头与石灰筑房吧，

因为以后的战争是不会有的。

这个预言底意思大家都以为是指 1588 年来的西班牙大舰队的，因为据说西班牙王底姓乃是挪威。[②] 君王山人底预言：

88 年，一个奇异的年头[③]。

人家也以为是验于西班牙舰队之出发，这个舰队，虽不能说是海上

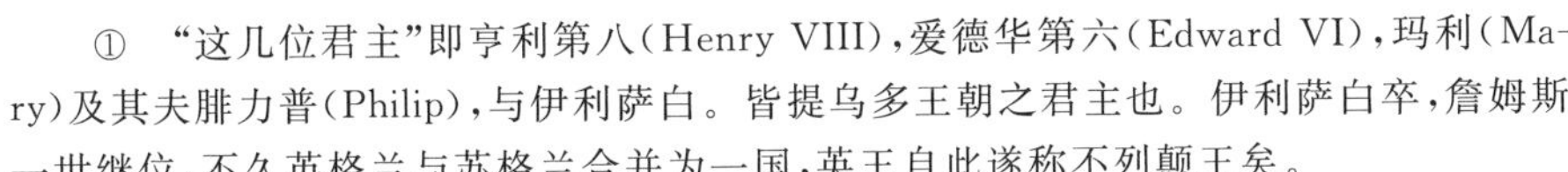

① "这几位君主"即亨利第八(Henry VIII)，爱德华第六(Edward VI)，玛利(Mary)及其夫腓力普(Philip)，与伊利萨白。皆提乌多王朝之君主也。伊利萨白卒，詹姆斯一世继位，不久英格兰与苏格兰合并为一国，英王自此遂称不列颠王矣。

② There shall be seen upon a day,
Between the Baugh and the May,
The Black Fleet of Norway.
When that that is come and gone,
England build Houses of Lime and Stone,
For after wars shall you have none.

"报(Baugh)与迈(May)"据莱特注，或指 Bass Rock 与 The Isle of May，均英国西海岸岛屿名。

1588 年西班牙派"无敌大舰队"征英，先遇风涛，后遭袭击，失败而还，为英国强盛，西国衰颓之开端。

③ Octogesimus octavus mirabilis annus。君王山人系由其拉丁名 Regiomontanus 意译者。本名 Johannes Müller，因原属 Königsberg(在今东普鲁士，义为"君王之山")人，故取此名。其预言发表之期为 1475 年。

军舰之舰数最大者，却是力量最强者。至于克利昂底梦，我以为那是个笑话。这个梦就是他被一条龙吞噬了，据人解释，那龙就是一个做腊肠的，那人曾经很和克利昂捣过乱[①]。像这样的事不止一件，假如你把梦兆和星命学底预言包括在内的话，其数目将更多[②]。我只把几个有凭有据的举出来为例而已。我底意思是，这些东西都应当受轻视；仅仅应当为冬夜向火时谈天底资料。可是我说"轻视"的时候我底意思是关于信仰底方面的；因为，在别的方面，散布这种东西的行为是绝不可轻视的。因为这一类的事情曾酿成许多祸害；并且我看见各国曾立了许多严厉的法律以禁止它们。其所以使这类东西流传众口，甚至得到信仰者，有三种原因。第一是人们只注意这种预言中的时候而不注意它们不中的时候；这和人们对于梦的态度是一样的。第二是约略的推测或恍惚的古语常常会变为预言；而人类喜欢预测将来的天性使他们以为把实际上他们所推测的事情作为预告是一种没有什么危险的举动。塞奈喀底诗句就是如此。因为在当时已经显然可见地球在大西洋之西还有很大的地方，这些地方不一定是一片汪洋。在这种理论之上再加上柏拉图底《蒂迈亚斯》与

① 克里昂(Cleon)公元前五世纪时雅典著名之民主主义者。出身微贱，以售皮革为业。喜剧作家阿瑞斯陶芬尼斯曾于其名剧《武士》中穿插一种预言，谓"一龙将胜皮鹰"即指克里昂也。阿并解释云，龙即卖腊肠者也，盖龙与腊肠皆长物也。

② 培根虽不信当时流行之法术及星命之学，而认为星象至堪注意，以为观天象而卜良时之举，不当限于农事及天气，即国家大事，民众祸福，亦可从而觇之云。彼对于当时之物理学中缺乏合理之星象学认为遗憾。其说见《广学论》及其拉丁文增补本中，兹不具引。

《阿蒂阑蒂苦斯》两篇中的传说[①]，就可以鼓励人，使人把这种说法改成一种预言了。第三及最末的（也就是最大的）理由是差不多所有这些无数的预言，都是假话，是完全被游荡狡猾之徒在事后捏造，伪制出来的。

三十六　论野心

野心有如胆汁，它是一种令人积极、认真、敏速、好动的体液——假如它不受到阻止的话，但是假如它受了阻止，不能自由发展的时候，它就要变为焦躁，从而成为恶毒的了[②]。类此，有野心的人，如果他们觉得升迁有路，并且自己常在前进的话，他们与其说是危险，不如说是忙碌的；但是如果他们底欲望受了阻挠，他们就要变为心怀怨愤，看人看事都用一付凶眼[③]。并且在主上底诸事受挫折的时候最为高兴；这在一位帝王底或一个共和国底臣仆方面乃是最恶劣的品性。因此，为君主者，如果用有野心的人，须要调度得使他们常在前进而不后退，方为有益；这种办法既不能没有不便之处，因此最好不要用有这种天性的人。因为如果他们本身与他们所从事的职务不同时并进的话，他们定将设法使他们底

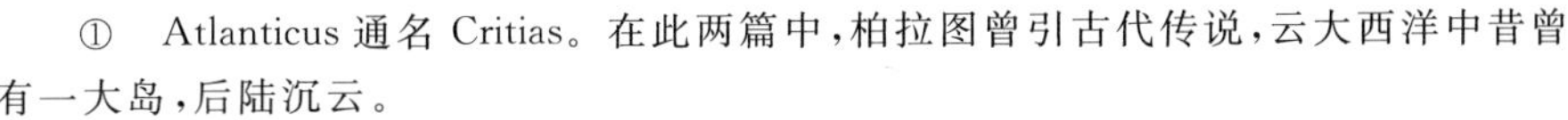

① Atlanticus 通名 Critias。在此两篇中，柏拉图曾引古代传说，云大西洋中昔曾有一大岛，后陆沉云。

② 在《生死考》中培根云：

怒气被阻而不得发，则成为一种痛苦，使精神摧残体液。若听其自然，使得发泄，则于人有益。

参看第 30 篇："至于心中的情感方面，则应避……怒气攻心。"

③ "凶眼"即 evil eye。

职务与己身一同堕落的。可是，我们既已说过，顶好是不用天性中有野心的人，除非不得已，那么我们就应该说一说，在什么样的情形中，这样的人是不得不用的。

在战争中必须要用良将，不管他们是如何地有野心；因为他们底功劳底用处是可以抵偿其他的一切的。用一个没有野心的军人是和解除他底刺马轮一样的[①]。有野心的人还有一件大用处，就是为君王在危难或受嫉之中替他做屏障，因为没有人会愿意担任这种角色的，除非他像一只缝了眼的鸽子，它一上又一上地往高处飞，因为它看不见它底周围。有野心的人也可以用他们来拆毁任何有与君主争长之势的臣民底权势，如泰比瑞亚斯用马克罗以颠覆西亚努斯之事是也[②]。有野心的人既然在类此的情形中是非用不可的，我们就还得说一说这些人应当如何驾驭，好让他们稍减其危险性。这样的人，假如是出身微贱，就比出身贵族的人危险性少；如果是天性暴厉，就比仁爱而得人心的人危险性少；若是新被擢升，就比一向有势，从而变为狡黠善防的人危险性少。有些人以为做帝王者若有了宠幸之臣便算是一种弱点；但是这种事可算是一切对付权势甚大而有野心的人底方法中最好的一种。因为当赏罚是出自宠臣的时候，除了这般人以外，不会有任何人权势过大的。还有一个制裁这种人的方

① 意谓无野心之军人等于无刺马轮之马，缺乏奋勇向前之动机也。

② 西亚努斯(Sejanus)于罗马皇帝泰比瑞亚斯之时为禁卫军长官，深得帝之信任，大权在握，声势极盛。后竟怀不臣之心，诱奸里维亚。使其毒杀亲夫，并于皇帝退休喀普瑞岛(Capri)上时(公元 27 年)，谗逐皇后及皇子。泰比瑞亚斯终于生疑，遂遣马克罗至罗马，用计解除西之兵权，擒而杀之，马遂代长禁卫军。事在公元 21 年。

法，就是用和他们一般骄傲的人与之对抗。但是如果用这种办法就必须有些中立的大臣，好使他们稳健；因为若没有压舱物，则船底颠簸将过于厉害。至少，一位做君王的也可以鼓励并造就几个微贱之人使他们成为有野心的人底一种对头。至于使有野心的人们常有覆灭之可能的办法，如果这些人是天性畏怯的人，那么这种办法也许是很能生效的；但是如果这些人是坚强有勇气的，那么这种办法也许会激进他们底图谋，反成为一种很危险的办法的。至于要颠覆野心过盛的人的这层，如果国事或王事需要这样做而又不能突然有所举动，恐有不测的时候，唯一的方法是不停地赏罚交施；使那些人不知道作何期望，如在林中一样。

说到各种的野心，其目的专要在大事上出风头的那种野心比那要事事显身手的那种野心为害较小；因为后者滋生混乱，扰害事务也。然而使一个有野心的人忙于事务，比使他拥有广大的从众是危险较少的。那要在能干的人们之中出风头的人是给自己出难题做的，但是那总是于公众有利的。但是那图谋想在一切的零号中为唯一的数目字的人，则是一世人底毁灭者。崇爵高位，其中有三事；有为善底好机会；能接近帝王与要人；能提高一个人自己底富贵。一个人在希冀之中，若其居心是上述三种中最上的，那么他就是一个诚实君子；而那能在有所希冀的人底心里看出他有这种居心的君王，乃是贤主。一般言之，帝王和共和国最好在选择大臣的时候，选用那些责任之感敏于升擢之感，为良心而爱做事而非为显扬而爱做事的人们；他们并且还应当把喜事的天性与愿意服务的心性辨别出来。

三十七　论宫剧与盛会[①]

与如上的各种严肃的论说相比，宫剧这一类的东西不过是玩意儿而已。然而，为君主者既然非要这些东西不可[②]，那么这些东西就应当有优雅之美而无浪费之虚饰。依歌而舞是很有气概，很有乐趣的一种举动。我底意思是说，歌须要成队，队须要居于高处，并且要有弦乐伴奏；歌词也须适合剧情。连唱带做，尤其在对话之中，是极端的优美的。不过我所说的是做戏而不是跳舞（因为那是一种卑下凡俗的举动），对话底声音也应当强健有丈夫气（要一个低音和一个高音，不要最高音），歌词应当高雅悲壮而不应当过于细致绮丽。好几个歌咏队，位置于相对的地方，并且此停彼起地接着歌唱，如唱圣诗一般，是很能使人快乐的。变化跳舞使成各种的形式者乃是一种幼稚的玩意儿。又，一般言之，我这里所说的乃是为人所自然爱好的事物，而是不顾那些小巧的伎俩的，这是应请大家注意的。

剧景底变换，只要是做得安静无哗，确是很美而且很能引起兴趣的东西，因为这些变换是滋养眼目，使之免于长久注视一物之劳的。剧景应当明亮，染有特殊的而且多样的颜色；并且剧中的演

① 培根时代之英国二君主（伊利萨白及詹姆斯一世）均极喜宫剧。培根本人亦甚喜之，曾于1612年詹姆斯之公主结婚时主编一剧，以泰晤士河与莱茵河之结婚为题材，献于英王。1593年圣诞节日培根且曾参加格雷旅舍（Gray's Inn）法律学生之演剧。且曾有一次参加某剧之编演，该剧乃以娱女王伊利萨白者云。

② 参看第19篇：“所以有许多君王常为自己造欲望并专心于细事。”

员，或任何要从台上下来的人，最好在下来之前，先在台上做些动作；因为这种动作特别能吸引人底眼目，使它乐于盼望能看见适才未能十分看清楚的事物。歌声应当嘹亮欢畅而不应当啁啾断续。同样，音乐也应当准确响亮，并且安排得宜。在烛光之下显得最漂亮的颜色是白色，粉红色和一种海水绿。亮色的圆点与金箔之属，既不甚费钱，也最为灿烂。至于富丽的刺绣，则在烛光之下是隐而不彰的。演员底服装应当优美，并且应当在演员除下面具之后合乎他们底身材。这些服装还应当异乎常见的样式，当如土耳其装、军装、水手装之类。剧中的“反插”不应当太长[1]；这些“反插”底题材向来多是关于傻子、羊怪[2]、狒狒、野人、怪物、野兽、小鬼、巫婆、黑人、侏儒、小土耳其人、山泽之女神、乡下人、小爱神、偶像变活人等等的。至于安琪儿们，若把他们放在“反插”里是不够滑稽的。在另一方面，凡是丑恶可恨的东西，如魔鬼、巨灵之类，也是不妥当的。但是主要地，要使这些“反插”剧中的音乐能够娱人而且有新奇的变化才好。在有水汽热气的人群中如果忽来几阵香风而不见任何水珠下坠的话，那是很使人生愉快新鲜之感的东西。双重的宫剧，一组男的，一组女的，能添加庄严与新颖。但是演奏的房屋如不保持干净整齐，则一切都是等于没有的。

① “反插”即 anti-masques，乃宫剧中换幕时插入之滑稽奇突之穿插剧。

② 羊怪（Satyrs）希腊神话中山野怪物之一种，鼻圆耳尖，头生二小角，下体如山羊，有尾，所象征者为大自然无尽不竭之生产活力，此种羊怪与酒神代奥尼索斯之敬奉有不可分之密切关系。

至于比武竞勇的种种游戏[①]，他们底光辉灿烂之处主要是在挑战者入场时所坐的战车上，尤其于这些战车是用奇兽牵曳的时候为然；如狮子、熊罴、骆驼之类是也；这种光辉也有仗着入场时的排场的，也有倚靠服装之绚烂的；也有借他们底马匹底装饰及甲胄之鲜明的。但是关于这些玩物我们说得已经够了。

三十八　论人底天性

天性常常是隐而不露的，有时可以压服，而很少能完全熄灭的。压力之于天性，使它在压力减退之时更烈于前；但是习惯却真能变化气质，约束天性。凡是想征服自己底天性的人，不要给自己设下过大或过小的工作；因为过大的工作将因为常常失败的缘故而使他灰心；而过小的工作，虽然能使他常常成功，但是将使他成为一个进步甚小的人。还有，在起始的时候他应当用些帮忙的事务来练习，就好像学游泳的人用浮胞和苇筏一样；但是过了些时候以后，他应当与困难相搏以为练习，就好像舞蹈家之穿着厚鞋练习一样。因为，假如练习比实用还难，那么其结果就更为完美了。凡是天性甚强，因之不容易克服的地方，其克服的工夫就必须如此方可：第一，在时间方面要阻止天性，不要放纵[②]，就好像有的人在生气的时候默诵 24 个字母底名字以抑怒气的一样；这段工夫做到

① “比武竞勇”，原文作 justs（＝jousts）and tourneys。二者皆系模仿中世纪战争之游戏：jousts 为单人比武，tourneys 则由多人参加。至培根时此种游戏已大衰，非如十二世纪时之认真矣。

② 言不可依一时之冲动而冒昧从事也。

了，然后在量底方面应该减少，就好像要戒酒的人，从引觞互祝减到每餐一饮一样；最后，才可以完全戒绝，但是假如一个人有那种毅力和决心，能够一举而解放自己，那是最好的：

> 最能坚持灵魂底自由的人，就是那
> 挣断磨胸的锁链，一举而永免受罪的人[①]。

还有古人底遗训说应当把天性屈到相反的另一极端去，好像一根杆杖似的，以便它再反过来的时候可以适中，这句话也是不错的；不过我们须要明白，此处所谓的另一极端当然要不是恶德才行。

一个人不可强给自己加上一种不断的继续的习惯，而应当稍有间歇。因为一则这种休息或间歇可以援助新的尝试；二则，假如一个德行不完全的人永远继续练习的话，他不仅练习了他底优点，连谬误也一定要练习了，并且使优点与谬误将同具一种习惯。这种情形，没有别的补救之策，除了用合时的间歇和休止。但是一个人也不可过于相信他对于自己底天性底胜利，因为天性能够长期潜伏着，而到有了机会或诱惑的时候复活起来。就好像《伊索寓言》中的猫变的女子一样，她坐在餐桌底一头，坐得端端正正的，可是有一只小鼠在她面前跑过的时候，她就不如此了。因此一个人应当或者完全躲避这种机会，或者常常与这种机会接触，以便少被牵动[②]。人底天性在私生活里最易看出，因为在那种生活里是没

---

① Optimus ille animi vindex laedentia pectus
　　Vincula qui rupit, dedoluitque semel.
奥维德《疗爱方》(Remediea Amoris)第293行。

② 老子曰："不见可欲其心不乱。"李笠翁谓多见可欲其心亦不乱，即此意也。

有虚饰的；在热情里也最易看出，因为热情使人把平日的教训忘了；在一种新的事情或尝试之中也最易看出，因为在这种情形里是无惯例可援的。凡是天性与职业适合的人是有福的人；反之，那些从事于他们本不想做的事业的人，他们可以说："我底灵魂曾久与天性不合之事物周旋。"[①]在学问方面，一个人对于与他底天性不合而勉强去学的学科，应当有固定的时间；但是凡是与天性相合的学科，那就不必有什么规定的时间；因为他底思想会自己做主，飞到那方面去的；只要别的事情或学科所剩下来的时间足够研究这些学问就行。一个人底天性不长成药草，就长成莠草；所以他应当以时灌溉前者而芟除后者。

三十九　论习惯与教育

人们底思想多是依从着他们底愿望的，他们底谈论和言语多是依从着他们底学问和从外面得来的见解的；但是他们底行为却是随着他们平日的习惯的。所以马基亚委利说得很好（虽然他所论的事是很丑的）[②]，天性底力量和言语底动人，若无习惯底增援，

---

① Multum incola fuit anima mea.《诗篇》第120章，第6节。本意为"我与那恨恶和睦的人许久同住"。培根常以譬喻的说法，引用此语。如致汤玛斯·波德莱爵士书云：

《诗篇》有云：Multum incola fuit anima。窃以为天下之人无有能引用此语而其切合己身之情形更胜于仆者也。盖仆自晓事以来，其所从事者即非心之所向往者，心既不在，谬误自多，此仆所极愿承认者也。自省仆之心性较适于执卷研读而不适于在政治舞台上扮演某种角色，然而仍从事于政治生活，此种生活以仆之天性既非所宜，以仆之衷心所好，更不适宜，此则谬误中之最大者也。

② 马基亚委利曾论刺客之选择，认为唯有对行刺杀人之事具有经验者方可任用。

都是不可靠的。他所论的事情是，为了完成一件极险恶的阴谋，一个人不可信任所用的某人之天性底凶猛或约言底坚决，而应当任用以前曾经亲自下过手，手上染过他人底血的人。但是马基亚委利不知道有一个乞僧克莱门，也不知道有一个哈委亚克，也不知道有一个约尔基，也不知道有一个巴尔塔萨尔·杰拉尔[①]；然而他底定律依然是不移的，就是，天性与言语上的允诺要约都不如习惯有力。只有一件，就是现在迷信很盛，以致初次为迷信杀人的人简直是和业屠的人一样地不动心；盟誓底决意也被作成与习惯一样地强，甚至在流血的事件中亦是如此[②]。在迷信以外的事情中习惯之凌驾一切是处处可见的；其势力之强，使得人们于自白、抗辩、允诺、夸张之后，依然一仍旧贯地做下去，好像他们是无生命的偶像，和由习惯底轮子来转动着的机械似的，这种情形真使人惊讶。

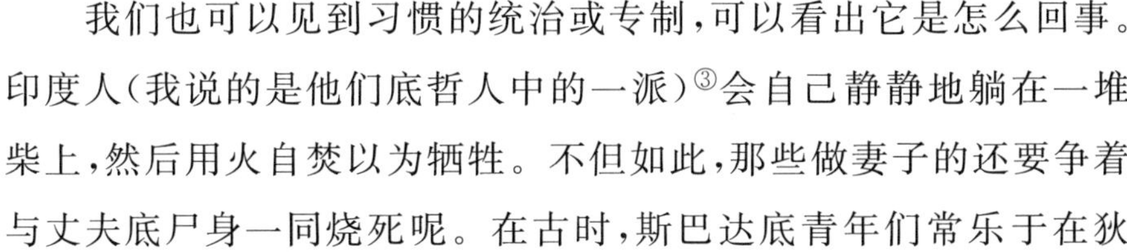

我们也可以见到习惯的统治或专制，可以看出它是怎么回事。印度人（我说的是他们底哲人中的一派）[③]会自己静静地躺在一堆柴上，然后用火自焚以为牺牲。不但如此，那些做妻子的还要争着与丈夫底尸身一同烧死呢。在古时，斯巴达底青年们常乐于在狄

---

① 乞僧克莱门（Friar Clement）于 1589 年刺杀法兰西王亨利第三。哈委亚克（Ravillac）于 1610 年刺杀法兰西王亨利第四。约尔基（Jaureguy）于 1582 年谋刺荷兰公爵“静默的”威廉未成。后二年，公爵被杰拉尔（Baltazer Gerard）刺杀。此数人皆非富有经验之刺客也。

② 十六七世纪欧洲宗教之争甚烈，如上述诸人之行刺，主因多系迷信，迷信甚深，虽凭一朝之誓言，亦可杀人流血而无畏缩悔祸之心，故云。

③ 指“赤脚仙派”（gymnosophists）。此派相传为亚历山大在印度寻见之一种学派。若辈皆裸体或半裸体而游行，不肉食，专事冥想。

亚那底祭坛上受笞刑，连一动也不动[1]。我还记得在女王伊利萨白初年的英国，有一个被判死刑的爱尔兰叛党曾上呈总督，请求缢死他的时候用薪条而不用绞索，因为以前的叛党都是照例用薪条的[2]。在俄罗斯有些僧人为赎罪起见，会在水盆里坐上一夜，直到他们被坚冰冻住了才算。习惯在人底精神和肉体两方面的力量，例子可以举出很多来。所以，既然习惯是人生底主宰，人们就应当努力求得好的习惯。习惯如果是在幼年就起始的，那就是最完美的习惯，这是一定的，这个我们叫作教育。教育其实是一种从早年就起始的习惯。所以我们常见，在言语上，幼年时代比幼年以后舌头较为柔活，能学一切的语法及声音，并且四肢关节也比较柔活，适于各种的竞技和运动。因为年长方学的人不能像从小就学起的人能屈伸如意，这是真的；除非在有些从未固定自己底心志，反而把心志开放着，并准备好了接受不断的改良的人们，那算是例外，但这种情形是非常之少的。但是假如个人底单独的习惯其力量是很大的，那么共有的联合的习惯，其力量就更大得多了[3]。因为在这种地方他人底例子可为我之教训，他人底陪伴可为我之援助，争胜之心使我受刺激，光荣使我得意，所以在这种地方习惯底力量可说是到了最高峰。天性中美德底繁殖是要仗着秩序井然，纪律良

① 狄亚那(Diana)为希腊之狩猎女神。“一动也不动”原文作 Without so much as quenching，亦可译作“一声也不哼”。

② 用薪条(即树枝之柔韧者)缢杀想必较用绞索为迟缓而多痛苦，故作者举此例。

③ 培根在拉丁文本《广学论》中论诗云，人类于群居之时较独处之时为易受感动云。

好的社会的[①]；这是无疑的。因为国家与好政府只是滋养已长成的美德，而不甚帮助美德的种子的。可悲者，最有效的工具，目前是正用以求达到最要不得的目的呢[②]。

四十　论幸运

幸运底消长系诸外界的偶然之事——如面貌、机会，他人之死亡，机会与才德之遇合——这是不可否认的。但是，一个人底幸运底造成主要还是在他自己手里。所以诗人说，“人人都可以为自己底幸运底建筑师”[③]。外界的原因之中最常见的就是，这个人底不智即是那个人底运气。因为没有人能比那借着别人底错误而繁荣的人繁荣得更快的。“蛇不吃蛇，就不能变龙”[④]。显露而易睹的才德招致赞赏；但是有些秘密隐藏的才能却招致幸运；即某种无以名之的自制自解的能力是也。西班牙人名之曰 desemboltura，略能表示出来这种力量；一个人底天性中没有什么障碍或乖戾，而他底精神底轮子随着幸运底轮子同转的时候，这就是 desemboltura 底意思了。同此，里维在用下列的言辞——“这个人底体力与精神是如此之巨大，无论他生在什么的家庭，他大概也会替自己赢得很

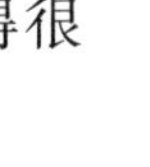

① 或问希腊哲人毕达哥拉斯，彼如有子，将以何种教育认为最良之教育而授其子？毕答曰：“令其为政治良好之国家之公民。”

② 仍指当时迷信盛行，多借宗教教育之力以求达残杀异己之目的也。

③ Faber quisque fortunae suae. 据德人 A. Seidel 所编之《拉丁成语集》(Lateinische Zitate)，此语出自罗马史家沙陆斯洽斯，而作者云“诗人”，或由误记，或系沙氏引用某诗人之言也。

④ Serpens nisi serpentem comederit non fit draco. 出处不详。

好的境遇的"——形容过老凯陶之后，还注意到一点，就是他有"多种的才能"[①]。因此，一个人如果锐意并留神地观察，他一定会看见"幸运"的，因为她虽然是盲目的，可不是隐形的[②]。幸运之道有如空中的天河。天河是一群小星底聚会或团结，他们并不是一个一个地看得见的，而是一起放光的。类此，有许多小小的，人所难见的美德，或者不如说是能力和习惯，他们是使得一个人幸运的。这些美德之中有几种人所想不到的，意大利人却注意到了。譬如有一个做事总不会出错的人，那么意大利人在谈论起这个人的时候，必定于叙说他底别种性质之中，加进一句，说他有"一点儿傻子气"。真的，有一点儿傻子气，而没有太多的老实气，再没有比这两种特性更为幸运的了[③]。因此，极端爱国或爱主上的人向来总是不幸的，而且也是不能够幸运的。因为一个人把他底思想放在己身以外之后，他走的就不会是自己底道路了[④]。骤来的幸运造成

① In illo viro tantum robur corporis et animi fuit, ut quocunque loco natus esset, fortunam sibi facturus videretur.

里维即 Livius 或 Livy，罗马史家。生于公元前 59 年，卒于公元 17 年。其名著为《罗马史》，起自罗马始建终于公元前 9 年，共 142 卷，今仅存 35 卷，其余有节略可供参考，有 2 卷全佚。

老凯陶或大凯陶即 Cato Major，原名 Marcus Porcius Cato，亦称"言官凯陶"(Cato the Censor)，生于公元前 234 年，幼习农事，长而从军，191 年后参加政治活动，为平民派领袖，竭力攻击贵族派之导罗马于骄奢淫逸，卒无效，晚年致力于希腊文学之研究，并有著作数种，今所传者仅其《论农事》(De Re Rustica)一书。卒于公元前 149 年，享年 85 岁，为罗马古代伟人之一。"多种的才能"原文引里维之语作 Versatile ingenium。

② 中世纪欧人画"幸运"神像，常作一盲目或蒙目女神，立于轮上，故云。

③ "有一点儿傻子气"译意大利成语：Poco di matto。此处所云与我国民间"福将"之说颇同。

④ 培根在伊利萨白女王时代虽竭忠尽智终不甚得意，此处所言，或不免牢骚，然亦非不合事理之语也。

一个活动家或躁动者(法国人替这种人起的名字“好事者”或“喜动者”,比较地好些),但是经过磨炼的幸运却造成干材[①]。

幸运是应该尊敬的,即令不为别的,也该为了她底两个女儿,“自信”和“名誉”[②]。因为这两个都是幸运所产生的,前者生于一个人自己底心中,后者生于别人对他的心中。古之贤者,为避免他们底才德所招致的嫉妒起见,都习于把这些才德归之于上帝或幸运;因为这样他们就可以较为安全地享有这些才德了:再者,一个人如果受神灵底护佑,那也就可见他是一个伟人。所以恺撒对风涛中的船夫说:“你所载的是恺撒和他底幸运。”[③]所以苏拉自称时,不取“伟大的”,而取“有福的”之号[④]。有人并且注意到这一点,就是,凡过于把幸运之事归功于自己底聪明和智谋的人多半是结局很不幸的。书上曾说,雅典人提摩西亚斯在他向国家报告他底政绩的时候,屡次中断他底报告而加入这样的一句评语,就是,“而在这件事上幸运是没有关系的”,自此以后他无论做什么事都没有得意过[⑤]。世间确有些人,他们底运道,和荷马底诗句一样,其流畅自如为别的诗人底诗句所不及;这就如普卢塔克把提摩莱昂底运气与阿盖西劳斯和埃帕米农达斯底运气相较而论之的时候

① “好事者”译法语 entrepreneur;“喜动者”译法语 remuant。“经过磨炼的幸运”即甘苦皆有,升沉俱备之幸运。意谓经过艰难困苦,受过磨炼之人乃可成为干材也。

② 拉丁文译本多一句如下:“而这两个女儿又是产生勇气与势力的。”

③ Caesarem portas, et fortunam ejus.

④ 其号曰“幸运”的苏拉(Sulla Felix)。

⑤ 提摩西亚斯(Timotheus)公元前 378 年,雅典与底比斯(Thebes)联盟以抗斯巴达,氏之功居多。

所说的一样[①]。这种情形之所以如此,的确多半是靠一个人底本身的。

四十一 论放债[②]

许多人都曾经说过巧妙的骂放债的话。他们说,人类应给上帝的贡献是每人底收入底十分之一,而现在这上帝应得的一部竟被魔鬼占了[③],真是一件可悲的事。又说,放债的人乃是最大的破坏安息日的人,因为他底犁耙是每个安息日都在工作的。又说放

① 提摩莱昂(Timoleon),为希腊名城科伦斯(Corinth)人,于公元前 344 年奉科伦斯遣派,将兵解西西利各城之困厄,驱逐"暴君"。公元前 339 年氏以寡击众,大破迦太基军,遂完成解放西西利各部之工作。卒于公元前 337 年。埃帕米农达斯(Epaminondas)为底比斯名将,卒于公元前 362 年。普卢塔克于提摩莱昂传中论曰:"其他诗人之诗句若置之荷马诗句之旁,则显其费力求工,而荷马之诗,不惟强劲优美,且似妙语天成,毫不费力者然。类此,提摩莱昂之战役,不惟光荣,而且极为顺利,以与埃帕米农达斯及阿盖西劳斯二人痛苦吃力之战役相较,则卓识之士必能见及提氏之功,非幸运之所致,乃德足以致福之结果也。"

② 原文作 Usury。此字今为"重利盘剥"、"放高利贷"之义,而培根时则仅系"有利息之贷金"之谓,故从今译。案"重利盘剥"为古今中外所同嫉,而"放债"之举,则在今日视为正当营业之一。然欧洲古代对于一切"放债取利"之行为皆认为恶事。盖在远古时代,借款者多系贫困或有急难者,故一般以为贷款而取利,不啻乘人于危。在希腊、罗马之文明中,一般人崇尚武事,而哲学家则推崇艺术哲学,故对于经商牟利之举不免轻视,尤于放债业为然。中世纪最恨"放债业",一因《旧约·摩西律》中有不许犹太人向犹太人放债取利之一条;二因当时之放款人多属犹太人,彼辈颇受一般人之憎恨也。近世工商业大兴,若无投资放款之举,则各种经营将大受打击,周转不灵,故放债业不得不予以公开之准许,认为正当营业。培根于本篇以近代眼光论事,实为中肯(参看第 34 篇)。

③ 10%之利率为亨利第八时所定。其子爱德华第六即位,严禁放债,至女王伊利萨白时又恢复 10%之利率。又摩西律规定人皆当以所获十分之一献于上帝,故云。

债的人就是委吉尔所说的雄蜂。

他们把那些雄蜂（一群偷懒的东西）从蜂房中驱逐出去了[①]。又说放债的人把人类自失乐园以后的第一条法律破坏了。这第一条法律就是"你将汗流满面然后得食"，而放债的人却是"借他人面上的汗而得食"的[②]。又说放债的人应该戴姜黄色的帽子，因为他们是变了犹太人了[③]。又说钱生钱是有悖天道的[④]，诸如此类。我只有这句话可说，就是，放债是"因为人心太硬而始蒙上帝允许的一种事"[⑤]。因为既然借与贷是免不了的，而且人底心肠是硬得不肯白借钱给人的，那么放债的事情便非准许不可了。又有些人也曾经关于银行及财产呈报和其他的办法作过多疑而巧妙的建议，但是很少有关于放债这件事说过有用的话的。把放债的利与害列举在我们眼前，以便我们酌量采择其利，并且小心办理，庶几我们在走向改良之途的时候不要遇见比现在更坏的事情，这是好的。

① Ignavum fucos pecus a praesepibus arcent.

② "你将汗流满面然后得食"(in sudore vulûs tui comedes panem tuum)；"借他人面上的汗而得食"(in sudore vultûs alieni)。

③ 犹太人乃最著名之放债者，而彼辈尚黄色，故云。

④ 希腊文 τόκος 含有"利息"与"子嗣"之二义，故云。亚里士多德贬放款取利之举，以为钱乃天然不能生育之物，今竟使之繁殖，殊属有悖天道云。参看莎士比亚《威尼斯商人》(Merchant of Venice)第 1 幕第 3 节第 94 行。

安东尼　难道说你底金银是公羊母羊？
沙洛克　那我不知道——可是我教他们繁殖得一样快。

又 135 行

安东尼　何曾有朋友向朋友
拿取不孕的金属底子孙的事情？

⑤ concessum propter duritiem cordis.

放债底害处：第一它使商人底数目减少[①]。因为要是没有放债这种懒惰生意，金钱是不会静止不动的，反之，大部分的金钱将被用在商业上，而商业乃是国家底财富底“门静脉”[②]。第二，放债使商人性质变劣。因为，一个农人，假如他住在一个租价很大的田地上他就不能够好好地经营他底地土；类此，假如一个商人不得不靠高利贷的话，他就不能好好地进行他底生意。第三件害处是附属于上述的两件害处的，就是帝王或国家底税收之减少，税收原是随着贸易涨落的。第四件害处是放债把一国底财富都聚在少数人之手。因为放债的人是拿得稳的，而别的生意人是不能拿得稳的，所以到这场戏快结束的时候大多数的钱都进了放债为生的人底箱子了。然而一个国家总是在财富分配得最为平均的时候最为兴盛的。第五件害处是放债之举把土地的价值打低了；因为金钱底用处，主要是在做生意或购置田产，而放债却把这两种事业都路劫了。第六件害处是，放债把一切的工业、改良、和新的发明都挫折，压抑了，因为假如没有放债这种事业阻挠的话，在上述的种种事业中自会有金钱活动的。最末的一件害处是，放债是蠹害许多人底财产的东西，而这种行为经过了相当时间之后是会引起一种共同

① 培根所举之害处，其第一第三及第六点，均在下段中由作者自行答复。关于第二点，吾人须知，信用昭著之商人并不一定受高利贷之压迫，盖放债业中亦有竞争也。关于第四点，吾人须注意二事：其一，一国之中欲图商业发达，则放款事业必须发达；第二，放款之事亦非完全“拿得稳”者，其中亦有投机及竞争之事。第五点认为所贷出之款全被用于不生产之消费上，此种情形在商业不发达，人民愚昧，交通不便之国家比较严重，在近代经济发展之国家则不甚重要矣。如上述经济落后之国家，乃有限制利率之必要。

② “门静脉”（Vena porta）。

的贫乏的。

在另一方面，放债底益处是，第一，无论放债之举在某种情形是多么阻挠商业的，然而在别的方面它却是助长商业的；因为商业底最大部分是由年轻的商人靠着借有利息的债而经营的，这是无疑的。如果放债的人把他底钱收回或者不放出去，马上就会发生商业上的大停滞。第二件益处是，要没有这样容易的用利息借债的办法，人们底需要将使他们骤然陷于没落；因为他们将不得不被迫而卖掉他们赖以为生的资产（无论是田产或货物）而且卖得价值远不及这些资产底真正价值。所以，放债的行为固然是蠹蚀这些人，但是若没有放债的行为，则坏的市面将把他们整个吞噬了。至于抵押或典当之举，那也是无补于事的：因为，不是人们不肯无利息地收受抵押和典当；就是，如果他们肯这样做，他们必定会眼睛专注在没收那些资产上面的。记得有一位乡下的狠心富翁，他常说，“鬼把这种放债的举动拿去才好，它使得我们不能够没收抵押的产业和证券”。第三而第末的益处是，设想能有不带利息的一般借贷乃是虚妄的；并且，如果借贷之事一受拘束，将发生的不便之处其数目之多是不能想象的。因此要废止放债业的话是空话。所有的国家都有过这种生意的，不过种类与利率的不同罢了。所以这种意见只好送到乌托邦里去了[①]。

现在且一谈改良并管理放债业之道；如何可以避免它底害处而保持它底益处。从放债业底利害相权看来，有两件事是应当调

---

① “乌托邦”(Utopia)，乃英哲汤玛斯·摩尔爵士(1478—1535)所著关于理想国书中之岛名，即以之名书。原意为“无处”，即“无此地”之意。

和的。一件是，放债业底牙齿应当磨得钝一点，使它不至于咬人咬得太厉害；另一件是，应当留一个门户，可以鼓励有钱的人放债给商家，以便商业能够继续并活动。这件事情除非你创立两种大小不同的放债，是办不到的。因为，假如你把放债业全减到一个低利率上去，这种办法对一般的借债者将要容易一点而商人将不容易找到钱了。并且我们也应当注意，商品交易的事业，因为获利最厚，所以能担负高利贷，而别的事业则不如此。

要把上述的两种目的都达到，其方法略如下。要有两种利率：一种是自由而且公开的；另一种是受统治的，唯有某种人并且在某种商业地域才可以得到允许的。因此第一，应当使普通放债底利率减到百分之五；这种利率应当公布为自由的通行的利率；并且国家应当担承对于这种的利率不加以罪。这个办法可使借贷之举免于停止或枯竭，也可以便利国内无数的借款人。并且，这个办法，在大体上，将提高田地底价值，因为以十六年交清买款为期买来的地一年之中可以产生百分之六或稍高的利息，而这种放债底利率则只能产生百分之五的利息也。以同样的理由，这种办法也将鼓励并激刺工业和有益的改良，因为许多人将宁愿投资于这些事业而不愿收百分之五的利益，尤其是收惯了较高的利息的人更要如此。第二，应该让一部分人得到允许，可以用较高的利率放债给知名的商人；这种事并且还得有如下的预防。这种利率，即在那些商人底方面，也应该比他从前惯付的利率较为轻一点；因为由这种方法，所有的借款人都可以得到一点便利，无论他是商人或是任何人。放债的人不可是银行或公司，而每个人都应当是他自己底钱底主人。这并不是我完全憎恶银行，而是因为他们为了某种嫌疑

的缘故是很难受一般人底信任的[①]。国家为了所发的允许证应当使放债人负责缴纳一笔小捐税,其余的利益则应当归之于放债的人;因为假如这种捐税底数目很小的话,它是绝不会使放债的人灰心的。举例来说,那原先收百分之十或百分之九的利息的人是宁可降到百分之八而不肯放弃他底放债事业,撇下拿得稳的利益跑去求冒险的利益的。这些持有允许证的放债者其数目可以不必限定,不过他们营业的地点却应当限于某几个商业的城市;因为这样他们就不能掩饰国中他人底钱财[②]:持有特许证可以放百分之九的利率的债的人就不会把那一般流行的百分之五的利率的钱吸收尽了;因为没有人肯把钱放到远处,或放在不相识的人底手里的。

如果有人反对说,以前放债的事业不过是在某种地方受容忍,而我底办法差不多要使它成为合法的营业了;我的答语是用公开承认的办法补救放债底害处比默认其存在而使它横行的好一点。

四十二　论青年与老年

一个人也许论年岁很年轻,可是论时数很老成——假如他不曾浪费光阴的话。但是这种情形是很少见的。一般的情形是青年人就好像人底"初念"一样,不如"再思"明智。盖在思想上和在年岁上一样,也有少年与老成之别也。然而青年底发明力是比老年人底活泼;而且想象力也比较容易注入他们底脑筋,并且好像更是若有神

① 培根时银行业尚未大盛于英国,一般人多有对之怀疑者,故云。

② "掩饰他人底钱财"即以他人之财于自己名下贷出以取利之谓。

助似的。天性中有高热和强烈的欲望及感受性的人未过中年是不适于做事的，例如久利亚斯·恺撒和塞普谛米亚斯·塞委拉斯是也。关于这后一位曾有句话道："他曾度过一个满是错误——不，满是疯狂——的青春"，然而他差不多是罗马皇帝中最能干的一位[①]。天性平和的人则能于青年时代做事做得很好；例如奥古斯塔斯大帝，佛罗伦斯底大公考斯摩斯[②]，加斯顿·德·福洼，等等是也[③]。在另一方面，老年而有热心与活气乃是于事业极好的气质也。

青年人较适于发明而不适于判断；较适于执行而不适于议论；较适于新的计划而不适于惯行的事务。因为老年人底经验，在它底范围以内的事物上，是指导他们的，但是在新的事物上，则是欺骗他们的。青年人底错误常使事务毁坏；而老年人底错误充其量不过是也许可以做得更多一点，或者更早一点而已。青年人在执行或经营某事的时候，常常所包揽的比所能办到的多，所激起的比所能平伏的多；一下就飞到目的上去，而不顾虑手段和程度；荒荒唐唐地追逐某种偶然遇见的主义；轻于革新，而革新这种举动是会引起新的不便来的；在起始就用极端的补救之法；并且（这是把一切的错误都加重一倍的）不肯承认或挽救错误，就好像一匹训练不足的马一样，既不肯停，也不肯转。有年岁的人过于喜欢反对别人，商量事务商量得过久，冒险过少，后悔太快，并且很少把事务推进到十分彻底的地步的；反之，只要有点稀松平常的成功，他们就很满足了。无疑地，把这两种人合而用之是好的；这种办法对于目

① Juventutem egit erroribus, imo furoribus, plenam.

② 考斯摩斯(Duke Cosmus)。

③ Gaston de Foix 法国名将，法王路易十二之甥，生于 1469 年，于 1512 年阵亡。

前好，因为两种年龄底长处可以互相纠正他们底短处；对于将来也好，因为在年老的人做事的时候，年轻的人可以学习，并且，最后，在对外的事情上也是好的，因为当局或掌权的人是尊重老年人的，而一般人底欢心则是跟着青年人的。但是在道德方面也许青年人较为优越，如在世情方面老年人较为优越一样。

"你们底少年人要见异象，你们底老年人要见异梦"[①]。有一位犹太经师[②]在讲这句经文的时候曾由此而推论道，青年人是比老年人更接近上帝的，因为异象是比较异梦清楚的一种启示。无疑地，世情如酒，越喝越醉人：而年岁多底益处是在乎理解的能力而不在乎意志与感情方面的德性的。有些人在年岁上有一种早熟的情形，而这种情形其长处是随着时间消逝的。这些人中之第一种是那些有点脆薄的聪明，而这种聪明底锋锐是不久就变为迟钝的一流人，例如修辞学家赫冒简尼斯[③]，他底著作是非常奥妙的，但是后来他就长成一个愚拙的人了。第二种是那些具有某种气质，而这种气质较适于青年人而不适于老年的人，如流利丰富的言辞，就是适于青年而不适于老年的；所以土利论霍坦西亚斯道："在他底故我已经不适于他底为人的时候，他还是依然故我。"[④]第三种是起始的时候所作所为过于崇高以致在后来的年岁中无法继续

① 见《新约·使徒行传》第 2 章第 17 节。

② "经师"即犹太教中解经授经之老师，亦称"夫子"。《新约》中耶稣有时被人称为拉比(Rabbi)，即此之谓也。

③ 赫冒简尼斯(Hermogenes)，希腊名修辞学家，其年代约当罗马皇帝马喀斯·奥瑞利亚斯之世(即公元 161—180)。其著作今尚有存者。

④ Idem manebat, neque idem docebat. 霍坦西亚斯(Hortensius)为与西塞罗同时之演说家。土利(Tully)即西塞罗。

保持其伟大的。例如西辟奥·阿弗利坎努斯是也。关于他，里维曾说道："他底晚年不及他底初年。"[1]

四十三 说美[2]

才德有如宝石，最好是用素净的东西镶嵌。无疑地，才德如果是在一个容貌虽不姣丽，然而形体娴雅，气概庄严的身体内，那是最好的。同时，很美的人们多半不见得在别的方面有什么大的才德；好像造物在它底工作中但求无过，不求十分的优越似的。因此，那些很美的人们多是容颜可观而无大志的；他们所研求的也多半是容止而不是才德。但是这句话也并不是永远是真的，因为奥古斯塔斯大帝、泰塔斯·外斯帕显努斯[3]、法王"好看的"腓力普[4]、英王爱德华第四[5]、雅典人阿尔西巴阿底斯[6]、波斯王伊斯迈耳[7]都

① Ultima primis cedebant. 西辟奥·阿弗利坎努斯(Scipio Africanus)。为古罗马伟人之一。氏生于公元前234年，系出名门，青年英勇，17岁即参加战争，曾救其父于危；24岁为将，屡著战功，卒于公元前202年大败迦太基人及其同盟，受城下之盟，结束战事。后16年，被控受贿，卒以功在邦国免究，从此退休，不问政事。卒年不详，约在公元前183年。里维见本书正文第150页注①。其所论之原意，谓阿弗利坎努斯晚年环境不利，使其才不得展，故不如初年之显耀。与培根之意似稍有出入。

② 本篇所论者乃形体之美而非哲学上之"美"。

③ 即外斯帕显。

④ "好看的"腓力普即 Philip le Bel，生于1268年。于1285年即法兰西王位，薨于1314年。为法国英主之一。

⑤ 爱德华第四(Edward IV)于1461—1483年为英王。

⑥ 阿尔西巴阿底斯即 Alcibiades，公元前五世纪时人，古雅典著名之美男子。

⑦ 伊斯迈耳(Ismael)即伊斯迈耳一世，于1499年即波斯王位，为波斯索非王朝(Sophy)之创业者。

是精神远大，志向崇高的人，然而同时也是当代最美的男子。论起美来，状貌之美胜于颜色之美，而适宜并优雅的动作之美又胜于状貌之美。美中之最上者就是图画所不能表现，初睹所不能见及者。没有一种至上之美是在规模中没有奇异之处的。我们说不出阿派莱斯和阿伯特·杜勒[①]究竟那一位是更大的戏谑者；他们两位之中一位是要根据几何学上的比例来画人，另一位要从好几个不同的脸面中采取其最好的部分以合成一个至美的脸面。像这样画出来的人，我想是除了画者本人而外恐怕谁底欢心也得不到的。并不是我以为一个画家不应当画出一张从来没有那么美的脸面来，而是他应该以一种幸运[②]做成这事（如一个音乐家之构成优美的歌曲一样）而不应该借助于一种公式。我们一定会看得见有些脸面，如果你把他们一部分一部分地来观察，你是找不到一点好处的；但是各部分在一起，那些脸面就很好看了。

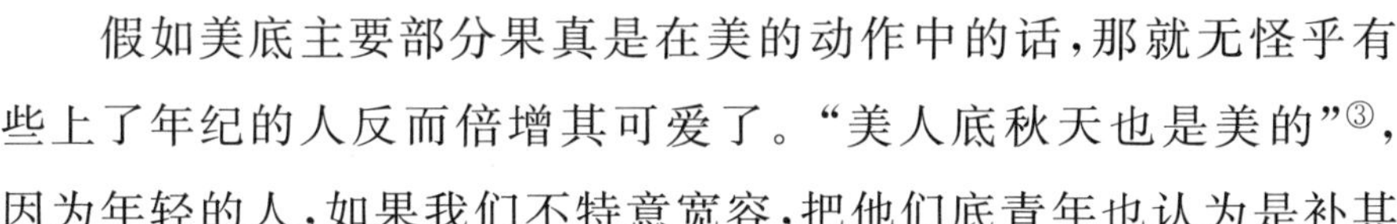

假如美底主要部分果真是在美的动作中的话，那就无怪乎有些上了年纪的人反而倍增其可爱了。“美人底秋天也是美的”[③]，因为年轻的人，如果我们不特意宽容，把他们底青年也认为是补其

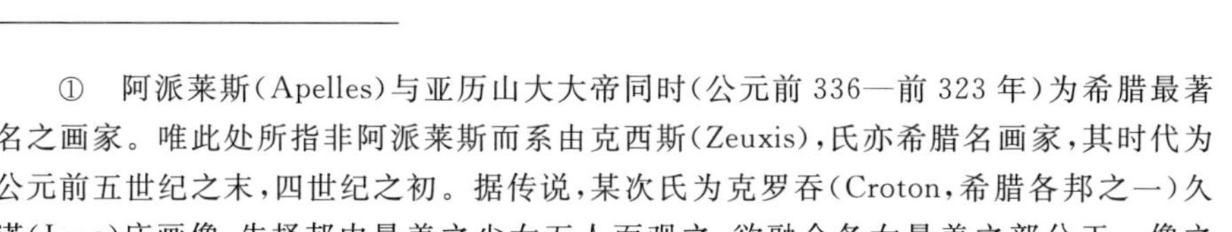

① 阿派莱斯（Apelles）与亚历山大大帝同时（公元前336—前323年）为希腊最著名之画家。唯此处所指非阿派莱斯而系由克西斯（Zeuxis），氏亦希腊名画家，其时代为公元前五世纪之末，四世纪之初。据传说，某次氏为克罗吞（Croton，希腊各邦之一）久诺（Juno）庙画像，先择邦内最美之少女五人而观之，欲融合各女最美之部分于一像之中也。

杜勒即 Albert Dürer，德国名画家，生于1471年，卒于1528年。据莱特云，此处所指者为氏论画之作，标题为《论人体各部之比例》（Of the Proportions of the Parts of the Human Body）。

② 意谓富有“天趣”（即所谓“天成”或“下笔有神”……）不可纯以机械出之。

③ Pulchrorum autumnus pulcher.

美观之不足者，是没有一个可以保有其美好的[①]。美有如夏日的水果，易于腐烂，难于持久；并且就其大部分说来，美使人有放荡的青年时代，愧悔的老年时代；可是，无疑地，假如美落在人身上落的得当的话，它是使美德更为光辉，而恶德更加赧颜的[②]。

四十四　论残疾[③]

残疾之人多半是和造物扯平了的[④]，因为造物固然待他们不仁，他们对造物也同样地不良。他们中大多数（如《圣经》所说）是"天性凉薄"的，所以他们对造物是报了仇了。肉体与精神之间确有符合之处，造物在其中之一上若是犯了错误，那么在别的那一方面她也会冒险的[⑤]。但是因为人性之中对于精神底结构有一种选择的能力，并且对于肉体底结构有一种自然的需要，所以那些决定气质的星宿[⑥]有时是会被纪律和才德底太阳掩盖的。因此最好不要把残疾认为一种标记或证据（这种情形是容易欺人的），而应当把它当作一种原因，这种原因是很少不引起相当的效果的。凡是

① 从拉丁文译本。全句意谓吾人观察青年人时，多易以其青春朝气与真正之美容混为一谈，否则青年之美殊难保也。

② 意谓见美而有德之人，则有德者更增光辉，而为恶者益形局促也。

③ 莱特云，1612 年培根《论说文集》再版出书之后不久，时人张伯伦（Chamberlain）致卡呑爵士（Sir Dudley Carlton）书中云："培根爵士近有新著论说文数篇出版，中有一章'论残疾'者，皆以为刻画其表弟（索士伯雷伯爵）丝毫不爽云。"案此即 Robert Cecil, 1 st earl of Salisbury（1563？—1612），人称"驼背伯爵"者是也。

④ 原文作 even with nature，即向造物报复之意。

⑤ Ubi peccat in uno, periclitatur in altero.

⑥ 旧说人生时星辰之位置与组合对其人之命运与性情均有决定之影响云。

在身体上有招致轻蔑的缺点的人总在心里有一种不断的刺激要把自己从轻蔑之中解救出来。因此所有的残疾之人都是非常勇敢的。在起初，他们勇敢是为了受人轻蔑的时候要保护自己；但是经过了相当的时间以后这种勇气就变成一种普遍的习惯了。残疾在人心中也常引起勤勉，尤其是这一种，就是勤于窥伺并观察别人底弱点，以便能有报复别人的材料。还有，有残疾的人可以消灭在上位的人对于他们的嫉妒心，因为在上的人以为这种人是可以随便轻蔑的；对于可以相竞相争的同辈能使之消灭戒心；因为他们永不会相信这种人是有升迁之可能的，直到那残疾之人已经升迁了他们才肯相信。所以若把一切事情都算在内，在精神雄伟的人，残疾倒是一种使人飞黄腾达的好事。

帝王们在古时（在现时有几个国家中也有这种情形）常常很信任宦官之流，因为那妒羡一切人的人们对于一个人是会更为依赖更为尽职的[①]。但是那些帝王们虽然信任宦官，却是把他们当作很好的侦探和告密者而信任的，不是把他们当作好官吏的。在一般残疾之人，上述的理由也是真的。无论何时，我们前面说过的那条定律是对的，就是，如果他们是有魄力的人，他们一定要努力把自己从轻蔑之中解放出来；而解放底途径不出于美德即出于恶谋；因此残疾之人有时竟是非常优越的人才，这是无足怪的，例如阿盖西劳斯，梭利满底儿子杉格尔[②]，伊索[③]，秘鲁底

① 意谓宦官之流对一切人皆怀妒羡之心，因之对一人（即君主）乃更为尽忠也。

② 杉格尔（Zanger）为其诸子之一。余待考。

③ 伊索（Æsop）为公元前六世纪人，据云本为奴。后世传说其人丑恶非凡，殊无据。

总督加斯喀[①]皆是也。苏格拉底[②]以及许多其他的人也可以算在这样人之内的。

四十五　说建筑[③]

造房子为的是在里面居住，而非为要看它底外面，所以应当先考虑房屋底实用方面而后求其整齐；不过要是二者可兼而有之的时候，那自然是不拘于此例了。把那专为美观的房屋建造留给诗人们底魔宫好了，诗人们建这些魔宫是费钱很少的。在不良的地点上盖一所好房子的人是把自己囚在牢狱里的。我所谓的不良的地点不仅是空气不适于卫生的地方，空气不平均的地方也算在内的。因为你可以看见许多好看的建筑物坐落在一个小丘上，四围都是高山环绕，结果是太阳底热力幽闭于内，而风聚其地如水之就槽；因此在这种地点，就会有——而且是突然地会有——多种不同的寒热，好像是住在好几个地方似的。再者，使一个地点成为不良的东西也不限于不良的空气。不良的道路，不良的市场都是原因；并且，如果你愿意参考茅木斯底意见，不良的邻人也是原因之一[④]。还有许多事我

① 加斯喀(Gasca, Pedro de la. 1485—1567)，西班牙人，曾平定秘鲁之叛乱，后归国为华阑西亚(Valencia)之主教。

② 苏格拉底之丑，世所共知。

③ 英国当伊利萨白及詹姆斯一世之时(即培根之时代)承平日久，国富民饶，营造之事甚盛。此篇所论，乃就当时情形立论，非徒以幻想自娱也。

④ Momus 希腊神话中讥诮与吹求过失之神。《伊索寓言》中有一则云：智慧女神阿底那曾造屋，茅木斯见之，批评其失，以为当造于轮上，遇有不良之邻人时，可以推屋他去也。

不想多说，如缺水；缺林木和荫蔽；缺果实，土壤掺杂；缺风景；缺平地；附近缺少可供打猎，放鹰，跑马之地；离海过近或过远；缺少可航的河流之利或有河水泛滥之忧；离大城市过远（那是会妨碍事务的）或离大城市过近（大城市消耗日用品过多，使一切物品都价值昂贵）；一个可以使人积聚大产业的地点或一个使人局促不能发展的地点：所有的这些事情，也许是不会全在一处的，所以我们应当知道这些事情，并考虑他们，以便一个人可以尽其可能地采取其中的益处；并且，要是这个人有几所房屋的话，他也可以把他们布置好了，以便在某一所房屋里缺乏的东西可以在另一所里找到。卢库拉斯答庞拜的话是很好的。庞拜有一次看见卢库拉斯底一所宅子中崇高的楼阁，大而且亮的屋子，就说道：“这真是一所消夏最好的地方，但是你冬天怎么办？”卢库拉斯答道：“啊，鸟类中尚有在冬天快来的时候迁居的，难道你以为我没有他们聪明么？”[①]

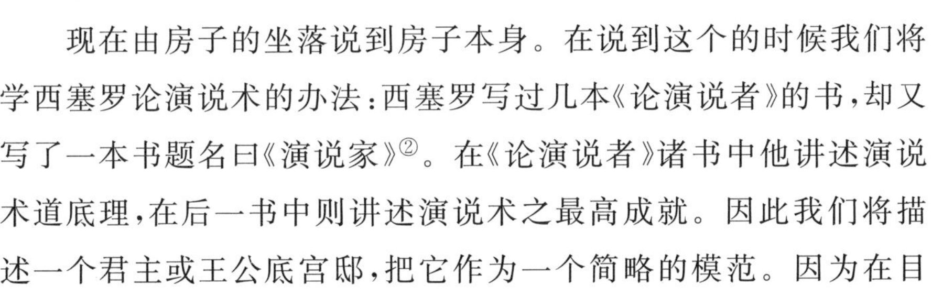

现在由房子的坐落说到房子本身。在说到这个的时候我们将学西塞罗论演说术的办法：西塞罗写过几本《论演说者》的书，却又写了一本书题名曰《演说家》[②]。在《论演说者》诸书中他讲述演说术道底理，在后一书中则讲述演说术之最高成就。因此我们将描述一个君主或王公底宫邸，把它作为一个简略的模范。因为在目前的欧洲，有像梵蒂冈和埃斯库锐亚耳[③]一类的大建筑物，而其中

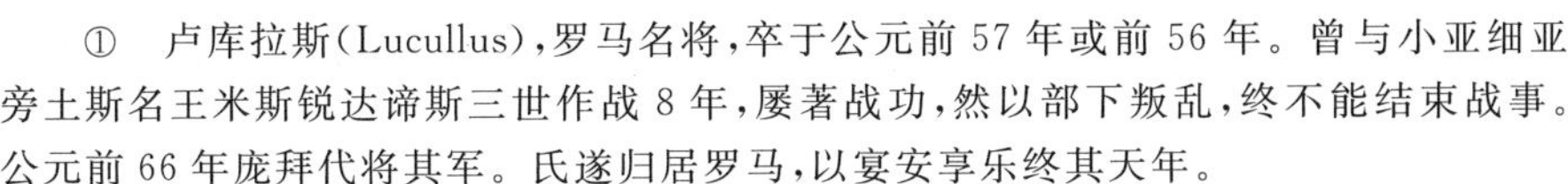

① 卢库拉斯（Lucullus），罗马名将，卒于公元前57年或前56年。曾与小亚细亚旁土斯名王米斯锐达谛斯三世作战8年，屡著战功，然以部下叛乱，终不能结束战事。公元前66年庞拜代将其军。氏遂归居罗马，以宴安享乐终其天年。

② 《论演说者》，De Oratore；《演说家》，Orator。

③ 梵蒂冈（Vatican）为罗马教皇宫城。埃斯库锐亚耳（Escurial）为西班牙王宫，在马德里。

几乎没有一间优美宜人的屋子，这种情形是令人见而惊异的。

因此，第一，我以为若要有一座完美的宫邸，那么这宫邸就非有几个不同的方面不可；这几个不同的方面应该有一面是为宴会底，如《圣经·以斯帖书》中所说的一样[①]；还有一面是为住家的；宴会底那一面是为宴饮演剧之用，住家底一面则是为居住之用的。我所说的这些"方面"或"侧"是并不限于后院而也可为前院的一部的；它们并且应当是外面一致的，虽然内里可以分为几部：它们还应当是在宫邸正面居中的一座高大堂皇的楼阁底两侧的，就好像这座楼是把他们从两边连接起来的一般。在宴客厅底那一面底正面楼上，我以为只要一间好屋子，约须40英尺高；在这间屋子底下应当有一间同样宽大的屋子为储藏演剧游艺底各种用品及演员化妆之用。在其他的一侧，就是住家底那一方面，我以为头一件事先应当分出一座大厅和一座经堂来（二者用分壁隔开），都应该美观而且宽大；这两个屋子却不应当把所有的地方都占了，在最远的一头还应该有一间夏天底和一间冬天底客厅，这两个客厅都要相当地美观才好。在这些屋子（经堂除外）底下面，要有一个好而大的地窖；还要有些小厨房，伙食房，食器室之类。至于正面中间的那座楼，我以为应当有两层是高出两翼之上的，每层高约18英尺，楼顶上应该用好的铅皮做房顶，周围用阑干，并且分设雕像；这座楼也应该依需要而分作若干屋子。通上层的楼梯应该建筑在一条好看而显露的中柱之上[②]，并且用木制而染成铜色的雕像围绕起来，

① 即《旧约·以斯帖记》。书中屡言筵席之事。

② "中柱"原文作 Open newel。据莱特注，乃一种石柱或木柱，即旋梯之支撑物也。

楼梯底顶端也应当有一块很好看的梯顶。但是这种安设楼梯的办法要你把下层的任何屋子不作为仆役底餐室才行。否则你就得让仆人们在你吃过饭以后再吃:因为他们吃饭底时间那股气味会借着楼梯升到楼上就好像从一个烟囱里往上冒烟一样。关于房子前部的话就止于此。不过我以为头一层楼梯底高度应该是16英尺,这也就是楼下屋子底高度。

过了这房子底前部应当有一个好看的庭院,只有三面有屋子,而且这些屋子应该比前部的建筑低得多。在这个院子底四角要有好看的楼梯,安设在角楼里面,这些角楼要建筑在屋子底行列之外,不可与各屋一致。他们并且不可和前部的房屋一般高,而应当和其他三边那些较低的屋子相称。院子不宜用砖石砌筑,因为这种办法使得院里夏有大热,冬有大寒,唯有四边人走的小径和院中的十字路可以用砖砌,其余的部分应当铺草皮,草长起来之后应当常剪,但是不可剪得太短。在宴客厅那一边的厢房应当都是堂皇的陈列室一类的屋子,在这一排屋子之中应当有三个或五个精美的小圆顶阁,安设在距离相等的地点;并且还应当有精美的,彩绘着各种图形的玻璃窗户。在住家的那一边,应当有会客室和普通宴饮的厅堂,以及若干卧室。再者,这三边房舍都应该是双层的,不至于全受阳光的屋子。这样你就可以有上午或下午都可以避阳光的屋子了。你并且应当设法使你有宜于消夏也宜于过冬的屋子;要夏天有荫,冬天温暖。有时候你可以遇见有些好看的房子而满是玻璃窗,多得使人说不出往那里去才可以避日晒或寒冷。至于凸窗,我以为是很有用的;(在城市里,为房屋临街的一方面之一致计,直窗确是较好一点)因为为会谈计议之用,凸窗是很幽静的

地方，并且还能避开日晒风吹，因为那差不多要贯穿全室的日光或风力却几乎沾不着这种窗子。但是这种窗子也只可有少数，我们所说的那个院子里最好有四个这样的窗子，分设在两边，一边两个。

过了那个院子，还应当有个内院，与上述的那个院子面积一样大，屋子一样高。这个内院要四周都是花园；在院子的内部四边都要带走廊，筑在匀称而美观的拱门上，其高与第一层楼相等。在下层，临近花园的一面，那些屋子应该改成一种洞窟或荫凉之处或消夏的房屋。这些屋子的窗牖都要仅仅开向花园，并且要在地平之上，一点儿也不可在平地之下，以避一切的潮气湿气。在这个内院底中间还应该有一个喷泉或一些好的雕像；这个院子底铺砌底方法应该与上述的那个院子底一样。院中的房屋在两厢者应该作为私人底寝室，而在两端者则作为私人底别室。又必须在这些屋子之中预备出来一组养病的病室，附有住室、卧室、小客厅、后屋，以备君主或某贵人有疾病的时候养病之用。这些屋子都应该在二层楼上。至于平地这一层，则应该有一个美观的、开朗的、以柱子支持的阳台。在第三层底三面[①]也都应当有开朗的以柱子支持的阳台或悬楼以吸收花园底景色和新鲜空气。在最远的一端底两角，应该有两个厢房式的优美或富丽的小阁子，地上铺得很精致，墙上挂得很丰丽，窗上安的是晶莹的玻璃，中间是一个富丽的圆顶，此外还有一切可以想象到的优美的东西。在那高一层的悬楼上，我以为如果地方底情形允许的话，也应当有几口流泉从墙上各处流

① “第三层底三面”，从拉丁文译本。

水，并且应当有巧妙的泄水的设备。关于宫邸底模型以上所说的这些话已经够了，只有一件，就是在达到宫邸前部的以前，先要有三个庭院。第一个是一个素朴的、四面有围墙的、长着绿草的院子；第二个差不多和第一个一样，不过稍加装饰，在墙上有些角楼（或者不如说是点缀）罢了；还有第三个庭院，和宫邸底正面合成一个正方的，但是周围不要房舍或垣墙，而三面都要用露台围绕，顶上用铅皮，要装饰美好，并且要有用柱子而不用拱门支持的走廊。至于办公的屋舍，则应使他们离宫邸略远，而附有较低的走廊，以便由这些屋舍达到宫邸中去。

四十六　说花园[①]

万能的上帝是头一个经营花园者[②]。园艺之事也的确是人生乐趣中之最纯洁者。它是人类精神底最大的补养品，若没有它则房舍宫邸都不过是粗糙的人造品，与自然无关[③]。再者我们常可以见到当某些时代进于文明风雅的时候，人们多是先想到堂皇的建筑而后想到精美的园亭；好像园艺是较大的一种完美似的。我以为在皇家花园底经营中，应该一年之中每个月都有花圃；在其中可以每月各有当令的美丽的花木。为了十二月，一月和十一月的

① 培根遗稿中有备忘录数种，其一即关于园林之布置者。培根意欲将其地产之一部辟作园林，建筑走道阳台，楼阁亭轩，植以珍木异卉，且欲在园之中心浚一湖，湖中设两三个小岛，分别布置，以为休憩身心，娱乐耳目，提神养性之用云。

② 《创世记》第2章，上帝造人后，又造伊甸园，使居之。

③ 从拉丁文译本。

下半月，你必须种植一冬常绿的东西：如冬青、常春藤、月桂、杜松、柏树、水松、波罗蜜树、枞树、迷迭香、熏衣草、长春花（白的紫的和蓝的）、石蚕花、菖蒲、香橙、柠檬、桃金娘（如果能设法保温不使受寒的话），和香茉沃剌那[1]，不过要种在墙下向日之处才行。在这些以后，为一月底下半月和二月，应当栽培在那时发花的樱楮树、番红花、黄灰两色的都可；樱草、白头翁、早开的郁金香、荷兰风信子、小鸢尾、贝母。到了三月则有香堇菜，尤其是单瓣蓝色的那一种，它们是开得最早的；黄水仙、雏菊、杏花、桃花、山茱萸花、野蔷薇。在四月里接着来的则有双瓣的白香堇、黄紫罗兰花、香紫罗兰、黄花九轮草、蝴蝶花、各种的百合花、迷迭香、郁金香、重瓣的牡丹、淡色水仙、法国忍冬、樱花、李花和梅花、抽叶的山穜、丁香。在五月和六月里来的则有各种的石竹，尤其是娇羞石竹[2]；各种的蔷薇，唯有那开得较晚的麝香蔷薇不在其内；忍冬、杨梅、紫草、耧斗菜、法国万寿菊、非洲万寿菊、结果实的樱桃树、醋栗、结果实的无花果树、藨莓、葡萄花、熏衣草、开白花的香兰、百合草、铃兰、苹果花。七月间则有各种的紫罗兰、麝香蔷薇、开花的菩提树、早熟的梨与结果实的李、两种早熟的林檎。八月里来的有各种结果实的李树、梨、杏、伏牛花、榛子、甜瓜、各种颜色的附子。九月里来的有葡萄、苹果、各种颜色的罂粟花、桃子、半边红而肉色黄的桃子、油桃、山茱萸、冬梨、榅桲。在十月和十一月底月初则有楸子、枸杞、洋李、插枝或移植以求其晚开的蔷薇、蜀葵以及和这些一类的东

① 即 Sweet Marjoram。

② Blush Pink.

西。这些花木之类都是就伦敦底气候而言的；但是我底意思是显然易见的，就是你可以按着各地方底出产而享有一种“永久的春天”也[①]。

因为花卉底香气在空气中（在空气中花香底来去是类似音乐底鸣奏的）比在人底手里香得多，所以为了那种闻香底至乐，再没有比懂得那几种花卉是最能于采择之前在空气中散布芬芳的这种事更为适合需要的了。蔷薇、淡红的和大红的，都是严守香气的花，所以你尽可以走过一大排的蔷薇之旁而闻不到一点他们底香气，这些花甚至于在清晨底露水之下也是如此的。月桂在长大底期间也不放香。迷迭香香气无多；茉沃剌那香气也少。在空气中所放的香气最大，超过其他的一切花草的，要数香堇，尤其是白色重瓣的。这种花一年中发花两次；一次在四月中旬，另一次在圣巴索罗缪节左右[②]。其次就是麝香蔷薇、再就是将落的杨梅叶子，它能发一种最爽心的香气。然后就是葡萄花；这种花是小粉花，好像小糠草底粉花一样，是在葡萄穗初发的时候开的。然后就是野蔷薇。然后就是黄紫罗兰花；这种花如果种在一座客厅或低层的小室底窗下是大可增人兴趣的。然后就是各种的石竹和紫罗兰，尤其是花坛石竹和丁香石竹。然后是菩提树底花。然后是忍冬花，只是要远一点才好。关于豆花我不想说什么，因为他们是田间的花。然后，那最善于在空气中散布芬芳的同时并非任人徘徊其侧而是受人践踏压碎的花共有三种；就是，地榆、野百里香和水薄荷。

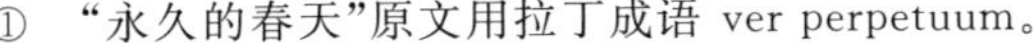

① “永久的春天”原文用拉丁成语 ver perpetuum。

② 即 Bartholomew-tide (St. Bartholomew's day)，在 8 月 24 日。

因此你应该种植这些花，把他们遍栽在整条的园径上，以便你在散步或践踏草地的时候能享受他们底香气。

至于花园（我们现在所说的是那些属于王者的花园，就如同上文之论建筑一样），其内部的面积不应当比三十亩[①]过少；并且应当区分为三部；一进园门的地方是一片草地；靠近出口的地方是草莽或荒地；花园底主要部分则在中间；此外两旁还有人走的道路。我以为园地底四亩当作为草地之用，六亩作为荒地之用；两边各占四亩；十二亩作为正园之用。绿草地有两种乐趣：第一，再没有比剪得整整齐齐的绿草更为悦目者；第二，这绿草地将在中间给你一条人行道，由此你可前进到一片堂皇的篱垣之前，这篱垣是用以围绕正中的花园的。但是因为这条道儿不免稍长，并且在一年或一天之中天气最热的时候，你不应当为求园中的荫凉而先付在阳光下行过草地的代价，所以你必须在花园底两边，各布置一个有荫蔽的通路，由木工装置约 12 英尺高的架子；由这些通路你可以达到园中的荫凉。至于用各种颜色的泥土安设花坛，使成图案，企图把他们摆在临近花园底那一部分居室底窗下的事情，不过是玩意儿，你在糖果点心之中也常常可以看见同样的美景的。花园底主要部分最好是正方的，四面用堂皇的带拱门的篱垣围绕。这些拱门应当筑在木工制作的柱子之上；他们应该约有 10 英尺高，6 英尺宽；并且拱门之间的距离应该与每个拱门的宽一样。在这些拱门之上还应当有一圈整个的篱墙，高约 4 英尺，也凭木工制作；在这上一层的篱墙上面，在每个拱门底上头，要有一个小角楼，中部圆形凸

① 此处当然为英亩，约合我国六亩。

出，能容一个鸟笼：在每个拱门之间的地方上头应该有些别样的雕像刻工之类，盖上宽广的各色玻璃砖，以便阳光在上面游戏。但是这个篱墙我是要把它建筑在一个坡上，不是一个峻坂，而是一道很平易的斜坡，高约6英尺，遍栽花草。并且，我底意思是这个方形的花园其宽度不应当占据整个园地底宽度，而应当在两边留出地方来，做成许多的小径，这些小径可由上述的那两个有覆盖的通路达到。但是在这块大方地底两端绝不可有带篱墙的径路；在前面的一端不可有，因为如果有了就会阻碍你底视线，使你从前面草地上望过来的时候看不清那美观的篱垣；在后面的一端也不可有，因为如果有了又将阻碍你底视线，使你从篱垣底拱门望出去的时候看不清后面的草莽之地。

至于大篱墙以内的园地底布置，我觉得应该把它留给不同的计划心裁；不过我有一点忠告，就是不论你把它布置成什么样的形状，头一件事情却是不可过于繁复或人工太多。例如我个人就不喜欢在杜松或别的圆木上刻画的图像；这一类的东西是为儿童们的。小而低的篱墙，圆如滚边，附带着好看的尖塔，这些是我很喜欢的；还有，在有些地方，美观而有木工雕刻的边缘的柱子也是我所喜欢的，又，我以为园中的那些通路也应当宽广美观。在园子底两侧空地上你也可以有较窄而有覆盖的小巷，但是在正中的花园中却不可有这种小巷。在这块花园的正中心，我也以为应当有一座美好的小山，由三级梯磴上达，每一级底顶上留出一圈平地来，其阔足以容四人并肩而行；这些平路我以为应当环绕小山，旁边不应当有任何屏障或凸出之建筑物。整个的小山应当有30英尺高，并且上面应当有一座宴客厅，内有布置得很整洁的壁炉，并且窗户上的玻璃不可太多。

至于喷水池，乃是很美而且很能爽人的东西；但是水塘一类的东西则有损于一切，而且使园子变得不合卫生，充满了蚊蝇和青蛙。我以为泉应有两种：一种是喷水或冒水的；一种是一个好看的容水的方池，三四丈见方，但是内中没有鱼，黏土和淤泥。为第一种的泉，如今通用的那些铜的或大理石的雕像一类的装饰品是很好的；不过主要的问题却在如何设法使泉水流通，不要停滞在下面的圆池或水槽里面，以免这水的颜色变丑，或红或绿等等，或者聚集苔藓及腐臭之物。此外还应当每天用人工使之清洁。泉下设石级，四周铺砌一部分的地面，也是很好的。至于那另外的一种我们可以叫作"浴池"的水泉，在它上面我们是可以用许多的奇思及美感的；这些都可以不必细说。举例言之，如泉底精为铺砌，并且砌成图形；两旁也照样铺砌；并饰以有颜色的玻璃和类此的有光彩的东西；周围再环以雕像等等的办法皆是也。但是主要的问题还是如上述的关于第一种水泉的一样；就是，如何可以使泉水永远流动，而于其来源则养以较高一层之水池，通以美观的水笕，然后用距离相等的水孔或水管使水由地下外泄，不致停滞泉中。至于那些细巧的设计，使水流如虹而不溢，或使水上升而以各种形式喷射（如鸟羽，酒杯，天盖等等的形状），那都是看起来很好看的东西，但是对于养生和娱心是没有什么帮助的。

至于那本是我们底园地之第三部分的草莽之地，我以为应当尽其可能地做成荒野的样子。在其中我以为绝不应当有任何树木，除了几丛野蔷薇和忍冬，其间再杂以野葡萄之类的植物；地上

则多植香堇，杨梅和樱草。因为这些花都有香气，而且在有荫的地方长得很茂盛。这些花底栽法，应该是散布在草莽之区的各处，这里那里地，并不要什么一定的分配或次序。我也很喜欢鼹鼠丘一类的小土堆(就像真正的草野中所有的一样)。这些小土堆，有些上面应该栽植野百里香；有些应该栽石竹；有些栽石蚕花，那是一种看起来很好看的花；有些栽长春花；有些栽香堇；有些栽杨梅；有些栽野樱草；有些栽雏菊；有些栽红玫瑰；有些栽铃兰；有些栽红色捕虫瞿麦；有些栽熊掌花；以及这一类不甚名贵，然而有香气而又好看的花草。这些小土堆中的一部分应该在顶上有小丛的独立木[①]，另一部分则不必有。这些独立木的种类应当是玫瑰、杜松、冬青、伏牛花(但是这花只可偶尔有之，因为它底气味过浓，使人闷恹)、红醋栗、桃金娘、迷迭香、月桂、野蔷薇等等。但是他们都应当常剪，以免长得凌乱难看。

至于那园中两侧的隙地，应该在其中多设各种的巷路，要幽静，并且其中的一部分要能遮蔽阳光，无论阳光是从那一方面来。并且应当把他们之中的另一部分造成辟风的，以便在风吹得很厉害的时候，在里面走路如在有遮蔽的廊中走路一般。那些头一种的巷路[②]也应当在两端用篱墙围上，以避烈风，而这些第二种的狭巷[③]则必须要永远铺以细石，而且不要长草，以免露湿了人底鞋袜。在这些衖巷底大多数之中，也应当栽植各种的果树，使他们或攀缘墙壁，或自成行列。不过这一点应当普遍地注意，就是在里面

① “独立木”即不依附垣墙或他树而自立之树或灌木。

② “头一种的巷路”即上述遮阳之巷路。

③ “第二种的狭巷”即避风的狭巷。

种植果树的树床应该是美好，宽阔而低的，不可过高；里面也可种些好花，但是应该种得稀少，否则恐怕他们要妨害那些树木。在两旁侧地底尽头处，我以为应当各有一座不甚高的小山，其高度须使人立于其上的时节园墙不能高过人底胸部。登上了这些小山，可以望四周的田野。

至于正中的花园，有人主张其两边应当有美观的衖巷，植以果树；园中还应当有些上边栽着果树的好看的小山，设有座位的亭子，这一切都须安排得宜。对于这种说法我并不反对，不过这些东西绝不可过密；反之，正中的花园不可有闭塞的情形，而应当使其中的空气流通无阻。因为，若讲到荫蔽的问题，我以为应当求之于两侧隙地的衖巷，在这些衖巷之中，假如一个人愿意的话，他可以在一年或一日最热的时候散步；但是他应当把正中的花园认为是为一年中较温和的季节而设的；在暑热中，则这一部分是为晨夕或阴天而设的。

至于鸟埘一类的东西我是不喜欢它们的，除非它们底大小可以容地下铺草皮并且栽种活的植物或矮树丛；如此，那所养的鸟儿们就可以较有活动之余地，并且可以有自然的巢棲之地，在鸟埘下的地面上也不至于有污秽底情形了。

如上所言，我已经替一个王者底花园造了一个模型了。我所用的方法一部分是议论，一部分是规划，所规划者不是一个具体的模型，而是它底轮廓。在这方面我也没有想到省费用的问题，但是这种问题在王公大人是不成问题的。他们多半采取匠人底意见，把许多事物布置在一起，而其所费并不见得比我底计划节省；有时他们还增加雕像，以及此类的东西，所为的是堂皇富丽，然而这于真正的园亭之乐却是没有什么帮助的。

四十七　说交涉

办交涉多半是用口头说话比用信函好，由第三者居间比本人亲自去办的好。在一个人想得到一个书面的回答的时候；或者在一个人预备将来可以拿出书面的证据以为自己辩护的时候；或者在谈话有被人中断以致听的人听不完全的危险的时候；用信函交涉是好的。在一个人底颜面可以使对方生敬（如普通在上位者之于下属）的时候；或者在很微妙的局面中，当一个人目注听话的人底脸上方可以知道说话能说多少的时候；还有，一般地，在一个人要保留否认或解释底自由的时候；面谈是好的。在选择替你办交涉的人的时候，较好的办法是选择那些老实一流的人，那些肯照你底委托去做事，并且肯回来向你忠实地报告结果的人们，而不取那些巧于利用他人底事务以利己身并粉饰其报告以图任用者底欢心的人们。那些对于被委托去办的事乐意做的人也应当任用，因为这种乐意的心理使他们勤奋；又须量才任事，如勇敢的人可派他去争辩；巧言的人可派他去劝诱，机警的人可派他去探询观察；冒失荒唐的人可派他去办那些不免稍亏于理的事务。那些有幸运的，在以前你派他们去做的事件中很成功的人们也应当任用；因为这种情形可以产生自信，并且这般人也要努力保持他们以前的名誉。

要窥察交涉中对方底意向，一下子就落在本题上面是不如从远处来探查的好；除非你要用一种突然的问题来惊他，使他出其不意，无法掩饰，那自然是例外。与已经达到所欲的人办交涉不如与

那欲望正炽的人办交涉的好。如果一个人和别人讲条件做事，那么谁先履行条件可算是问题底全部。一个人是没有什么理由要求别人先尽他底义务的，除非事件本身底性质需要如此；或者这人可以劝导对方，使对方相信将来在别的事件上我方还有倚仗他之处；或者要他认为我方是很诚实可靠的[①]。一切交涉底问题无非是观察人或利用人的问题。要看人们底真性情之流露须在他们受信任之际，生热情之际，不防备之际，有需要之际，就是当他们要做成某事而找不着相当的饰词的时候[②]。假如你要影响任何人，你就必须要知道他底性情和习惯，以便引导他；或者他底目的，以便劝诱他；或者他底弱点与短处，以便于恐吓他；或者对于他有影响的人，以便于控制他。在和狡黠的人办交涉的时候我们必须要明白他们底目的，以便解释他们底言辞；并且最好对他们少说话，而且所说的话是他们最料不到的。在一切有困难的交涉中，不可希冀一边下种一边收割；而应当对所事妥为准备，好让它渐渐成熟。

① 此段意谓某事交涉既定之后，如何可以使对方先履行其义务，乃最要之问题，盖彼之心中，将以为我方既获所欲之后，将不履行我方应尽之义务也。培根以为我可以告以将来仍有倚仗之处，如斯则此次我方绝不能背约也。否则，我有忠诚之好名，昭著于众，则彼自对我信任也。

② 参看第5、第6、第41篇，皆有类似之言。

四十八　论从者与友人[1]

代价过高的从者是不可以喜欢的，怕的是一个人把自己底裙裾弄得很长而把羽翼削短了[2]。所谓代价过高的从者不仅是那些消费钱财的人，那些渎请屡求而不知厌的人也算在内。普通一般的从者其所求于主人者不应当超出主人底善意相待，善言先容，以及保护安全，使不受欺凌。为主人者更不可喜欢那些好党同伐异的从者，因为这些人之来归并不是因为爱你，而是因为对于别人心怀不忿，所以我们常见的大人物之间的那些误会多半是由此而来的。类此，好夸张的从者，那些到处张扬主人底名声的人，也是有很多的不利的；他们泄露机密，破坏事业，并且减少主人底美名，反使他失去一般人底欢心。还有一种也是很险恶的从者，这般人实际上是一种侦探；他们常常探询主人家中的事务并且把这些事务报告给别人。然而这种人往往很受宠幸，因为他们是很殷勤的，而且多半是愿意交换故事的[3]。一位大人物如果有与他自己所从事的事业有相符的身份的从者（例如，一位曾经战事的人而有许多武人为其从者，这一类的事），那是向来被认为合适的事[4]，即在君主国中，也是不受什么猜忌的；只要不过于声势煊赫或过于得一般人

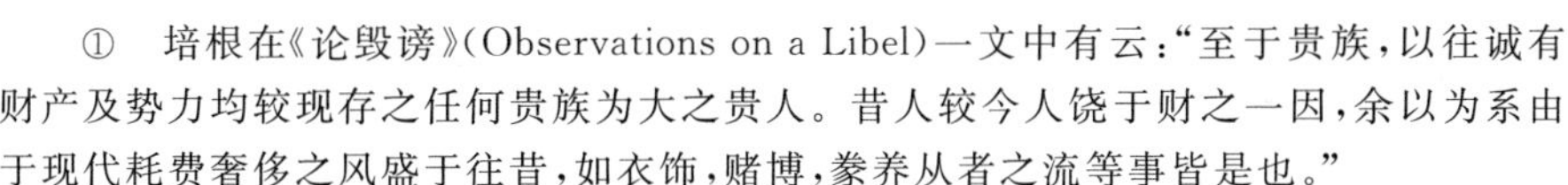

① 培根在《论毁谤》(Observations on a Libel)一文中有云："至于贵族，以往诚有财产及势力均较现存之任何贵族为大之贵人。昔人较今人饶于财之一因，余以为系由于现代耗费奢侈之风盛于往昔，如衣饰，赌博，豢养从者之流等事皆是也。"

② 即我国成语"尾大不掉"之意也。

③ 即以我之秘密告人，又以人之秘密告我，而我不察其奸，反幸有此"耳目"也。

④ "合适"谓无伤臣民之道也。

民底爱戴就是了。但是那最高尚的一种随从，就是因为主人被人认为是一个懂得如何使各种人都能进德展才的人因而随从着的。然而，遇到在才德上没有什么出众的人的时候，任用比较平凡的人是比任用比较有才的人好一点的。可是，说真话，在卑污的时代中，有才干的人是比有德之人较为有用的。在政治常务上用人应求其资格一般者，这是真的；因为，如有破格用人之举，则被用的人不免嚣张，而其余的人也要怨愤；因为他们以相同的资格可以希冀一种相同的待遇也。反之，在宠幸一方面，则由不同的地位经选择而用人是可以的；因为这种办法可使被用之人感恩更深，而其余的人更为殷勤，因为升迁之望全在得宠也。

对于任何人，在起初的时候不要过于重视，这是一种很妥当的办法，因为如果一起头就对某人非常重视，则以后对他的待遇将难以为继也。只受一个人底“支配”（如我们通常所谓）[①]是不安全的；因为这种情形表现你底软弱，而使丑闻恶名易于传播；因为那些在主人面前不能谏诤或进言的人在主人背后将更乐于批评那些得宠的人，这样一来主人底荣誉也要受损失了。然而受多人底影响是更坏的；因为这种情形使为主人者听从最后的一个进言者底话，而自己毫无定见，多所变更。采纳少数友朋底忠告永远是名誉的；因为旁观者常比当局者看得清楚，而峡谷更可以显高山也。古人喜夸的那种友谊，世间是很少的，尤其在地位平等之人之间更少。世间所有的友谊都是在上位者与下属之间的，因为这二者底荣辱休戚是包括在一起的。

① 即“言听计从”事无大小，悉取决于所宠幸之某人之意。

四十九　论请托者

许多不良的事件及计划都有人担任，所以私人底请托是确使公益腐化的[①]。许多很好的事情是由存坏心眼儿的人担任的，我底意思是不止败坏的心眼儿，也包括狡猾的心眼儿在内，就是那种口头担任而心中并没有实行底意思的心眼儿。有些人答应了替人办某种请托的事，心里却并没有切实去替人办事的意思；但是一旦他们看见这种事情经别人底力量而有希望成功的时候，他们就极想得到那请托者底感谢之心，要使那人相信他们真替他办过事，或者得到一部分的报酬，或者至少在这件事情还没决定的时候利用那请托者底希望。有些人接受人家底请托，专为可以借此阻挠另一个人；或者借此为由可以扬某人之恶，到这些事情做到之后，那原来的所请所托之事底成败是他们毫不关心的；或者，就一般言之，这些人之所以答应替别人办某项请托之事不过是利用别人底事以为自己底事作一种过渡的桥梁而已[②]。甚至还有些人答应替人办事，而满心要这事不成，为的是这么一来可以取悦于那人底仇敌或竞争者。无疑地，在每种请托之中总不免有是有非的；如果是为争讼的请托，其中必有曲直之别；如果是图升迁的请托，其中必有才与不才之别。假如一个人因为受了感情底驱使而在诉讼之中偏向不直的一方，那么他最好利用他底影响为两造和解，而不要把

① 培根之时，贿赂与私谊请托之风极盛，培根本人且终以墨败焉。

② 从拉丁文译本。

事做到尽头。假如一个人因为受了感情底驱使而在仕途中偏向那较为不才的一方，那么他最好不要为了要提拔这不才的一方，遂造作恶言，毁损那较为有才而值得升迁的人。

遇到自己不很懂得的请托之事，最好去请教一位忠实而有见识的朋友，这个朋友可以说出来究竟这种请托之事是做得做不得的；但是这种顾问须要审慎选择，否则要受骗的。有所请托的人受了迟延和欺骗，必深恶痛恨，因此，如果在初次来请求的时候就明白告诉他说你不愿意办这件事，又如果替他办事，在事情进行的时候把实情告诉他而不加粉饰或夸张，在事情成了以后除应得的报酬以外不再需索，这样的举动现在竟不止是正当的而且是很可感激的了。在请求恩遇之中，谁先来请求应该是没有什么关系的：有一点关于这人对我们的信任的事，却不可不留意。就是，假若这人告诉了我们一种消息，这种消息除了他我们是无从由别的方法得到的，那么我们就不可白白地利用人家底消息，而应当给他一种报酬，并且给予他自由，让他设法走别的门路去图谋他所求的事情去。不知他人所求的事物底价值者是不智的；一如不知谁应该得到那所求的事物者之为无良[①]。在请托之中做事机密是成功底一个很好的方法；因为自行声张说某项请托进行得如何如何顺利虽可以挫某种旁的请托者底锐气，但是也会刺激并引起另一种请托者的。但使所请托之事适得其时，那才是主要的。所谓得时者，所取的时间不但是要合乎你所希望的将要准你底请托的人，而且要能使你自己免去他

① 意谓若有甲乙二人争取某物之所有权，其物本应属甲，而吾人不待甲有尽力辩护之机会即以之与乙，则是明知故犯或昧良丧心也。

人从中破坏阻挠底危险。在选择替自己办请托之事的人的时候；顶好选用那最适宜于那种事的人而不要倚仗那最有大力量的人，选用那专办某种事的人而不要用那些包揽一切的人。如果一个人初次的请托被拒绝了，而他既不沮丧也不愤懑，那么他下次再有所请的时候其所得的补偿将与初次所请的一样的好[①]。“所请逾量，为的是所获可以适量”是一条好规则，假如一个人是得宠的[②]；否则最好渐渐地提高自己底请求，因为假如一个人初次来向我们有所请求，我们也许会拒绝他的；但是假如他已经从我们得过许多好处，那么以后我们就不大愿意拒绝他，恐怕既失这个人底好感与拥护，又抹杀旧日对他的好处也。通常以为向一位大人物求一封荐书，是最容易不过的请求，然而，假如写这封信底理由是不正当的，则于写信的人底名誉也很有妨碍。再没有比如今这些替人奔走，包揽请托的人更为恶劣的了；因为他们只是一种妨害公务的毒药疫疠而已。

五十　论学问

读书为学底用途是娱乐、装饰和增长才识[③]。在娱乐上学问底主要的用处是幽居养静；在装饰上学问底用处是辞令；在长才上

① 意谓若一人在初请被拒之时，态度温和，处之泰然，则下次有所请时，其结果必极佳，一若初次之请求亦达到目的也。

② Iniquum petas, ut aequum feras. 可与我国成语“漫天要价，就地还钱”参照。“得宠”云云意谓若非宠幸之人，则骤然以过分之事来请，未有不遭拒绝者也。

③ 从拉丁文译本。下段“写作与笔记”亦同。

学问底用处是对于事务的判断和处理。因为富于经验的人善于实行,也许能够对个别的事情一件一件地加以判断;但是最好的有关大体的议论和对事务的计划与布置,乃是从有学问的人来的。在学问上费时过多是偷懒;把学问过于用作装饰是虚假;完全依学问上的规则而断事是书生底怪癖。学问锻炼天性,而其本身又受经验底锻炼;盖人底天赋有如野生的花草,他们需要学问底修剪;而学问底本身,若不受经验底限制,则其所指示的未免过于笼统。多诈的人渺视学问,愚鲁的人羡慕学问,聪明的人运用学问;因为学问底本身并不教人如何用它们;这种运用之道乃是学问以外,学问以上的一种智能,是由观察体会才能得到的。不要为了辩驳而读书,也不要为了信仰与盲从;也不要为了言谈与议论;要以能权衡轻重、审察事理为目的。

有些书可供一尝,有些书可以吞下,有不多的几部书则应当咀嚼消化;这就是说,有些书只要读读他们底一部分就够了,有些书可以全读,但是不必过于细心地读;还有不多的几部书则应当全读,勤读,而且用心地读。有些书也可以请代表去读,并且由别人替我作出节要来;但是这种办法只适于次要的议论和次要的书籍;否则录要的书就和蒸馏的水一样,都是无味的东西。阅读使人充实,会谈使人敏捷,写作与笔记使人精确。因此,如果一个人写得很少,那么他就必须有很好的记性;如果他很少与人会谈,那么他就必须有很敏捷的机智;并且假如他读书读得很少的话,那么他就必须要有很大的狡黠之才,才可以强不知以为知。史鉴使人明智;诗歌使人巧慧;数学使人精细;博物使人深沉;伦理之学使人庄重;

逻辑与修辞使人善辩。“学问变化气质”[①]。不特如此，精神上的缺陷没有一种是不能由相当的学问来补救的：就如同肉体上各种的病患都有适当的运动来治疗似的[②]。“地球”有益于结石和肾脏；射箭有益于胸肺；缓步有益于胃；骑马有益于头脑；诸如此类。同此，如果一个人心志不专，他顶好研究数学；因为在数学底证理之中，如果他底精神稍有不专，他就非从头再做不可。如果他底精神不善于辨别异同，那么他最好研究经院学派底著作，因为这一派的学者是条分缕析的人[③]；如果他不善于推此知彼，旁征博引，他顶好研究律师们底案卷。如此看来，精神上各种的缺陷都可以有一种专门的补救之方了。

五十一 论党派

有许多人有一种不智的意见，就是人君治国，要人治事，其政策之大要，在乎照顾各党各派底利益与愿望；然而道理与此相反，最要的大智乃在如何善为规划有关大众的、使人们虽有党派之别而不能不一致赞同的事务，否则就在如何与私人个别地用适当的手腕进行交涉。但是我并不是说党派是可以忽视的。出身低贱的人，在他们往上升底过程中，是非有所依附不可的；但是贵显而本身有力量的人，最好是保持一种无偏无党的、中立的态度。然而即在初入仕途的人，虽不免有所依附，最好是依附得很温和，要使自

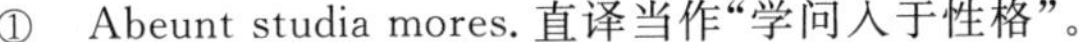

① Abeunt studia mores. 直译当作“学问入于性格”。

② 意谓“如肉体上之各种病患皆有适当之运动以治疗之”也。观下文自明。

③ Cymini sectores. 直译为“切小茴香子的人”。

己成为本党本派中最能惬他党他派之意者，如此他底升迁之路大概是最为顺利的。较为低微力小的党派是团结最坚的，我们常见有些坚强不挠的少数人和较为和缓的多数人相持而终于把那些多数人折服了。党派之中的一党一派倒了的时候，那剩下的另一党或派就要自行分裂的。例如卢库拉斯和罗马参议会中的其他贵族底那一党（就是他们叫作“贵族党”的）曾与庞拜和恺撒相持一时，但是参议会底威权被打倒了之后，不久，恺撒和庞拜就分裂了。和布鲁塔斯与凯西亚斯反对的安东尼和奥克塔威亚努斯底那一党或派也曾一度团结起来，与敌人相持，但是布鲁塔斯和凯西亚斯颠覆之后不久，安东尼和奥克塔威亚努斯就分裂了①。这些例子是属于战争方面的，但是在私人底党争之中也是一样的。因此，有许多次要的党员往往在本党分裂的时候成为主要的人物；但是他们也往往成为虚数而被弃置；因为许多人底力量是在斗争上的；一旦所与争的对方消灭了，这些人也就没有用处了。

常见许多已遂所欲的人们与自己借以进身的本党底反对党联络一气：这些人底意思也许以为那头一个党派是已经抓稳了的，而现在是收买一个新党的时候了。叛党的人常易于成功，因为当事件相持，久而不决的时候，要能得到一个人底力量就可以决胜负，而这个人也就把一切的感激酬报都得去了。在两党之间守中立不一定永远是由于态度温和的缘故，有时也是出于自利，为的是好利用双方，以达自己底目的。在意大利，当教皇们嘴里常说“众人之

① 凯西亚斯（Cassius），系出名族，才兼文武，惟其为人贪残，喜报复。氏初为庞拜党羽。庞拜败后降于恺撒，颇受优待，然阴怀愤恨，终以阴谋刺杀恺撒。非力帕之战氏所将之一翼为安东尼所败，遂自杀。

父"这几个字的时候，人们对这些教皇总是有点怀疑，认为由此可以看出来他们有意在一切事上都以自己底家族底尊荣为前提[①]。为帝王者务须小心，不可偏向一方，以致俨然变成某党某派的党徒；国内的党派总是于王权不利的；因为这些党派常向党员要求一种义务，这种义务简直和人民对君主所负的义务差不多，并使君主成为"我辈之一"[②]，如法兰西底"神圣同盟"中所可见者是也。党派之争过高过烈的时候，就足见人君之软弱；这种情形并且是很于他们底威权和事业不利的。在人君之下的党派底动转就应当如天文家所说的下级行星底动转一样，这些行星虽可以有自己底"私动"，然而仍应当安静地受第九重天底更高的动律底支配也。

五十二　论礼节与仪容

那完全靠着本身底真价值的人，必须有很大的才德才行；就好像那不要衬托而镶起来的宝石必须要是很宝贵的才行一样。但是假如一个人肯好好注意的话，他就可以看到在赞扬称许之中其情形也和生财取利是一样的；因为，这个成语是真的，就是，"小利可以生大财"，因为小利来得很繁，而大利则偶尔一来也。同此，小小的举动常得大大的称许，因为这些小举动是常有而且常为人所注意的：而任何大才德之得以自现的机会则如同节日一般，是很少的。因为这个缘故，一个人若有好的仪容，那是于他底名声大有裨

① 即我国古语"家天下"之谓。"众人之父"原文引意语作 Padre commune。

② tanquam unus ex nobis.

益的，并且，正如女王伊萨伯拉[①]所说，那就“好像一封永久的荐书一样”[②]。要得到好的仪容，只要不藐视他们就差不多行了；因为一个人只要不藐视仪容，他自然会从别人身上留心观察这些事的；其余的让他自己相信自己就行了[③]。因为假如他过于做作，要表现好的仪容，那他就要失去仪容底优点；这种优点就在要自然，无伪。有些人底举动好像一行诗，其中的每个音节都是数过的；这样一个过于分心在小节上的人如何能理大事呢？全不讲求礼仪就等于教别人也不要讲求礼仪；结果是使人对于自己减少尊敬之心；尤其是在与生人交往或办理正事的时候更不可不讲礼节；但是专讲礼节，并且把礼节推崇到比月亮还高的地位，那不但是繁冗可厌，并且要减少人家对言者的信任了。当然，在辞令之间有一种表达切实动人的言语的方法，假如一个人能够获得这种方法，它是特别地有用的。

一个人在侪辈之中一定可以得到亲密的；因此要矜持一点才好。在下属之间一定可以得到尊敬的；因此亲密一点好。任何事情里头都有他，以致惹人厌倦的人是自轻自贱的。拿自己底力量去替人办事是好的，只要显出我们这样做的动机是出自对某人的尊重，而并非因为天性易与就行了。通常在赞同别人底话的时候，却要附加一点自己底话：例如你赞成他底主张，可是要稍有分别；

① 伊萨伯拉(Isabella)加斯谛莱(Castile，今西班牙之一部)女王，生于1450年，薨于1494年。

② “荐书”原文作 letters commendatory，乃一种推许或证明品性优良，才有可取之信函也。

③ 意谓人若注意仪容，同时本良心及自信做事，自不致有重大失礼之处也。

你愿意附议他底动议，可是要带点条件；你赞成他底议论，可是你自己还要加上点别的理由。人们需要注意，不可过于擅长恭维，因为如果这样，则无论他们在别的方面是怎样的能干，嫉妒他们的人一定要加以善谀底恶名，为他们底大德之累的。在事务中过于多礼或者过于注重日时小节也是有损的。所罗门有言："看风的人将不能下种，看云的人将不能收获。"智者造机会。人们底举止应当像他们底衣服，不可太紧或过于讲究，应当宽舒一点，以便于工作和运动。

五十三　论称誉

称誉是才德底反映。但是它像镜子或其他映影的东西一样。如果它是从俗人来的，那它就多半是虚假而无价值的；并且是随着妄人而不随有德之士的。因为流俗之人是不懂得许多出类拔萃的美德的。最低级的才德能赢得他们底称誉；中等的才德能在他们心里引起惊讶或艳羡；但是对于最上的才德他们就没有识别底能力了。唯有表面上的表现和假冒的才德[①]乃是最受他们欢迎的。名誉的确好像一条河，能载轻浮中空之物而淹没沉重坚实之物。但是假如有地位和有见识的人同声称誉某人，则有如《圣经》所谓，"美名有如香膏"[②]了。它底香气播满四周而且不易消逝。盖香膏底香气比花卉底香气耐久也。

---

① species virtutibus similes. 原系塔西佗论皮索(Piso)之语，见《编年史》第15卷第48章。

② Nomen bonum instar unguenti fragrantis. 见《旧约·传道书》第7章第1节。

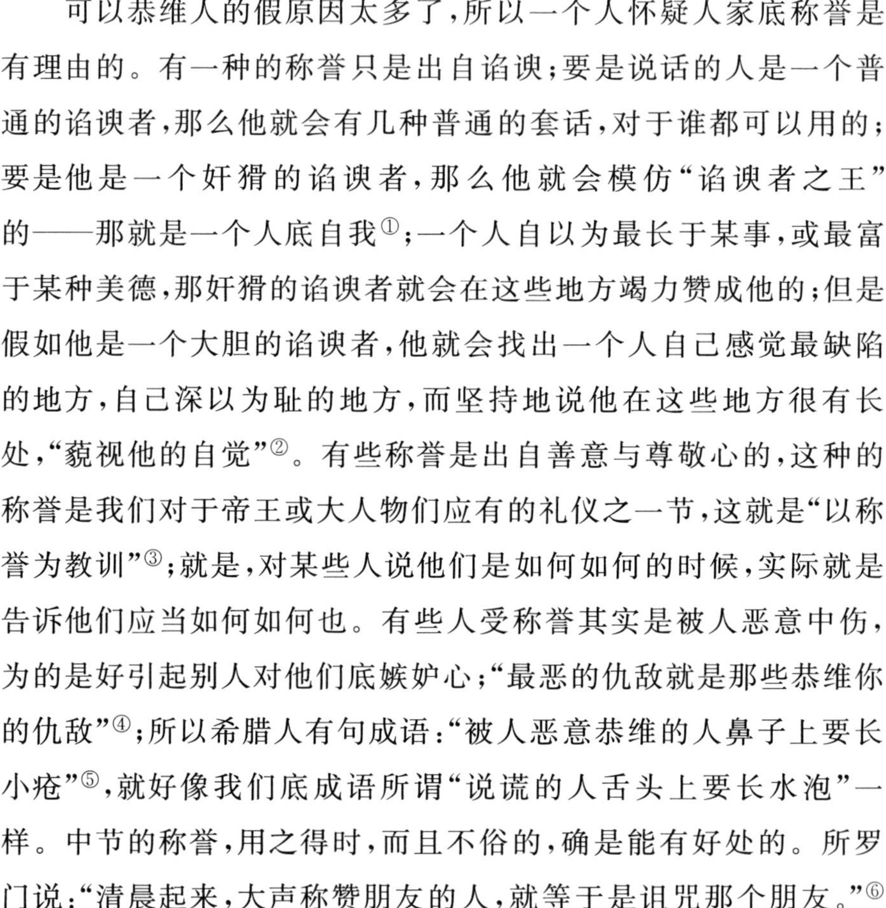

可以恭维人的假原因太多了，所以一个人怀疑人家底称誉是有理由的。有一种的称誉只是出自谄谀；要是说话的人是一个普通的谄谀者，那么他就会有几种普通的套话，对于谁都可以用的；要是他是一个奸猾的谄谀者，那么他就会模仿“谄谀者之王”的——那就是一个人底自我[1]；一个人自以为最长于某事，或最富于某种美德，那奸猾的谄谀者就会在这些地方竭力赞成他的；但是假如他是一个大胆的谄谀者，他就会找出一个人自己感觉最缺陷的地方，自己深以为耻的地方，而坚持地说他在这些地方很有长处，“藐视他的自觉”[2]。有些称誉是出自善意与尊敬心的，这种的称誉是我们对于帝王或大人物们应有的礼仪之一节，这就是“以称誉为教训”[3]；就是，对某些人说他们是如何如何的时候，实际就是告诉他们应当如何如何也。有些人受称誉其实是被人恶意中伤，为的是好引起别人对他们底嫉妒心；“最恶的仇敌就是那些恭维你的仇敌”[4]；所以希腊人有句成语：“被人恶意恭维的人鼻子上要长小疮”[5]，就好像我们底成语所谓“说谎的人舌头上要长水泡”一样。中节的称誉，用之得时，而且不俗的，确是能有好处的。所罗门说：“清晨起来，大声称赞朋友的人，就等于是诅咒那个朋友。”[6]

---

① 参看第 27 篇第 7 段：“因为谄谀我者无过于我”。

② spretâ conscientiâ.

③ laudando praecipere.

④ pessimum genus inimicorum laudantium. 见塔西佗所著《阿格瑞柯拉传》。阿即 Agricola，生于公元 40 年。在外斯帕显及道密先之世为不列颠总督。

⑤ 西奥克瑞塔斯（Theocritus，公元前三世纪中希腊田园诗人）《田园诗》（Idylls）第 9 篇第 24 行有云：“我说你美也不会叫你鼻上生疮”。即本此谚。

⑥ 见《箴言》第 27 章第 14 节。

把人或事过于夸大，必要激起反对，得到嫉妒与轻蔑。至于一个人自夸自赞，除了在很少见的情形之中，是不能成为合理的；但如果是自己称扬自己底官职或职业，则可以漂亮地并且带点豪气而为之。罗马底主教们都是些神学家、宗派僧、经学家，他们对于文官事务有一句藐视轻蔑的话，因为他们把一切战争、外交、司法，及其他的世事都叫作“斯比来累”(sbirrerie)，这句话底意思就是“副州吏之事”，好像所有这些事情都是副州吏和管家一流的人办的事一样；虽然州吏一流的人所做的好事常常比他们底高深的研讨底好处还多一点。圣保罗在自夸的时候，常常加上一句“我说句狂话”[1]；但是在说到他底职务的时候，他就说，“我要荣耀我底职分”[2]。

五十四　论虚荣

“苍蝇坐在战车底轮轴上说道，我扬起了多少尘土啊”！伊索氏这个寓言说得实是巧妙。类此，有些个妄人，无论任何事情，或是事情自动，或由大力者推动，只要他们在其中有一点关系，他们就以为这些事情是完全依仗着他们底力量的。好夸之人一定是好党争的；因为一切的夸耀都是靠着比较的。这种人也必然是过分的，因为如此方可以支持自己种种的夸耀。他们又不能守秘密，所以他们是没有什么实际上的用处的；反之，他

① 见《新约·哥林多后书》第 11 章第 21、23 两节。

② Magnificabo apostolatum meum. 见《新约·罗马书》第 11 章第 13 节。“荣耀”官话本作“敬重”。

们是和法国底一句成语所说的一样,“声音很大,结果很小”的[①]。然而在政事[②]中这一种品性也是确有其用的。每逢人们需要造成一种大才或大德底名声的时候,这些人就是很好的吹鼓手。再者,如里维关于安提奥喀斯和哀陶立安人之事的话:“对双方的谎言有时是有大效的”[③],例如,一个人在两位君王之间交涉,想引他们联合起来向第三者作战,他就对两方面都言过其实地夸张对方底兵力;又如在两个私人之间交涉的人,他对双方都夸张他在对方的影响,结果是把他自己底声望提高了。所以在上述的以及类此的事件中,往往会由无物之中竟生有物;盖谎言足以引起意见,而意见能引起实行也。

在将帅与军人方面,虚荣心乃是一种不可缺的性质;因为如同一块铁由别的铁而磨得锐利一样,由于夸张而人们底勇气就互相磨利了。在冒着资财或身体之危险的大事业中加入一种天性好夸的人可以使事务更有活力;而那些天性厚重庄肃的人则有似压舱物而不类风帆。在学问底名声方面,若没有一些夸耀底羽毛,则这种名声底飞腾是很慢的。“写《虚荣之轻视》一书的人也不反对叫自己底名字出现于题页上”[④]。

---

① Beaucoup de bruit, peu de fruit.

② 对“军事”而言。

③ 安提奥喀斯(Antiochus),此处所指为公元前二世纪中叙利亚王安提奥喀斯三世。哀陶立安人(the Aetolians)乃希腊名邦哀陶立亚(Aetolia)之人。哀陶立安人陶阿斯(Thoas)欲兴兵与罗马为敌,乃往谒安提奥喀斯,以希腊人如何强大动之,劝其相助;同时又鼓励希腊人,告以安提奥喀斯如何兵强国富,结果终使双方联合,与罗马作战焉。

④ Qui de contemnendâ gloriâ libros scribunt, nomen suum inscribunt. 语出西塞罗《幸福论》(Tusculanae Disputationes)第1卷第15章。

苏格拉底、亚里士多德、盖伦，都是富于夸耀性的人[①]。虚荣心确是使一个人留名的一种助力，而才德之所受于人性的酬劳其直受于人类底好德之心者绝没有受之于才德自己底努力者为多也。西塞罗、塞奈喀、小普利尼[②]底名声若不是与这些人本身底某种虚荣心连在一起的话，也不会经久如新的；这种虚荣心就如同天花板上的一层油漆一样，它使得那天花板不但能够发亮而且能够持久。但是说了这么久，我用“虚荣”这个字眼儿的时候，却并不是指塔西佗说缪西阿努斯有的那种性质，所谓“他有一种能够漂亮地炫耀他底一切言行的本领”：因为这种性质并非是出自虚荣心的，而是出自天生的豪气和见识的；并且这种性质在有些人方面是不但漂亮而且优美高尚的。因为逊谢、退让与节制得宜的自谦，都不过是炫耀之术也[③]。在这些炫耀之术中，没有比小普利尼所说的

① 培根在《广学论》第2卷中有云：“苏格拉底常伪作无知以显露其大智”。又云：亚里士多德之所喜，在“驳倒一切前代之知识，因此凡论及古贤或古语，必加以辩驳或贬辞；此种行为，若为炫耀自我及招引徒众，实甚得计云”。至于何以将盖伦亦一并列入，殊不易考，培根之意或以为盖伦创新说，不无引人注意之念耳。盖伦即Galen，为第二世纪时医学作家。

② 小普利尼即英人称为Pliny the Younger者。拉丁名为Caius Plinius Caecilius Secundus。约生于公元61年，卒于114年。为老普利尼(Pliny the Older，公元23—79)之甥。幼慧，能文章，善演说，与史家塔西佗为良友。其著作今存者为《颂帝辞》(Panegyricus)，为颂扬罗马皇帝图拉真之作，及《书信集》(Epistolae)10卷，后者极为重要。

西塞罗于其演说中屡言其对国家之功劳。培根本不喜塞奈喀及画廊学派，以为虚矫，不近人情(参看第5篇开端)。吾人读塞奈喀书信，亦觉其自喜之情溢于纸上。至于普利尼则屡在其书信中夸耀其如何敢撄权贵之锋，致享大名，又称皇帝奈瓦如何赏识其才，又称其妻如何喜读其著作云。

③ 参看第25篇第4段：“序文……自解的话以及其他一切关于自身的言语都是大为浪费时间的东西；并且，它们虽然好像是出自谦虚而其实是架子排场”。

那一种更好的了，那就是在你自己所长的某方面，如果别人也有一点长处，当不吝惜地多多地赞誉称扬那人[①]。因为普利尼说得很巧妙："在称扬别人的时候你其实是替自己做好事；因为你所称扬的那人在那一方面若不是比你还强就是不如你。如果他是不如你，那么他既然值得称扬，你自然更加值得称扬了；如他是胜过你的，那么假如他不值得称扬的话，你就更不值得称扬了。"[②]好炫耀的人是明哲之士所轻视的，愚蠢之人所艳羡的，谄佞之徒所奉承的，同时他们也是自己所夸耀的言语底奴隶。

五十五　论荣华与名誉

荣誉之获得在乎把一个人所有的才德和真价无损无伤地显露出来。因为有些人在他们底行为中力求光荣与名誉，这种人通常虽是很受人底谈论，但是很少人是在内心中羡慕他们的。有些人，与上述的这一流人是相反的，他们掩藏他们底才德，使之不外露，因此他们在一般人的意见中是被估价过低的。假如一个人能做成一件人家未尝试过的事，或者是一件经人尝试过而被放弃了的事，或者是别人也做成过而未曾做得如此完善的事；如此他就可以比仅仅追随别人之后而作成了一件更难或更高的事的人得到更多的荣誉。假如一个人把他底所作所为调和得使其中总有一件可以取悦于各党各派的，那么赞美他的歌声就更宏大了。假如一个人担

---

① 参看第32篇"一个人称扬自己而不显丑态的唯一的时候就在他称扬别人底长处的时候，尤其有在所说的长处是与他自己可说是有的那种长处一类的时候"。

② 语出小普利尼《书信集》第6卷第17页，唯与原语稍有出入。

任去办一件事，而这件事如果成了的时候他所得的名誉远不如败了的时候他所受的耻辱的话，那么这个人就是个不善于爱惜自己底荣誉的人。由比较而得来的(就是显出我优人劣的)那种荣誉是最显明的，就如同切成多少面的钻石一样。所以一个人应当竭力与那和他争名的人争胜，务要在可能范围以内，用那人自己底弓而射的比那人还要远。谨慎有识的从者与仆役是大有助于名誉的。"一切的名声都是来自一个人底家中人的"[①]。嫉妒心是荣誉的害虫。要想消灭嫉妒心，最好的方法是表明自己底目的是在求事功而不求名声，并以自己底成功归之于天佑和幸运而不归之于一己底才德或权术[②]。

人君底荣誉之真正等级如下。第一流的君王应数那些开国之君；如罗缪刺斯、萨拉斯、恺撒、奥陶曼、依斯迈耳是也[③]。第二流的就是立法创制之君；这一类的君王也叫作万世之君，因为他们逝世后仍能以他们所立的法度治国也[④]；这一流的帝王例如里可尔戛斯、索伦、加斯提尼安、埃德戛、"聪明的"喀斯提王阿尔芳撒斯，

① Omnis fama a domesticis emanat 语出西塞罗演说(?)中。

② 参看第 40 篇："古之贤者，为避免他们底才德所招致的嫉妒起见，都习于把这些才德归之于上帝或幸运；因为这样他们就可以较为安全地享有这些才德了"。

③ "开国之君"(conditores imperiorum)。罗缪刺斯(Romulus)，罗马开国之主萨拉斯即 Cyrus the Great，亦译居鲁斯大帝，于公元前六世纪中创建波斯帝国。奥陶曼即 Ottoman，十三世纪土耳其帝国奥陶曼王朝之创始者。

④ "立法创制之君"原著引拉丁语作 legislatores。"万世之君"作 perpetui principes。

就是那立“七法”的，皆是也[①]。第三就是“解难之君”或“救国之君”，如解决内战之长期困苦，或从异族或暴君底束缚下把国家救出来的君王是也[②]。例如奥古斯塔斯大帝、外斯帕显、奥瑞利安努斯、西奥道瑞库斯、英王亨利第七、法王亨利第四[③]皆是也。第四就是“扩疆拓土之君”或“保国之君”[④]；如以光荣的战争扩张疆土或以光荣的自卫战抵御侵略者的君主是也。最末应数那些“国父”[⑤]，就是那些治国有道，致他们所处的时代于太平的人君。这末两种都不需要例子，因为像这样的君主是很多的。

臣民底荣誉应分级如下：第一是“为主分忧之臣”[⑥]，就是那些主上倚之以负重举大的人们，就是我们所谓的“人君底右手”者是也。其次就是“统兵大将”[⑦]，即伟大的军人领袖；例如人君底辅

① 里可夏斯(Lycurgus)为斯巴达之创制者，其时代约在公元前八世纪。埃德夏(Eadgar)乃英国十世纪之贤主，曾编订法律。加斯提尼安(Justinian)，东罗马皇帝(527—565)，以编订罗马法典，使成系统，著名于后世。阿尔芳撒斯即阿尔芳撒斯九世(Alphonsus IX，1158—1214)，曾搜集并编订西班牙之法律，以 7 年毕事，名曰《七法》(Siete partidas)。

② “解难之君”原著引拉丁语作 liberatores；“救国之君”作 salvatores。

③ 外斯帕显于尼罗死后国家大乱之时，平定内外，整文经武，为不可多得之贤君。奥瑞利安努斯(Aurelianus)于公元 270 年至 275 年为罗马皇帝。东征西讨，平定天下，罗马英主之一也。西奥道瑞库斯(Theodoricus)生于公元 455 年，本为东戈斯族(Ostrogoths)之酋长，于 489 年入意大利，493 年统一意大利，在位 33 年，疆域巩固，人民安居乐业，称太平之世焉。亨利第四承法兰西宗教及政治纷争之余，解除对新派之压迫，平息旧派之愤恨与疑惧，解决政争，安定民生，奠定后世法兰西王国强大之基础，民到于今称之。

④ “扩疆拓土之君”原文引拉丁语作 propagatores；“保国之君”作 propugnatores imperii。

⑤ “国父”——Patres patriae。

⑥ “为主分忧之臣”(participes curarum)。

⑦ “统兵大将”——duces belli。

佐，与在军事上有大功者是也。第三就是“亲幸之臣”[①]，如能得君心而不扰民的人们是也。第四就是“能臣”[②]就是居高位而能尽职，能办大事的人们。还有一种荣誉，可列于最高等的荣誉之中，但是不常见的，就是为国捐躯或冒大危险的人们，例如马喀斯·瑞古拉斯[③]和戴西亚斯父子[④]是也。

五十六　论司法

为司法官者应当记住他们底职权是 jus dicere 而不是 jus dare；是解释法律而不是立法或建法。如不然者，则司法官之权将如罗马教会所争为己有的权一样了。罗马教会是假解释《圣经》之名，不惜加以添改，并且把《圣经》中找不出来的法则定为律条，宣之天下；伪造古貌，创立新法的。为法官者应当学问多于机智，尊严多于一般的欢心，谨慎超于自信。犹太律说：“移界石者将受诅咒。”把界石挪动的人是有罪的。但是那不公的法官，在他对于田地产业错判误断的时候，才是为首的移界石者。一次不公的判断比多次不平的举动为祸尤烈。因为这些不平的举动不过弄脏了水

① “亲幸之臣”——gratiosi。

② “能臣”——negotiis pares。

③ 瑞古拉斯即 Marcus Regulus，为罗马与迦太基初期战争（公元前 265—前 242 年）中之罗马统帅。初甚胜利，后兵败被擒（事在前 255 年）。越 5 年，迦太基人遣使求和，瑞古拉斯与焉，行时迦太基人要其允诺和议不成则仍返为囚。瑞抵罗马后，力劝政府当局不可议和，并于和议失败后，不顾一切，毅然返迦太基，遂被酷刑处死。

④ 戴西亚斯父子即普布利亚斯·戴西亚斯（Publius Decius）及其子。普布利亚斯于公元前 340 年罗马人与拉丁人大战之中将一翼，誓志战死以求胜利，果遂所愿。其子效其所为，于前 295 年散提农（Sentinum）之战，舍身为国，而罗马军因之获胜焉。

流，而不公的判断则把水源败坏了。所以所罗门说，“义人在恶人面前败讼好像趟浑之泉，弄浊之井”[①]。司法官底职权与诉讼者，与辩护士，与属下的官吏，与自己以上的君主或国家都是有关系的。

第一，先说诉讼底两造或双方。《圣经》上说，“有的人把审判之举变为苦艾”[②]，确实也有把审判之事变为酸醋的人；因为不公平的判断使审判之事变苦，而迟延不决则使之变酸也。一个做法官的人底主要职责是灭除暴力与诈骗；这二者之中暴力在明目张胆地横行时恶毒较著，而诈骗则于秘密掩饰的时候特别险恶。二者之上可再加上好讼者底案件，这种案件是应该当作阻塞法庭的东西而吐弃之的。为法官者应当为公平的判断作一种准备，这种准备应当如同上帝对于他底路的准备一样，就是要填高溪谷，削平山陵[③]：所以在两造底任何一方，若有强力、暴虐、巧计、结徒、奥援、善辩底情形出现，在那个时候为法官者若能使不平者得其平，使他自己底判断得以公平为基础，那就可见其才德了。“扭鼻子必出血”[④]而压榨葡萄汁的机器若是用力过猛，其所出的酒必是涩的，而且带着葡萄核底味儿。为法官者必须留神，不可深文周纳，故入人罪；因为没有比法律底苦恼更恶的苦恼也。尤其在刑法事

① Fons turbatus, et vena corrupta, est justus cadens in causâ suâ coram adversario. 见《箴言》第 25 章第 26 节。

② 详细出处待考。“苦艾”亦作“茵陈”。

③ 用《以赛亚书》第 40 章第 4 节语。“一切山洼都要填满，大小山冈都要削平，高高低低的要改为平坦，崎崎岖岖的必成为平原”。

④ Qui fortiter emungit, elicit sanguinem. 见《箴言》第 33 章第 33 节。“扭”一擤时用力过猛之谓。

件中，为法官者应当注意，毋使本意在乎警戒的法律变为虐民之具。他们也应当注意，不可把《圣经》上所说的那种雨（“他要向他们降下网罗之雨”）[①]带来；因为刑事法律行之过于严厉，即等于在人民身上降下网罗之雨也。所以刑律之中若有久已不行或不适于当时者，贤明的法官就应当限制其施行：“司法官底职责，不仅限于审察某案底事实，还要审察这种案件底时候及环境……”[②]在有关人命的大案中，为法官者应当在法律底范围内以公平为念而毋忘慈悲；应当以严厉的眼光对事，而以悲悯的眼光对人[③]。

第二，关于辩护士及法律顾问等。耐性及慎重听讼是司法官底职务之主要的成分之一；而一个哓哓多言的法官则不是一件和谐的乐器。一个法官把他在适当时期内可从律师听来的事情自己首先发见之，或者把见证或辩护士底说话截断得过早以表示自己之敏察，或者用问题（即使是与案件有关的问题）把以后两造将要陈述的事实先期勾引出来，这都不足以为能。法官在审理案件之中的职分有四：审择证据；约束发言毋使过长、重复及泛滥无关；重述、选择，并对照已发言论；指示批判底准则。凡有超过这些职分者即是过多；而这种情形不是出自炫耀多言，就是出自不耐听讼，不然就是由于记忆力不佳，再不就是由于缺乏沉着公平的注意力。

① Pluet super eos laqueos. 见《诗篇》第11篇第6节（官话本作“他要向恶人密布网罗”）。培根于论此类题目时颇喜引此语。

② Judicis officium est, ut res, ita tempora rerum,....

③ 罗莱（Rawly，培根作品之编辑者之一，著有《培根传》）云：“当培根任皇家检察官时，有时因职责所在，不得不检举某种犯罪之人，此种人或系平常犯人或系大逆不道，然培根对之，皆甚为温和有礼，从无盛气相向之事。盖其态度对事则严，对人则恕也。”

辩护人滔滔善辩多能得法官底欢心，这种情形看起来是很可怪的；为法官者应当效法上帝（上帝底座位是他们坐着的）[①]；上帝是抑强暴而扶温良的。但是法官而有出名的得宠的律师，那是更可怪的，这种情形是一定要引起苞苴关说底嫌疑来的。在辩护士为某一造发言得宜，办理案件办得很得当的时候，为法官者对于该辩护士有一种责任，理当有称扬赞颂的话，尤其是那一边讼而不利的时候为然，因为如此可以使委托者对于辩护士信用不坠，而且使他那自以为是的意见受些挫折；同此，若逢辩护士有诡辩，重大的疏忽，证据过弱，迫求无度，或强词夺理的情形，则为法官者对于公众也有一种责任，理当给那个辩护士一种合礼的斥责。为辩护士者也不可与法官舌剑唇枪，或者激动自己在法官宣判之后重提这件诉讼；但是，在另一方面，为法官者也不可迁就辩护士，或给他所代理的那一造一种口实，说他底辩论或证据未得上达。

第三，我们谈到吏役。律法所在之处乃是一种神圣的地方；因此不但是法官底坐席，就连那立足的台，听证的围栏都应当全无丑事贪污底嫌疑才好。因为，的确（如《圣经》上说的）“从荆棘之中是采不来葡萄来的”[②]；从那些贪馋的吏役底荆棘丛中公道也是不能结出美果来的。法庭底吏役是易受四种恶势力底影响的。第一是包揽诉讼，挑拨是非，使法庭有充塞之患而国家受贫乏之累的人。第二种人是那些把法院卷入职权之争的人们。他们并非是“法院

① 上帝审判罪人，法官亦审判罪人，故云。

② 《马太福音》第7章第16节。

底朋友”而是“法院底寄生虫”[①]，因为他们把一个法院鼓动得茫然自大，超越限度，而所为者却是自己底小利与益处也。第三种恶势力就是可以叫作“法院底左手”的那些人，即是那些狡黠而多谋，能阻挠法院底正当程序，并把公理引入邪径与迷阵之中的人们。第四种就是那些收揽并敲诈费用的人们；普通把法院比做矮树丛，一只羊在暴风雨中逃向其中以求安全的时候，总是免不了损失一部分羊毛的。有了上述的这一种人，就足以证明这个譬喻之不诬了。在另一方面，一位多年的老吏，熟悉律例，做事审慎，通晓法院之事务者乃是法院底一个极好的助手，并且常常会给法官本人指引一条道路的。

第四，谈到关于主上与政府底方面。为法官者务要记住罗马底十二铜标的结语；“人民底幸福即是最高的法律”[②]，并且要明白法律若不以达到上述的这句话为目的，则不过是一种苛求的东西，是未受灵感的谶语[③]。因此，为人君者和执政者若常与司法官商议而司法者常与人君和执政者商议，则是一国之幸：前者就在法律于国家底政务有碍的时候；后者就在国家底政务于法律有碍的时候。因为往往因之兴讼的事件也许是你你我我底私人事件，而这种事件底原理和影响则要涉及国是。所谓国是者，不仅是有关王权的事，并且包括任何引起大变革或造成危险的先例者；或者是显

① “法院底朋友”原文引拉丁语作 amici curiae；“法院底寄生虫”作 parasiti curiae。

② Salus populi suprema lex. 莱特云：“语出西塞罗之《法律论》(De Legibus)第 33 章第 8 节，而非出自十二铜标”。按十二铜标系指罗马古法典，颁布于公元前 451 年者。

③ 未受神灵之感佑，徒由凡夫口中所发之“谶语”，不过妄谈而已。

然有关任何大部分的人民的。再者,谁也不可糊里糊涂地相信公平的法律与真实的政策之间有任何的对立性;因为这两个好像精神与筋肉,是共同动作的。司法官们也应当记住,所罗门底王座是两边由狮子们支持着的:他们可以做狮子,但是也要做王座的狮子;就是要小心在意不可阻挠或违反王权底任何一点。为法官者也不可不知道他们自己底正当权利而以为他们底职务并不包括这主要的一项,就是贤明地行法施法。因为他们也许记得圣徒保罗关于比他们底律法更高的一种律法的话:"我们知道律法原是好的,只要人用得合宜。"[①]

五十七　论怒气

要想完完全全消灭怒气,这不过是画廊派底一种夸张之辞[②]。我们是有较好的指示的:"生气就生气,却不要犯罪。不可含怒到日落。"[③]怒气必须在程度和时间两方面都受限制。我们现在先说发怒底天性和习惯如何可以调剂和缓。第二,再说怒气底特殊动作应如何压抑,或至少如何使它免于为害。第三,再说如何使别人发怒或息怒。

关于第一点,没有别的法子,只有好好地沉思细想怒气底效果,它是如何地扰害人生的。最好的做这种思想之法就是在怒气

① Nos scimus quia lex bona est, modo quis eâ utatur legitime. 见《提摩太前书》第 1 章第 8 节。

② 画廊派,参看第 5 篇开端。

③ 见《新约·以弗所书》第 4 章第 26 节。

已息之后回想当时的情形。塞奈喀说得好,“怒气有如下坠之物,把自己粉碎于所降落的东西之上。”[①]《圣经》教我们“要以耐性保持我们底灵魂”[②]。无论何人,若是失了耐心,就是失了灵魂了。人们绝不可变成蜂,“把他们底生命留在所螫的伤口之中”[③]。

怒气确是一种低贱的品质;因为它善于在它所管辖支配的那些臣民底弱点中出现;这些人就是儿童、妇女、老年人、病人。因此,人们务须注意,如果不免于生气的时候,须要使怒气与轻蔑连在一起而不可使它与恐惧之心连在一起;这样他们就可以好像在所受的伤害之上而不在其下了[④];这是一种容易办到的事,只要一个人肯在这件事上给自己定一种律条就行了。

关于第二点,怒气底主要原因与动机有三。第一,就是过于易感伤害。因此,纤弱细致的人一定是常常生气的:有许许多多的事情可以使他们受刺激,而这种事情在较为天性健壮一点的人是不很感觉到的。其次,一个人在所受的伤害中,发现或者认为有满含轻蔑底情形,也是容易致怒的:因为轻蔑之心是使怒气锐厉的,好像比伤害底本身还要厉害一点。因此人们若是善于发现轻蔑底情形的时候,他们是很容易生气的。最后,如果一个人认为他底名誉受损的时候,这种意见也是增加并加重怒气的。在这个情形之中,最好的调剂之道是如康萨弗常说的,一个人应当有一种“绳索较粗

① 出处待考。

② 见《路加福音》第 21 章第 19 节。

③ ——animasque in vulnere ponunt. 见委吉尔《田功诗》(Georgics)第 4 卷第 238 行。

④ 意谓当发怒之时,宜将怒气与轻蔑敌人之心联合,而不可如妇人小儿之所为,既怒且惧,如此则虽受一次伤害而精神上不受第二次之苦恼也。

的荣誉网”[①]。但是在所有的抑怒之道中，最好的调剂术是延长时间，并且要使一个人自己相信，他报复的时机尚未来到，但是他可以预先看见一个将来的好机会；如此他就可以在这个机会尚未来到的时候静默等待。

若要使一个人虽然生气而怒气不招致祸患，有两件事情不可不特别注意。一是极端愤懑的语言，尤其是尖刻而涉及个人的语言：因为“骂世之言”是不关紧要的[②]；在怒气之中也不可泄露秘密，因为在怒气中泄露秘密之举是使一个人不适于群居的。其次，在事务中，不可于一阵怒气之中，把事务首先决裂了；反之，无论你怎样地表示愤懑，却不要做出任何无法挽回的事来。

至于使别人发怒或息怒，这种事情底做法主要在乎选择时间；要在人们最急进或心境最坏的时候激恼他们。又一种办法是如上所述，把你所能找出来的事情都搜集在一起以加重对那人的轻蔑。息怒之方则与此相反。其一，与人初次提及某种可恼之事的时候要选择好的时机；因为初次的印象是很重要的；其二，就是要把一个人对伤害的见解尽量地与他底受轻蔑之感分开；把这种伤害归之于误会、恐惧、热情或其他任何事项都是可以的。

① telam honoris crassiorem。意谓当自修德励行，使名誉坚实不易破损也。康萨弗，据英国学者埃利斯(Ellis)注，即 Fernandez Gonsalvo of Cordova，系西班牙名将，卒于 1575 年，生时人称为“大将”(The Great Captain)云。

② 此语意谓愤世嫉俗之言非专攻个人者可比也。“骂世之言”原文引拉丁语作 communia maledicta。

五十八 论变易兴亡

所罗门说："世上没有新的事物。"①同此，柏拉图也有一种见解，以为"一切的知识都不过是回忆"②。同此，所罗门又发表他底意见说："所有的新鲜事都不过是遗忘了的事而已。"③由此可见利司河不但在地下流，在地上面也流④。有一位玄妙的星命学家说："要不是有两件东西是固定的(一件就是天上的恒星是永远居于固定的距离，永不走近，也永不走远的；另一件就是诸天绕地底每日转动是永远守着一定的时刻的)，世上就没有一件东西会支持一刻之久的。"⑤凡物都是在不停的变化之中，永无停歇，这是的的确确的。那掩埋一切的大殓衣有两种：洪水与地震。至于大火与大旱，

① 见《旧约·传道书》第1章第9节。此处之所罗门非所罗门王，乃伪托之名也。

② 柏拉图之说大致如下：吾人在有经验之前，先有观念。例如"相等"之观念乃吾人借以量物之标准也。因此，此种观念，当先于吾人所量之物。然而知觉乃与生俱来者。因此，"相等"之观念，必系吾人从前生所带来者也。参看任何西洋哲学史，并比较《广学论》首章。

③ 出处待考，或系略引《传道书》第3章第14节。

④ 利司河即Lethe，希腊神话中地府河流之一。饮其水使人尽忘生前之事。

⑤ "玄妙的星命学家"待考。其说法所本仍系哥白尼以前之旧天文学，培根本人亦不信哥白尼，仍遵旧说。

案本篇开端既言天下之物无新者，似与以后所言冲突。然细思之，则知既无真正之新事，则吾人所见之各种新旧之别乃变化之结果也，如斯则培根非自相矛盾矣。

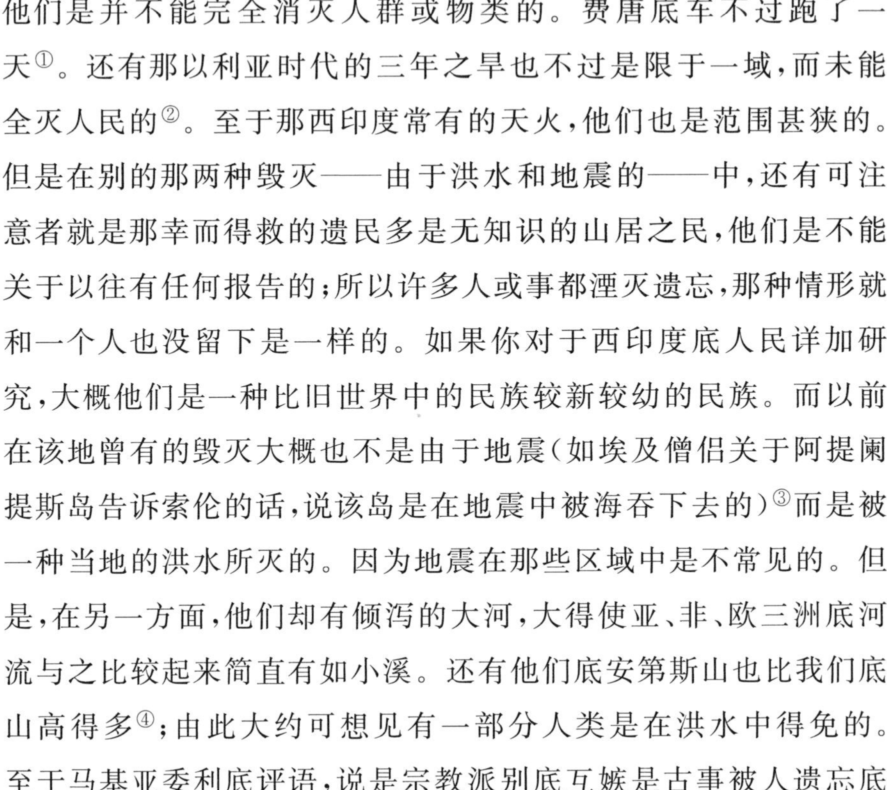

他们是并不能完全消灭人群或物类的。费唐底车不过跑了一天[①]。还有那以利亚时代的三年之旱也不过是限于一域，而未能全灭人民的[②]。至于那西印度常有的天火，他们也是范围甚狭的。但是在别的那两种毁灭——由于洪水和地震的——中，还有可注意者就是那幸而得救的遗民多是无知识的山居之民，他们是不能关于以往有任何报告的；所以许多人或事都湮灭遗忘，那种情形就和一个人也没留下是一样的。如果你对于西印度底人民详加研究，大概他们是一种比旧世界中的民族较新较幼的民族。而以前在该地曾有的毁灭大概也不是由于地震（如埃及僧侣关于阿提阑提斯岛告诉索伦的话，说该岛是在地震中被海吞下去的）[③]而是被一种当地的洪水所灭的。因为地震在那些区域中是不常见的。但是，在另一方面，他们却有倾泻的大河，大得使亚、非、欧三洲底河流与之比较起来简直有如小溪。还有他们底安第斯山也比我们底山高得多[④]；由此大约可想见有一部分人类是在洪水中得免的。至于马基亚委利底评语，说是宗教派别底互嫉是古事被人遗忘底

---

① 希腊神话，费唐（Phaethon）为日神之子，及长，为欲夸耀侪辈之故，坚决要求驾御日神之战车（即日轮），日神以先有誓言不能拒，然日神之车非他人所能控御，结果驾车之马狂奔，费唐不能制，焚烧地面，危及星宿，天帝震怒，以霹雳震死费唐，复命日神驾车，大难遂息。

本段与柏拉图名篇《蒂迈亚斯》（Timaeus）中论人类之毁灭一段极为相似。作者草此篇时心中必有此段之印象。总之，人类文明，曾有多种盛极而衰亡，亡后无复痕迹，此说乃培根所乐道之一说也。

② 以利亚即犹太先知 Elijah。“三年之旱”见《列王纪》上第 17、18 章。

③ 此说初见于《蒂迈亚斯》篇中。

④ 安第斯（Andes）乃南美洲西部之大山脉，长约 4,500 英里，最高峰高达 33,080 英尺。由此可见培根所谓之“西印度”系指当时已发现之新大陆（南北美洲等）而非专指西印度群岛也。

大原因之一；并诽谤格瑞高瑞一世，说他曾尽力毁灭一切异教底古昔文物[①]，关于这个我却不曾发见这种的热狂能产生什么大效果或者能延续多久；例如萨比尼安之继承一样，他登位之后，就又恢复古代文物了[②]。

诸天界底变易不是本文所应讨论的。如果这个世界能延长到那么久的话，柏拉图底“大年”也许会生效，这种功效不在乎把人们个个都使之返魂复生（因为这种说法不过是某种人底妄想，这些人是以为天体于人间的这些事情上有比实际更细密的影响的）而在乎使世界大体重新[③]。同此，彗星对于事物之大体的确是有力量有影响的；但是一般对于彗星，多不过是仰而望之，并注视他们底行程，而不善于观察他们底影响；尤其是不善于观察他们底分门别类的影响，就是什么样的彗星，大小如何，颜色如何，光芒底方向如何，在天空中的位置如何，出现底期间如何，发生什么样的影响。

曾经听见过一种无甚重要的说法，这种说法我不愿人们遽尔弃置，而愿意人们对之稍加注意。据说在荷兰国（我不知道是荷兰的哪一部分）有一种说法，说是每经三十五年，则同样的，同次序的年成和天气又要重来；如严霜、大潦、大旱、暖冬、凉夏一类的事情

① 格瑞高瑞一世即 Gregory the Great，于 590 年至 604 年为罗马教主，锐意兴革，力斥异教，对希腊，罗马之宗教文艺，均极度排斥，因此以古典文明之破坏者著名，其实氏之态度固属明显，然彼所施行之或直接应由彼负责之实际破坏工作，究达何种限度，尚成问题，恐不如传说之甚也。

② 萨比尼安即 Sabinian，继格瑞高瑞一世为罗马教皇。

③ 见柏拉图《蒂迈亚斯》篇。“大年”（the Great Year）亦即“完全年”（the Perfect Year）。所谓“完全年”者即所有之天体经过各种转动以后仍返原位之年。古人相信如此之一年为太平盛世之开始，“黄金时代”重来之年。

皆是;他们把这种情形叫作“复始”[①]。这个说法是我愿意提及的,因为我曾经追数以往若干年间的情形而发现有与这个说法相符之处也。

我们现在且离开这些关于自然的事,而谈人事。人事中变易最大者无过于宗教派别之兴衰升沉。因为宗教派别,有如轨道之于行星一样是最能支配人心的。唯一真正的宗教是“建筑在磐石上的”[②];其余的则是飘浮在时间之波涛上的。所以现在且说新宗教兴起底原因,并对于这一点贡献点意见;不过个人底薄弱的见识能够延缓或阻挠这种重大的变更到什么程度,这个程度就是我所要贡献的意见底限度。

当那曾受一般人信仰的旧宗教为党派门户之争所破裂,当那个宗教底主持者德行堕落,丑事甚多,而其时代又是愚鲁无知而且野蛮的时候,若再有夸张诡异之人起而倡导,那么你就可以预料有一种新的教派要崛起了。谟罕默德宣布他底律法的时代,正是一个具备上述诸点的时代。如果一个新教派没有两样特性,你就不必怕它,因为它是不会传播的。这两种特性之一就是,颠覆、代替,或反抗固有的威权;因为再没有比这种事更受一般人底欢迎的了。其二,就是许人寻欢取乐,贪淫纵欲。因为,那些在理论上标新立

① “复始”原文作 the prime。按此说与我国六十甲子之说颇似。

② 指耶教。语见《马太福音》第16章第18节:“我还告诉你,你是彼得,我要把我的教会建造在这磐石上。”彼得亦曰“磐石”,故云。

异的邪说(例如古时的埃瑞安派和现在的阿米尼安派)[1],虽然他们对于人底心智有很大的影响,然而他们对于国家却不能产生什么大的变革,除非他们借助于政治上的扰乱。新教派的树立,其方式有三:或以异兆奇迹底力量;或以演讲劝诱之善辩与聪明;或以兵力。至于殉教的行为,我把它列入奇迹之内,因为这些行为好像是超乎人类天性底力量的;对于特优至美,值得惊羡的圣洁生活,我也可以把它列入奇迹之内。若要阻止新教派底兴起,确实再没有比如下的方策更好的办法了:就是,改良弊端,调和小的意见分歧,对新教派中人处之以宽而不用流血的压迫;并且用奖励擢升底办法把主要的首领收服过来,而不以暴力酷虐激怒他们。

军事中的变化升沉是很多的;但是主要的变易是在三种事情上的;在战争底地点或"舞台"上;在兵器上;在指挥作战底策略方式上。在古时战事似乎总是由东至西的;因为波斯人、亚述人、阿拉伯人、鞑靼人(这些都是侵略者)都是东方人。高尔人是西方人。这是真的,但是我们所读到的他们底侵略只有两次:一次是到盖莱西亚,一次是到罗马[2]。但是东方和西方并不是固定的地点,而战争底方向,我们也不能确定为自东至西或是自西至东。但是南与

---

① 埃瑞安派(the Arians)以宗师埃瑞亚斯(Arius)得名。埃于4世纪中在非洲传教,论"圣子"之特性,与罗马教会之意见牴牾,被判为异端,其徒受诛戮压迫,终归于尽。

阿米尼安派(the Arminians)乃荷兰人阿米尼亚斯(Arminins,生于1560年)之徒众。其说反对喀尔文之前定论(即人之得救与否皆经前定)而力主"意志自由"之说。

② 盖莱西亚(Galatia)原文作 Gallo-Graecia,在小亚细亚,为罗马帝国之一省。其民皆高尔族(Gauls),公元前三世纪中移殖于此。

高尔人侵入罗马,事在公元前390年。其酋名曰布阑努斯(Brennus)。

北是固定的;并且远处南方的人来侵北方的人,这种事即非从来未有,也是很少见的。事实是与此相反。由此可见世界底北部是天然好战的区域;不论那是由于北半球底星宿,或者由于北半球底大陆——南部就现在所知差不多全是海洋——或者(这是最显而易见的)由于北方气候底寒冷,这种气候就是不假训练而能使人体力顽强,血气旺盛的。

一个巨大的国家或帝国分裂或颠危的时候,你就可以确知将有战事。因为庞大的帝国们在他们盛的时候,是把他们所征服的土人底力量削弱或消灭而以自己底保卫力为倚仗的;到了他们败亡的时候,一切就都颠覆了,而他们也就成为鱼肉。罗马帝国底情形就是如此;日耳曼帝国在查理大帝崩后也是如此[①]——每只鸟雀各争一羽;西班牙到衰败的时候大概也会遇到这样的情形的[②]。类此,大国之获得和合并也是引起战争的:因为,一个国家发达到过强的时候,它就和洪水一样,一定要泛滥的。如罗马、土耳其、西班牙,皆可为鉴。观察世界底情形,当野蛮民族最少,而且所有的蛮族都是除非确有可以为生之道则多不肯结婚或生育的时候(如今日差不多世界各处的情形皆是如此,鞑靼国除外),就没有人口充斥横流的危险。但是若有多数继续繁殖而不预筹生产自养之道的民族,那么在每一两代中这些民族必有一次要把本族底人口移殖到别的国家去;这种事情古代北方的民族是常用抽签底办法决

---

① 查理大帝即 Charlemagne,亦称 Charles the Great。为佛阑克(Franks)民族之王,罗马帝国覆亡后统一西欧之第一人。于 800 年受教皇加冕,为西罗马大皇帝。崩于 814 年。继位者庸懦,其国家遂又分裂。

② 彼时西班牙尚系欧洲一等强国,故云。

定的:他们抽签决定那一部分人应当留住本土,那一部分应当出外谋生。当一个本来好战的国家变为柔靡的时候,就一定会有人向之作战。因为这样的国家到了这种衰颓的时候多是变得很富的;如此,一方面这个国家底财富奖诱别国与之作战,而另一方面其武力之衰颓也鼓励战争了。

至于兵器,那几乎是不能有所定论的;然而我们也可以看到他们是有时代有变易的。因为在印度底奥克西掇克斯城早就有了大炮,这是的确的;这种大炮就是马其顿人所称为雷电与魔法的[①]。并且中国人知用大炮已过两千年之久,这也是人所共知的。关于兵器底性质与改进可言者如下:第一,要能及远;这样就可以减少危险;这由大炮和毛瑟枪就可以看出来。第二,打击底力量要大;在这方面枪炮底力量又比一切的攻城器和古代底发明为大。第三,用起来要灵便;例如,要在任何天气中都可以用;搬运轻便,等等。

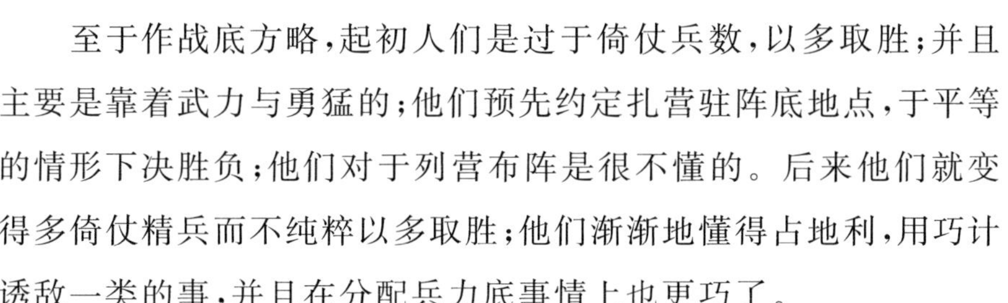

至于作战底方略,起初人们是过于倚仗兵数,以多取胜;并且主要是靠着武力与勇猛的;他们预先约定扎营驻阵底地点,于平等的情形下决胜负;他们对于列营布阵是很不懂的。后来他们就变得多倚仗精兵而不纯粹以多取胜;他们渐渐地懂得占地利,用巧计诱敌一类的事,并且在分配兵力底事情上也更巧了。

在一个国家底少年时代,武事是最盛的;在它底壮年时代,学术是发达的;然后有一个时代武事与学术同时发达;在一个国家衰

① 奥克西掇克斯(Oxidrakes)当系古印度之一城,其详细地点待考。马其顿人指亚历山大大帝之军,唯彼时炮火似尚未发明,故莱特疑培根或有误记云。

颓的时代，工艺与商业是发达的。学术也有儿童时代，那时它是萌芽而且一般是幼稚的；然后是它底少年时代，那时它是蓬蓬勃勃而有少年气的；然后是它底壮年时代，那时它是坚实有节的，最后是老年时代，它就变成干枯销竭的了。但是对于这些变易底转轮看得太久是不好的，恐怕我们底头也要晕了。至于关乎这些事的记载，那不过是一套循环的故事，所以是不适于在本文中论及的。

残篇　论谣言

诗人们把谣言描写成了一个怪物。他们形容她的时候，其措辞一部分是美秀而文，一部分是严肃而深沉的。他们说，你看她有多少羽毛；羽毛之下有多少只眼睛；她有多少条舌头，多少种声音；她能竖起多少只耳朵来！

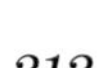

这是一种辞藻。在这些话后面还有极好的譬喻；例如说谣言越走得远力量越大；说她底脚在地上走，可是头藏在云里：说她白天坐在一个瞭望楼中，而多在夜间飞行；说她把已做的事和未做的事混在一起；并且说她对于大城市是一种可怖之物；皆是也[①]。但是这些说法中最胜过一切的说法是这个：诗人们说大地（即那些向久辟特作战而被灭的巨人们底母亲）为了巨人们被灭的缘故一怒

---

① 凡此诸种说法皆见于委吉尔《伊尼埃德》第4卷第175—190行。此数行诗甚著名，兹录其首3行如左：

mobilitate viget, viresque acquirit eundo,
parva metu primo, mox sese attollit in auras,
ingrediturque solo, et caput inter nubila condit.

而生谣言。这个譬喻最好，因为叛逆之徒（即诗人们譬作巨人的）与招致叛乱的谣言和毁谤乃是兄妹，一阳一阴，这是很的确的。然而，假如一个人能够驯服这个怪物，使她俯首帖耳就食于掌心，并利用她去攻击并杀戮别的鸷鸟，这件事是很有价值的。但是说这种话的人他们也受了诗人底作风底影响了。现在且以一种严肃的态度来谈一谈。在所有谈论政治的著作中没有一种题目是比谣言更少受人论及者，也没有一种题目是更比它值得讨论者。因为我们要讨论讨论下面的诸节。就是，何为假谣言；何为真谣言；其最好的辨别之道是什么；谣言如何可以下种，如何兴起；它们如何可以散布，如何增多；以及如何可以抑止并消灭它们。此外还有些关于谣言底性质的事情。

谣言底力量之大，差不多一切重大的事情——尤其是战争——没有一件它不在里面有重大的关系的。缪西阿努斯颠覆委泰利亚斯的时候，所用的方法就是散布一种流言，说委泰利亚斯有意把罗马在叙利亚的驻军调到日耳曼，把在日耳曼的驻军调到叙利亚；于是驻叙利亚的军队就非常愤怒，因而生变[①]。久利亚斯·恺撒攻庞拜于不备，事前先使庞拜底勤勉之心与防备之务松懈。所用的方法也是由他自己很狡诈地放出一种流言，说恺撒自己底军队对他已经没有好感了，并且这些军队因为疲于征战而且从高尔满载而归的缘故，只要恺撒一进意大利，他们就要弃他而去的。里维亚谋定她底儿子泰比瑞亚斯继承帝位底事，所用的也是谣言。

① 叙利亚驻军所以激变，系由于日耳曼驻军生活较苦之故。事见塔西佗《罗马史》第2卷。

她继续地总是放出消息说她底丈夫，奥古斯塔斯大帝，御体要复元或者病况转佳了[①]。土耳其底总督们，常常把土耳其皇帝晏驾底消息不使那些亲卫兵和其他的军人得知，以免他们依着旧习把君士坦丁堡焚烧劫掠[②]。塞米斯陶克立斯放出谣言，说希腊人要把波斯王热可塞斯所造的横跨赫勒斯滂的舟桥毁了，遂使热可塞斯急急忙忙地离开了希腊。像这样的例子可以成千，其数愈多则其值得重述之必要愈少；因为吾人处处都可以碰见这样的例子。因此一切贤智的统治者都应当留神注意谣言，就如同他们对真正的行动与计划本身的注意一样。（未完）

① 里维亚(Livia)。泰比瑞亚斯为其前夫所生。在奥古斯塔斯大帝病笃之时“里维亚遣人严守宫邸及一切出入之路，并通告国中，称皇帝病状良好，复元有望云云。至一切布置完毕之后，方以一诏宣告帝崩及泰比瑞亚斯继位之消息焉”。见塔西佗《编年史》第1卷。

② 土耳其底亲卫兵此辈向无一定饷糈，故每于苏丹晏驾之后，焚烧都城君士坦丁堡以为要索之资云。

图书在版编目(CIP)数据

培根论说文集/(英)培根著;水天同译.—北京:商务印书馆,2017
(汉译世界学术名著丛书:120年纪念版:珍藏本)
ISBN 978-7-100-14567-1

Ⅰ.①培… Ⅱ.①培… ②水… Ⅲ.①哲学理论—英国—中世纪—文集 Ⅳ.①B561.21-53

中国版本图书馆CIP数据核字(2017)第153304号

汉译世界学术名著丛书
(120年纪念版·珍藏本)
培根论说文集
水天同 译

商务印书馆出版
(北京王府井大街36号 邮政编码100710)
商务印书馆发行
北京冠中印刷厂印刷
ISBN 978-7-100-14567-1

2017年12月第1版　　开本710×1000 1/16
2017年12月北京第1次印刷　　印张15¾
定价:80.00元